Johannes Roller
Carmen Bohnacker

S☀NNEN
FARBEN

Vom traurig-schönen Leben
mit unserem Sohn

SCM
Hänssler

SCM

Stiftung Christliche Medien

SCM Hänsler ist ein Imprint der SCM Verlagsgruppe, die zur Stiftung Christliche Medien gehört, einer gemeinnützigen Stiftung, die sich für die Förderung und Verbreitung christlicher Bücher, Zeitschriften, Filme und Musik einsetzt.

© 2021 SCM Verlagsgruppe GmbH
Max-Eyth-Straße 41 · 71088 Holzgerlingen
Internet: www.scm-haenssler.de; E-Mail: info@scm-haenssler.de

Soweit nicht anders angegeben, sind die Bibelverse folgender Ausgabe entnommen:
Neues Leben. Die Bibel, © der deutschen Ausgabe 2002 und 2006 SCM-Verlag GmbH & Co. KG, Witten.

Weiter wurden verwendet:
Lutherbibel, revidiert 2017, © 2016 Deutsche Bibelgesellschaft, Stuttgart.

Lektorat: Christina Bachmann
Umschlaggestaltung: Erik Pabst, www.erikpabst.de
Titelbild und Bildteil: © Johannes Roller
Autorenbilder: © Frank Paul Kistner, Tobias Hindelang
Satz: typoscript GmbH, Walddorfhäslach
Druck und Bindung: GGP Media GmbH, Pößneck
Gedruckt in Deutschland
ISBN 978-3-7751-6018-6
Bestell-Nr. 396.018

Inhalt

Geleitwort 5
Prolog – Hoffnung 6

Teil 1 | Befiehl dem Herrn deine Wege 9
1 Perfekter Beginn und wachsende Sorgen 10
2 Lichtblicke und dunkle Stunden 24
3 Geschwisterliebe und Rückschläge 38
4 Familienabenteuer und Erschöpfungszustände ... 48

Teil 2 | Und hoffe auf ihn 61
5 Hoffnungsschimmer und Wutausbrüche 62
6 Einschulung und Hiobsbotschaft 76
7 Inselurlaub und Friedhofsgedanken 91
8 Spätsommertag und Zweifel 105
9 Liebevolle Gesten und qualvolle Therapie 119
10 Genesung und Nebenwirkungen 136
11 Heiligabend und Hausarrest 147

Teil 3 | Er wird's wohlmachen 161
12 Geburtstagsfeiern und schlechte Blutwerte 162
13 Oskar-Fridolin Knöly-Clown
   und große Schmerzen 177
14 Festtage und Krankenhausleben 192
15 Regenbogen und Traurigkeit 207
16 Gebetsbeistand und Nicht-mehr-Wollen 222
17 Angekommen im Himmel und Abschied
   auf der Erde 233
18 Getragensein und Abschiedsschmerz 241

Epilog – Dankbarkeit 250

Geleitwort

Es war ein Geschenk für meine Frau und mich, dass wir in unserem Leben den Familien Roller und Mack und damit den Eltern von Tobias begegnet sind. Auch in Zeiten beruflicher und räumlicher Trennungen blieb die Verbundenheit des Glaubens zwischen uns bestehen.

So sehe ich es als Ausdruck dieser besonderen Verbindung an, dass ich dieses Vorwort schreiben darf!

Es ist wahr: Bis heute wirkt Tobias als ein Vorbild weiter. Alle, die mit ihm zu tun hatten, wurden berührt von der fröhlichen Kraft, die trotz aller Leiden und trotz der langen Dauer dieser Leiden an ihm zu spüren war. Dass der Mensch aus Gottes Kraft und nicht aus eigener Kraft lebt, das wurde an ihm in einmaliger Weise sichtbar. Und auch das hat dieses Kind uns weitergegeben: dass es im Leben selbst nach vielen Niederlagen und Enttäuschungen ein Sich-Aufrichten, besser gesagt ein Aufgerichtet-Werden durch Gott gibt. So war auch sein Sterben ein Erreichen des Ziels.

Ich kann nur wünschen, dass diese Biografie für viele Menschen zur Lebenshilfe wird.

Prof. Dr. Gerhard Maier, Landesbischof i. R.
Tübingen, im Juli 2020

Prolog – Hoffnung

Feierabend. Gerade als ich ins Auto steigen und nach Hause fahren will, klingelt mein Mobiltelefon. Ich schaue aufs Display. Eine Freiburger Nummer – ich stocke kurz, dann ist mir klar: Die Klinik! Nervös nehme ich das Gespräch an.

»Johannes Roller, hallo?« Schweigend lausche ich der Stimme am anderen Ende. Was ich höre, erscheint mir fast zu unglaublich, um wahr zu sein.

»Herr Roller? Sind Sie noch dran?«

»Äh, ja«, stottere ich.

»Herr Roller, wenn Sie in drei Tagen vorbeikommen, dann erklären wir Ihnen und Ihrer Frau alles ganz genau. Das eröffnet uns völlig neue Möglichkeiten.«

»Natürlich kommen wir! Danke – vielen Dank! Bis Montag.« Ich versuche, mich auf den Verkehr zu konzentrieren. Ein Unfall hätte mir gerade noch gefehlt! Doch von meiner Arbeitsstelle bis nach Hause ist es glücklicherweise nicht weit.

Als ich das Haus betrete, höre ich meine Frau Elisabeth in der Küche, wo sie das Abendessen vorbereitet. Sie streckt den Kopf aus der Küchentür. »Johannes, da bist du ja schon! Die Kinder sind noch unterwegs, Henriette ist bei einer Freundin und Tobi ist mit Charlotte bei Oma Elisabeth.«

Ich atme tief durch: »Gerade kam ein Anruf aus der Klinik.« Elisabeth schaut mich erwartungsvoll an. »Sie sagen, sie haben herausgefunden, was mit Tobi los ist!«

Ihr Gesichtsausdruck wechselt von ungläubig zu erstaunt und wird schließlich hoffnungsvoll. »Gott sei Dank! Nach all den Jahren – endlich!« Ein Lächeln huscht über ihr Gesicht, aber gleich darauf sieht sie mich besorgt an.»Und was heißt das nun? Können sie die Krankheit behandeln? Wird Tobi wieder gesund?«

Seit vier Jahren begleitet uns diese Sorge. Die quälende Angst, dass Tobias, unser liebenswerter, kluger, tapferer Sohn, sterben könnte. Keiner wusste bisher mit Sicherheit, woran er leidet. Die Kinderärzte, die uns seit seiner Geburt im Mai 2009 begleiten, tun zwar alles in ihrer Macht Stehende, um zu helfen, aber auch ihre Möglichkeiten sind begrenzt. Ohne Wissen um Tobis Krankheit bleiben nur Versuche, Rätselraten, Ausprobieren. Manchmal hilft es, manchmal nicht. Vier Jahre des Wartens und Bangens. Tobi ist jetzt viereinhalb.

Wir haben viel gelernt in dieser Zeit. Über uns, über Hoffnung und Angst, Ohnmacht und Kraft. Und über Gott. Bevor Tobis Krankheit begann, hätte ich mir nicht ausmalen können, was Gott uns zumuten würde. Als das Leben unseres Sohnes am seidenen Faden hing, hätte ich mir nicht träumen lassen, mit wie viel Glück und Kraft Gott uns selbst in den schwersten Stunden beschenken würde.

Nun gibt es die Hoffnung, dass der unbekannte Feind in Tobis Körper einen Namen bekommt. Vielleicht sogar Hoffnung auf ein Leben ohne Krankheit, ein normales, gesundes Leben. Ich schaue Elisabeth an.»Montag um 11.30 Uhr haben wir einen Termin mit Tobis Arzt. Dann wissen wir endlich mehr.«

TEIL 1

BEFIEHL DEM HERRN DEINE WEGE

1

Perfekter Beginn und wachsende Sorgen

Als ich mich an diesem Tag schlafen lege, kreisen meine Gedanken noch lange. Der Anruf der Klinik hat mich aufgewühlt, das merke ich jetzt, wo ich zur Ruhe komme, ganz besonders. Neben mir höre ich Tobis unruhige Atemzüge, manchmal ein Röcheln oder Husten. Elisabeth und ich haben uns seit Jahren so eingerichtet: Sie schläft im Kinderzimmer bei den Mädchen, ich mit Tobi im Elternschlafzimmer. Das Elternschlafzimmer, das eigentlich keines mehr ist. Die Nächte teilen die Familie fast genauso wie die unzähligen Krankenhausaufenthalte, bei denen immer einer von uns bei Tobi und der andere zu Hause oder arbeiten ist.

Ein lautes Piepen reißt mich aus meinen Gedanken. Der Schlauch, über den Nahrung in Tobis Magen gepumpt wird, ist bei einer seiner Bewegungen im Schlaf abgeknickt. Während ich ihn richte und die Pumpe ihren Dienst wieder aufnimmt, lächelt Tobi mich schlaftrunken an. Der schrille Ton hat auch ihn kurz aus dem Schlaf gerissen und bei seinem müden Strahlen wird mir warm ums Herz. Ich streiche meinem Sohn übers Haar und sehe ihm zu, wie er gleich darauf schon wieder fest eingeschlafen ist. Bei seinem Anblick denke ich spontan an den Tag seiner Geburt zurück. Damals schien eigentlich alles perfekt.

Elisabeth und ich wollten viele Kinder, am liebsten vier oder fünf. Meine Mutter wohnte gleich nebenan, zwei meiner Geschwister mit ihren Familien direkt in der Nachbarschaft. Wir hatten immer schon ein gutes Verhältnis und verbrachten viel Zeit miteinander. Als wir damals die Gelegenheit bekommen hatten, in Tübingen das Haus direkt neben meinem Elternhaus zu kaufen, mussten wir nicht lange überlegen. Es schien die Bestätigung zu sein, dass unsere Träume wahr würden. Meine Arbeitsstelle war auch nicht weit entfernt, sodass ich jeden Mittag zu Hause sein konnte – die Vorbedingungen für eine fröhliche Großfamilie konnten besser nicht sein. Als nacheinander unsere Töchter Henriette und Charlotte geboren wurden, waren wir selig. Das Geschlecht unserer Kinder war uns eigentlich egal und wir ließen uns jedes Mal überraschen. Doch als dann Tobi auf die Welt kam und wir nun zwei Töchter und einen Sohn hatten, war unser Glück vollkommen. Wir waren Gott so dankbar, dass er uns mit drei gesunden Kindern gesegnet hatte.

Elisabeth hatte eine gute Schwangerschaft ohne Komplikationen, die Geburt war einfach. »Schauen Sie mal, der lacht ja schon richtig! Das ist sehr selten bei Neugeborenen«, meinte die Hebamme überrascht, als sie Elisabeth den kleinen Tobias in den Arm legte. Schon da zeichnete sich ab, dass unser Sohn eine besondere Art haben würde. Beim Apgar-Test, der direkt nach der Geburt bei allen Kindern durchgeführt wird, erreichte Tobi zehn von zehn Punkten, er schien ein normales, gesundes Baby zu sein. Das war am 23. Mai 2009.

Als Elisabeth mit Tobi nach Hause durfte, begannen glückliche Wochen für uns. Wir entschieden uns für einen Taufvers aus den Psalmen: »Befiehl dem Herrn deine Wege und hoffe auf ihn, er wird's wohlmachen« (Psalm 37,5, LUT). Uns war klar: Egal, was die Zukunft bringt – Gott geht den Weg mit uns und führt unser Leben zu einem guten Ziel. Bei der Taufe bekam Tobi, wie unsere Mädchen auch, drei Taufpaten zur Seite gestellt, die ganz besonders für ihn da sein sollten. Es war ein Freudenfest.

Unser junges Familienglück konnte auch durch einige kleinere Schwierigkeiten nicht getrübt werden. Tobi hatte beispielsweise von Anfang an Schwierigkeiten mit dem Trinken. Elisabeth und die Hebamme, die täglich zu uns kam, versuchten alles, aber nichts schien wirklich zu helfen. Schließlich fanden wir heraus, dass Tobis Zungenbändchen zu weit vorne saß und er seine Zunge nicht weit genug herausstrecken konnte. *Durch eine kleine Operation ließ sich das glücklicherweise beheben und Tobi konnte bald darauf ganz normal trinken. Auch die Bronchitis, die unser Sohn schon mit zwei Wochen bekam, war erst einmal kein Grund zur Besorgnis. Unser Kinderarzt Dr. Armann untersuchte Tobi und erklärte uns, dass eine Bronchitis bei Babys immer wieder einmal vorkommen könne. Unser Sohn bekam Medikamente und wir gingen erleichtert nach Hause.*

Bald jedoch mehrten sich die Anzeichen, dass etwas nicht stimmte. Wir hatten schon die Mädchen häufig mit dem Kinderwagen auf den Balkon geschoben, damit sie an der frischen Luft waren. Mit Tobi machten wir es genauso. Doch während das Draußenstehen den Mädchen gutgetan hatte, schrie Tobi wie am Spieß. Wir waren ratlos. Als Elisabeth ihn aus dem Wagen nahm, erschrak sie richtig. »Tobi ist ja komplett nassgeschwitzt!« Da es ab und an noch etwas kühl war, hatten wir ihn wärmer angezogen. Trotzdem war er nicht so dick eingepackt, dass es solch eine Überhitzung erklärt hätte. Elisabeth zog unseren Sohn etwas dünner an, aber kurze Zeit später schrie er wieder. Wir wussten nicht weiter. Egal, was wir taten, Tobi schrie.

Als Elisabeth ihn wieder auf den Arm nahm, rief sie mich zu sich. »Schau mal, Johannes. Findest du nicht auch, dass Tobi schwer atmet?« Es stimmte, er schien die Luft einzuziehen wie jemand, der eine weite Strecke gerannt war. Unser Kinderarzt, den wir schnellstmöglich aufsuchten, stellte fest, dass Tobis Lunge verschleimt war, was sowohl das Schreien als auch das Schwitzen erklärte. Wir bekamen Medikamente mit nach Hause.

Von da an betrachteten wir unseren Jüngsten mit wachsender Besorgnis. Wir entdeckten immer häufiger Anzeichen dafür, dass etwas nicht in Ordnung war. Tobi nahm nicht richtig an Gewicht zu, seine Haut wirkte fahl und ungesund. Im Sommer dann der nächste Schreck: Unser Sohn wollte nicht mehr essen. Elisabeth hatte angefangen Brei zuzufüttern, da sie nicht mehr genügend Milch hatte. Am Anfang klappte das auch ganz gut. Aber plötzlich weigerte sich Tobi, auch nur einen Bissen zu schlucken. Wieder saßen wir beim Kinderarzt. Inzwischen waren wir fast jeden Tag dort, aber trotz intensiver Untersuchungen war völlig unklar, worunter unser Sohn litt.

Im Oktober erreichte mich ein Anruf von unserem Kinderarzt. Es war ein wundervoller, sonniger Herbsttag und ich war gerade dabei, das Dach unserer Garage zu reparieren. Es war undicht und in diesem Zuge wollte ich es gleich aufstocken, um zusätzlichen Platz zu schaffen. Ich wollte schließlich eine Großfamilie, und der zusätzliche Raum, den uns beispielsweise ein weiterer Dachboden bringen würde, war sehr willkommen. Als ich gerade einen der Balken zurechtgesägt hatte, klingelte mein Mobiltelefon. Ich nahm den Anruf an. Es war Dr. Armann.

»Herr Roller –« Er stockte. »Herr Roller, ich muss Ihnen etwas Trauriges mitteilen. Wir vermuten, dass Ihr Sohn an Mukoviszidose leidet.« Mein Magen krampfte sich zusammen, meine Knie wurden weich. Ich musste mich an einem Querbalken festhalten. »Ist das – ist das sicher?«, krächzte ich.

»Sicher ist es nicht«, entgegnete er zurückhaltend. »Wir müssen noch einige Tests machen. Aber die Wahrscheinlichkeit ist sehr hoch, ich wollte Sie daher schon einmal vorwarnen. Ich habe auch extra Sie angerufen, vielleicht sagen Sie es Ihrer Frau besser noch nicht. Sie hat ja mit Ihrem kranken Sohn schon genug Probleme, um die sie sich kümmern muss.«

»Sie haben recht.« Ich schwieg kurz, bevor ich mich bei ihm bedankte und auflegte.

Nach dem Gespräch fühlte ich mich, als hätte jemand den Boden unter meinen Füßen weggezogen. Durch meine Arbeit in der Verwal-

tung einer Privatklinik war mir Mukoviszidose ein Begriff, und wenn die Lebenserwartung von Mukoviszidose-Patienten mittlerweile auch bei vierzig bis fünfzig Jahren liegt, so gab es doch vor zehn Jahren noch einige, die das Erwachsenenalter nicht erreichten. Sollte dieses Schicksal nun das meines Sohnes sein?

Wie betäubt stieg ich vom Dach. Elisabeth war mit den Mädchen unterwegs – doch ich musste jetzt mit jemandem sprechen. Ich ging nach nebenan zu meiner Mutter. Die sah sofort, dass etwas nicht in Ordnung war. Während wir in der Küche saßen und ich ihr von der Vermutung unseres Arztes erzählte, merkte ich, wie mir die Tränen über die Wangen liefen. Ich bin niemand, der schnell weint, doch in diesem Moment war mir alles zu viel. Meine Mutter war so schockiert wie ich, aber ich war froh, dass ich den schlimmen Verdacht mit jemandem teilen konnte.

»Noch ist es ja nicht sicher«, tröstete sie mich. »Vielleicht kommt bei der Untersuchung ja etwas ganz anderes heraus.«

»Du hast recht.« Dankbar schaute ich sie an. »Noch ist es nur eine Vermutung, wir haben ja noch gar keine Ergebnisse.« Ich atmete tief. »Betest du für uns, Mama?«

»Natürlich tue ich das.« Meine Mutter lächelte mir ermutigend zu und nahm meine Hand. »In Gottes Hand sind solche Sorgen am besten aufgehoben, auch wenn sie uns zu erdrücken scheinen.«

In dieser Nacht betete ich lange im Stillen zu Gott. Ich dankte ihm, dass er uns unseren goldigen Sohn Tobias geschenkt hatte. Ich bat ihn, dass er den Test negativ ausfallen ließ. Für ihn wäre es doch ein Leichtes, Tobi ganz gesund zu machen. Und wie so oft in letzter Zeit bat ich Gott, unserem Sohn alle Probleme wegzunehmen, die ihm sein kleines Leben bisher so schwer machten. Ich wusste: Ich hatte es nicht in der Hand. Aber ich wollte Gott vertrauen, dass er es gutmachen würde. Trotz meiner Erschöpfung schlief ich erst in den frühen Morgenstunden ein.

Es folgten bange Tage. Die mögliche Diagnose hing wie ein Schatten über unserem Haus. Mit Argusaugen bewachten wir jede von Tobias'

Regungen, immer in der Sorge, dass sein Zustand sich verschlechtern könnte. Dann kamen die Testergebnisse – negativ! Wir atmeten auf. Doch trotzdem blieb das Gefühl: Irgendetwas stimmte nicht mit Tobi und in diesem Moment wusste einfach niemand, was es war.

Die Ärzte suchten weiter nach einer Antwort. Im Dezember – es war kurz vor Weihnachten – kam unser Sohn für einige Tests in die Tübinger Klinik. Dr. Armann hatte vorgeschlagen, sicherheitshalber noch einmal auf Mukoviszidose zu testen, außerdem sollten die Ärzte dort einige weitere Krankheiten ausschließen. Sie entnahmen Leberzellen, Blut, Knochenmark, machten eine Hautpunktion. Mir zuckte es jedes Mal wie ein Stich durchs Herz, wenn ich sah, wie sie eine Kanüle in Tobis Ärmchen oder Beinchen stachen und er anfing zu weinen.

Trotzdem war er nicht wie die anderen Kinder, die mit ihm auf der Station lagen. Er, der sich noch nicht durch Worte ausdrücken konnte, sprach mit seinen Augen. Tobi hatte schon als Baby lange Wimpern – seine Schwestern hatten sich gleich in seine Augen verliebt, als wir ihn nach Hause holten. »Wie bei einer Puppe«, sagten sie staunend. Oft schaute er uns unverwandt an und seine Augen ruhten auf uns, als wollte er sagen: »Ich weiß, das ist gerade nicht einfach, aber wir schaffen das!« Vielleicht ist diese Interpretation auch ein Stück weit mein Hoffen, vielleicht ein wenig Wunschdenken. Trotzdem gaben uns seine Blicke immer wieder Kraft. Und wenn ihm Blut abgenommen werden musste oder eine schmerzhafte Untersuchung anstand, dauerte es nicht lange und Tobi strahlte uns und die Ärzte mit tränennassen Wangen und leuchtenden Augen an.

Am Tag vor Heiligabend durfte Tobi nach Hause. Elisabeth setzte die Mädchen ins Auto und holte uns ab. Henriette und Charlotte freuten sich riesig, als wir endlich wieder alle zusammen waren. Dass sie in

der Zeit vor Weihnachten immer auf einen Elternteil verzichten mussten, war den beiden gar nicht geheuer. Sie taten uns so leid – doch was hätten wir anderes tun sollen? Tobi konnten wir schließlich auch nicht alleine lassen. Zu Hause angekommen setzten wir deshalb alles daran, die Mädchen für die Entbehrungen zu entschädigen.

Die Woche, die wir im Krankenhaus verbringen mussten, hatte mich davon abgehalten, Charlottes Geschenk zu bauen. Sie sollte einen Kaufladen bekommen, wie ihre große Schwester bereits einen besaß. Henriettes Kaufladen hatte ich aus Holz selbst gebaut. Doch wie sollte ich in einer Nacht ein angemessen schönes Geschenk zimmern? Ratlos sah ich mich im Keller um. In einer Ecke entdeckte ich schließlich eine Bananenkiste. Ich begann zu basteln, bemalte und beklebte die Kiste mit Weihnachtsmotiven. Schließlich war ich fertig und begutachtete kritisch mein Werk. Der Bananenkisten-Kaufladen war bei Weitem nicht so schön wie Henriettes Holzladen, aber ich hoffte, dass Charlotte sich trotzdem freuen würde.

Der Heiligabend kam und wir versuchten, den Mädchen trotz unserer Sorgen um Tobi und der gedrückten Stimmung ein schönes Weihnachtsfest zu bereiten. Am Nachmittag gingen wir gemeinsam in die Kirche und die beiden sahen begeistert beim Krippenspiel zu. Doch auch uns tat es gut, unter Menschen zu sein. Freunde und Bekannte aus unserer Kirchengemeinde erkundigten sich nach Tobi und erzählten uns, dass sie für uns gebetet hatten, als er im Krankenhaus war. Ihr Mitgefühl und ihre Anteilnahme taten uns gut. Besonders die vielen Gebete, mit denen sie uns damals wie heute begleiteten, berührten unsere Herzen und gaben uns Kraft.

Wieder zu Hause, konnten die Mädchen die Zeit bis zur Bescherung kaum abwarten. Das Weihnachtszimmer – eigentlich unser Wohnzimmer – war durch einen schweren Vorhang vom Rest der Wohnung abgeteilt. Erst beim Klingeln eines Glöckchens wurde der Vorhang aufgezogen und das Zimmer erstrahlte in seiner ganzen Pracht. Neben Henriettes

Kaufladen besaßen die Mädchen noch ein riesiges Puppenhaus, das ich selbst gebaut hatte. Jedes Jahr am Heiligabend holten wir Kaufladen und Puppenhaus vom Dachboden und stellten sie im Weihnachtszimmer auf. Im Januar wurden sie dann wieder weggepackt und warteten auf ihren nächsten großen Auftritt. Dadurch, dass diese besonderen Spielsachen nicht immer verfügbar waren, liebten die Kinder sie nur noch mehr und spielten die ganze Zeit damit. Nun kam also noch der Kaufladen für Charlotte hinzu.

Mit einem freudigen Ausruf lief unsere Mittlere zu ihrem Geschenk. Mir fiel ein Stein vom Herzen. Sie fand ihn auf Anhieb wunderbar. Alles wurde genau betrachtet, sie war kaum davon wegzubekommen. Dabei war sie gar nicht traurig, dass ihr neuer Kaufladen »nur« aus einer Kiste bestand. Er hatte Weihnachtsbilder, war schön bunt und er war ihr eigener – das genügte völlig.

Das Puppenhaus war ebenfalls ein Highlight. Es war vier Stockwerke hoch und hatte viele verschiedene Zimmer, die ich mit Tapete, Teppich und Farbe ausgestaltet hatte. Sogar einen Balkon gab es. Jedes Mädchen hatte seine eigenen Zimmer, für die es jetzt weitere Möbel bekam. Und dann entdeckten die Mädchen den Weihnachtselch. Oma Elisabeth, meine Mutter, hatte ihn mitgebracht. Es war ein großer brauner Plüschelch, der Weihnachtsmusik spielte, sobald man sein Ohr drückte. Henriette war hingerissen und sprang auf den Elch zu. Als die ersten weihnachtlichen Klänge ertönten, begann sie durchs Wohnzimmer zu tanzen. Charlotte sprang hinterher – wenn ihre große Schwester so einen Spaß hatte, wollte sie unbedingt mitmachen.

Als die Mädchen ein bisschen ruhiger waren, setzten wir uns gemeinsam hin und sangen Weihnachtslieder. Bevor es an die Bescherung ging, beteten wir gemeinsam und dankten Gott für unsere Familie, das schöne Fest und alles, was er uns geschenkt hatte. Natürlich war unser Leben im vergangenen Jahr nicht immer einfach gewesen, aber wir hatten auch so viel Gutes erlebt – Zuspruch, Bewahrung, der negative

Mukoviszidose-Befund –, dass wir jede Menge Gründe zum Danken hatten.

Selbst Tobi, der noch nichts von dem verstand, was um ihn herum vorging, hatte eine schöne Zeit und genoss die weihnachtliche Atmosphäre. Er lachte uns alle an, griff nach seinen Schwestern und wedelte fröhlich mit seinen Ärmchen. Unsere Töchter freuten sich über seine Aufmerksamkeit. Sie merkten zwar, dass mit Tobi irgendetwas nicht in Ordnung war, doch unsere Sorgen und Befürchtungen hielten wir wohlweislich von ihnen fern. So konnten sie die Zeit mit ihrem geliebten Bruder ohne jeden Schatten genießen. Diese Weihnachtstage waren für uns alle wie eine kleine Atempause vom Alltag, der uns so viel abverlangte.

Das alte Jahr ging, das neue kam und noch immer wussten wir nicht mehr über Tobis Krankheit. Sein Zustand war unverändert: Er bekam schlecht Luft, aß nicht gut, behielt wenig bei sich und wuchs nur langsam. Trotzdem war er ein fröhliches Baby, das immer lachte, wenn es ihm einigermaßen gut ging. Im Februar 2010 sah er allerdings so schlecht aus, dass er zum Arzt musste. Ich sprach mit Elisabeth darüber, bevor ich mich auf den Weg zur Arbeit machte, und sie wollte noch an diesem Tag mit Tobi in die Sprechstunde. Zwei Tage später saß sie erneut bei unserem Kinderarzt – das verschriebene Antibiotikum half gar nicht und es ging unserem Sohn nicht besser.

Als ich einen Tag darauf, am Donnerstag, zum Mittagessen nach Hause kam, führte mich mein erster Weg an Tobis Bettchen. Elisabeth hatte sich den ganzen Vormittag um ihn gekümmert und bereitete jetzt, wo er endlich eingeschlafen war, das Essen vor. Ich sah sein Gesicht und erschrak. Alle Farbe war daraus gewichen, es wirkte bläulich und war zu einer gequälten Grimasse verzogen. »Elisabeth!« Ich muss so besorgt *geklungen haben, wie ich mich fühlte, denn meine Frau kam gleich darauf ins Zimmer gelaufen.*

»Was ist denn?«

»Schau dir Tobi mal an. Du musst unbedingt zum Kinderarzt mit ihm, sobald die Praxis aufmacht!« Ich sah, wie auch sie zusammenzuckte, als sie in das Gesicht unseres Sohnes blickte. Dass sich sein Zustand in so kurzer Zeit derart verschlechtert hatte, machte uns Angst.

Nach dem Mittagessen fuhr ich zurück zur Arbeit, doch es fiel mir schwer, mich auf meine Aufgaben zu konzentrieren. Als ich einen Vorgang zum dritten Mal neu beginnen musste, stand ich auf und öffnete ein Fenster. Die frische Februarluft tat mir gut. An diesem Tag war ich noch zu einer betriebsinternen Veranstaltung angemeldet und würde daher etwas früher Feierabend machen – morgen würde mir meine Arbeit sicherlich wieder leichter fallen. Doch gerade als ich meinen PC heruntergefahren und den Mantel von der Garderobe genommen hatte, klingelte das Telefon. Es war Dr. Armann. Nach einer kurzen Begrüßung kam er ohne Umschweife auf den Punkt: »Herr Roller, es steht sehr schlecht um Tobias. Er hat eine lebensbedrohliche Lungenentzündung, ich habe bereits den Notarzt gerufen.« Ich spürte Panik in mir aufsteigen: »Ich komme sofort!«

Ich rannte zum Auto. Auf dem Weg betete ich verzweifelt: »Bitte, Vater im Himmel, lass mich rechtzeitig kommen.« Jede Ampel wurde zur Zerreißprobe, jeder Autofahrer, der nicht schnell genug anfuhr, ließ mich verzweifelt aufstöhnen. Schließlich hielt ich vor der Arztpraxis und sprang aus dem Auto. Der Rettungswagen war bereits da, das zuckende Blaulicht erhellte die winterliche Straße auf fast schon unwirkliche Weise.

Elisabeth sah mich kommen und lief auf mich zu. »Ich fahre mit Tobi!«, rief ich ihr fast flehend zu. Ich sah das Verstehen in ihren Augen. Sie nahm den Schlüssel, ich kletterte in den Rettungswagen. Die Türen wurden hinter mir zugeschlagen und wir fuhren mit Blaulicht und Mar-

tinshorn los. Elisabeth nahm mein Auto und fuhr mit den Mädchen nach Hause. Wenigstens die beiden sollten von dieser Aufregung verschont bleiben.

In der Klinik ging alles sehr schnell. Während der Untersuchungen und Behandlung durfte ich die ganze Zeit dabei sein. Ich streichelte Tobis Kopf, damit er merkte, dass wir ihn nicht alleinlassen würden. Als das Schlimmste überstanden war, telefonierte ich mit Elisabeth. Wir einigten uns schließlich darauf, dass ich in der Klinik bei Tobias bleiben würde und Elisabeth bei den Mädchen.

Es folgten lange und bange Tage. Ich rief meinen Arbeitgeber an und er gab mir frei, ohne dass ich Urlaub nehmen musste. Ich staunte dankbar über dieses unerwartete Geschenk. Dann wartete ich. Ich aß in der Klinik, schlief in der Klinik. Ich saß an Tobis Bettchen und betete, während er um jeden Atemzug kämpfte. Und während Elisabeth zu Hause versuchte, sich vor den Mädchen ihre Sorge nicht anmerken zu lassen, sah ich in die besorgten Gesichter der Ärzte.

Was war nur passiert? Vor nicht einmal einem Jahr war noch alles perfekt, und nun drohte alles zu zerbrechen. Wieso mutete Gott uns das zu? Warum musste Tobi so kämpfen? Egal, was die Ärzte versuchten, es ging ihm nicht besser. Für mich verschwammen die Tage. Nach einer Woche – draußen war es schon dunkel und ich saß gerade an Tobis Bett und streichelte seine kleine Hand – kam der behandelnde Arzt ins Krankenzimmer. Ich stand auf.

»Herr Roller«, sagte er ernst, »ich will ganz ehrlich zu Ihnen sein. Wir haben alles getan, was in unserer Macht steht. Nichts davon hat bisher angeschlagen. Uns bleibt nun noch eine Möglichkeit: Wir geben Ihrem Sohn eine Mischung verschiedener hoch dosierter Antibiotika. Danach geht es heute Nacht entweder bergauf mit ihm, oder, wenn sie nicht helfen ...« Er ließ den Satz unbeendet und sah mich fragend an. Ich nickte mit immer schwerer werdendem Herzen. Wenn es keine andere

Möglichkeit gab, was sollten wir sonst tun? Wir würden es versuchen müssen!

Tobias bekam die nötigen Medikamente und wir warteten. Ich betete Stunde um Stunde, dass Gott eingreifen, ein Wunder geschehen lassen würde. Und dann geschah es tatsächlich. Die Krankenschwester, die immer wieder zu uns ins Zimmer schaute, sah mich spät in der Nacht mit Hoffnung in den Augen an.

»Ich glaube, er hat es geschafft!«, sagte sie leise und legte mir aufmunternd die Hand auf die Schulter. »Es geht bergauf.«

»Gott sei Dank!« Ich konnte unser Glück kaum fassen. Gott hatte uns wirklich ein Wunder geschenkt. Tobias würde die Nacht überleben.

Der Motor der Ernährungspumpe springt an und reißt mich aus meinen Erinnerungen. Müde schaue ich zu Tobi. Er atmet schwer – wie meistens –, aber er schläft tief und fest. Ich stehe vorsichtig auf, um ihn nicht zu wecken, und schaue aus dem Fenster. Vor mir liegt die stille Stadt, dahinter der Österberg. Die Nacht ist klar und ruhig. Wie eine silberne Decke liegt das Mondlicht auf den Dächern und Hügeln und die Bäume strecken ihre kahlen Äste schwarz und unbeweglich in die windstille Dunkelheit. Ich öffne das Fenster und ziehe die Nachtluft in meine Lungen. Es ist kühl und feucht draußen und kein Geräusch zu hören. Selten ertönt das leise Brummen eines fernen Automotors. Ein tiefer Frieden erfüllt mich. »Danke für diese ruhigen Momente, Vater«, bete ich lautlos zu Gott.

Ich blicke zurück ins Zimmer. Tobi liegt klein und zart unter der großen Bettdecke. Sein Brustkorb hebt und senkt sich. Dann sehe ich, wie sich seine Augenbrauen leicht zusammenziehen, er murmelt im Traum vor sich hin. Was für ein Geschenk, dass ich nach allem, was passiert ist, meinem Sohn beim Schlafen zuschauen darf. Ich muss daran denken, wie klein und zart er schon damals war, als ich in der Klinik an seinem Bett saß.

Tobi wirkte winzig in seinem Klinikbettchen. In den Tagen nach der erfolgreichen Behandlung besserte sich sein Gesundheitszustand langsam etwas, trotzdem musste er im Krankenhaus bleiben. Seine Lungenentzündung war immer noch nicht weg und es standen weitere Tests an. Dann der nächste Schock: Tobi hatte sich mit Legionellen infiziert. Noch mehr zusätzliche Medikamente, noch mehr Tests. Das häufige Blutabnehmen war das Schlimmste dabei. Die Adern an Tobis Kopf, Armen und Füßen waren komplett zerstochen. Die Ärzte schafften es bald nicht mehr beim ersten und selten beim zweiten Mal, die erforderliche Menge Blut zu bekommen, die sie für die Tests benötigten.

Am zweitschlimmsten für Tobi waren die Medikamente. Sie schmeckten scheußlich, aber da er manche davon schlucken musste, wurden sie ihm zwangsweise über den Mund verabreicht. Er wehrte sich mit allen Kräften dagegen und wirkte danach immer erschöpft. Trotzdem war es auch hier wie bei seinem ersten Krankenhausaufenthalt: So sehr er während all dem litt – kaum war es vorbei, lächelte er wieder. Und sein intensiver Blick, mit dem er Ärzte, Schwestern und Pfleger ansah, schien fast alle in seinen Bann zu ziehen.

Überhaupt erlebten wir trotz aller Schwierigkeiten immer wieder auch ermutigende Momente, wenn Elisabeth oder ich an Tobis Bett saßen. Mehr als einmal kamen wir mit den Krankenschwestern ins Gespräch, die sich um unseren Jungen kümmerten. Wir erzählten ihnen von unseren Mädchen zu Hause. Von unserer Hoffnung trotz all der schlimmen Momente, dass Gott unseren Sohn gesund machen würde. Und es fühlte sich fast an, als würde Gott uns antworten und Mut zusprechen, wenn wieder eine der Schwestern sagte: »Wissen Sie, ich glaube auch an Gott.« Einige von ihnen sagten uns sogar, dass sie für Tobi beten würden.

Ein besonderes Erlebnis in dieser Zeit war jedes Mal der Besuch der Klinikclowns Rosina und Hupe, eine Frau und ein Mann, die einmal in der Woche kamen. Tobi wurde richtig lebhaft, wenn die beiden geschminkten Clowns vor seinem Bett standen. Sie schnitten Grimassen und machten Musik mit Mundharmonika und Gitarre, sie zogen Tücher, Bälle und sogar kleine Tierfiguren aus ihren unzähligen Taschen und sie pusteten bunte Luftballons auf, die sie den kranken Kindern schenkten. Tobias gluckste fröhlich. Er begann, immer strahlender zu lachen und freute sich einfach nur. Er ließ sie sogar einmal sein Fläschchen halten, aus dem er trank.

Später erfuhr ich, dass die Clowns sonst selten so engen Kontakt mit Kleinkindern hatten, da diese manchmal Angst bekamen. Deswegen behielten sie sie bei all ihren Späßen immer genau im Auge. Doch Tobi wirkte so fröhlich und unbeschwert, dass sie es versuchten. Immer wieder griff er nach ihnen und lachte. Diese Minuten waren wie eine Auszeit von meinem sorgengeplagten Alltag.

Es sollte noch einige Wochen dauern, bis Tobias entlassen werden konnte. Er sah zwar sehr schlecht aus, doch es ging ihm besser als vor dem Krankenhausaufenthalt. Zumindest für eine Weile. Unser Glück währte allerdings nicht lange, denn bald verschlechterte sich sein Gesundheitszustand wieder und er musste erneut in die Klinik. Wieder vergingen Wochen. Doch ein Personalwechsel in der Immunologie erschwerte die Behandlung und die Ärzte kamen bei seinen unklaren Symptomen nicht wirklich weiter.

Während all der Zeit standen wir mit Tobis Kinderarzt in Kontakt. Er fragte immer wieder nach unserem Sohn und besprach sich regelmäßig mit den Ärzten im Krankenhaus. Er war es dann auch, durch den wir von der Klinik in München erfuhren. Die dortige Immunologie hatte einen sehr guten Ruf und Dr. Armann organisierte Tobis Transfer nach Bayern.

2

Lichtblicke und dunkle Stunden

Ich fuhr zusammen mit Tobias nach München. Elisabeth blieb mit unseren Mädchen zu Hause. Es war schwer genug für die beiden, dass ein Elternteil immer bei Tobi im Krankenhaus war. Sie sollten nicht auf beide Eltern verzichten müssen. Wenn Elisabeth einmal wegmusste, konnten die Mädchen glücklicherweise bei ihrer Oma bleiben, an der sie sehr hingen. Oma Elisabeth hatte selbst fünf Kinder großgezogen und zu diesem Zeitpunkt bereits 24 Enkel – Hetty und Lotte hätten also nicht besser versorgt sein können. Trotzdem war es nicht einfach, dass die Familie nun länger getrennt sein sollte.

In München angekommen, empfing mich Professor Belohradsky sehr schnell. Nachdem er mich begrüßt hatte, nahm ich ihm gegenüber Platz. »Wissen Sie«, begann er das Gespräch, »in einem Fall wie dem Ihres Sohnes ist das Gebet das Wichtigste.«

Ich sah ihn überrascht an. »Gebet ist für uns sehr wichtig«, sagte ich.

Er lächelte mir aufmunternd zu. Was für ein Geschenk, dass Tobis Ärzte beide gläubige Menschen sind, dachte ich in diesem Moment, denn auch Dr. Armann hatte uns bereits versichert, dass er für uns bete. Zwei Männer, die mit uns um Tobis Leben kämpften – und die wussten, dass sie es nicht allein in der Hand hatten, was passierte, dass es jemanden gab, der größer ist als wir. Jemand, der es gutmachen konnte.

Ich fühlte mich bei Professor Belohradsky sofort gut aufgehoben. Er nahm sich Zeit für mich und meine Fragen und Sorgen. Unser Kinderarzt hatte ihm bereits die Krankenakte sowie alle weiteren nötigen Unterlagen zukommen lassen, trotzdem ließ er sich von mir noch einmal alles berichten, was seit der Geburt unseres Jüngsten passiert war. Dabei machte er sich sorgfältig Notizen. Anschließend fasste er zusammen, was er aus Tobis Akten und von den Ärzten erfahren hatte, bei denen unser Sohn bisher in Behandlung war. Dann erklärte er mir seine Vermutung und die weitere Vorgehensweise.

»Herr Roller, wir werden ein Expertenteam bilden, dem Ärzte aus verschiedenen Fachbereichen angehören. Ich selbst werde die Leitung übernehmen. Wir werden uns regelmäßig über den Verlauf von Tobias' Krankheit und die Untersuchungsergebnisse austauschen und über die Behandlungsmöglichkeiten beraten. Ich will allerdings ganz ehrlich zu Ihnen sein«, sagte er und sah mich ernst an. »Der Fall Ihres Sohnes ist sehr kompliziert. Ich kann Ihnen nichts versprechen. Wir werden unser Möglichstes tun, aber der Ausgang ist ungewiss.«

Das laute Piepen der Ernährungspumpe holt mich unerwartet wieder aus meinen Erinnerungen in die Gegenwart. Schnell gehe ich die wenigen Schritte vom Schlafzimmerfenster zum Bett. Ich richte den abgeknickten Schlauch. Tobi wacht dabei auf.

»Bist du nicht müde, Papa?«, murmelt er leise.

»Doch, Tobi-Schatz, ich bin auch müde.« Ich lächle ihn liebevoll an.

»Dann musst du dich aber hinlegen. Du kannst ja nicht im Stehen schlafen!«, grinst Tobi schelmisch und ein wenig wacher. Ich muss lachen und lege mich neben ihn. Tobi kuschelt sich an mich. Ich küsse ihn auf den Kopf und streiche ihm übers Haar.

»Siehst du, Papa, wenn ich mit dir kuschle, kannst du viel besser schlafen«, sagt Tobi überzeugt. Während er wieder einschläft, hält er meine Hand. Meine Erinnerungen kehren zurück zu unserer ersten Zeit in der Münchner Klinik. Schon damals waren wir immer an seiner Seite. Und bereits in dieser frühen Zeit seiner Kindheit wurde schnell klar, dass unser Junge ein echter Kämpfer war, der nicht einfach aufgeben würde.

Nach meinem Gespräch mit dem Münchner Professor rief ich Elisabeth an und erzählte ihr alles. Wir entschieden, dass immer einer von uns für zwei Wochen bei Tobias bleiben würde. Ich würde die ersten beiden Wochen in München sein, dann würden wir tauschen. Und auch wenn der Ausgang, wie Professor Belohradsky sagte, ungewiss war, gab es immer wieder kleine Lichtblicke. In der ersten Woche meinte einer der Ärzte, nachdem er zu einer Behandlung in Tobis Zimmer war: »Man sieht einem Kind an, ob es eine Chance hat, zu überleben. Einige der Kleinen wirken müde und kraftlos. Aber Ihr Tobias ist ein kleiner Kämpfer. Wenn es einer schafft, dann er!« Und Tobias war wirklich ein Kämpfertyp. Er hielt sich mit aller Kraft an seinem kleinen Leben fest. Trotz seines Alters schien er jetzt schon das Beste aus den Momenten zu machen, in denen es ihm einigermaßen gut ging.

Das Blutabnehmen war ein perfektes Beispiel dafür. Wie schon in Tübingen musste bei ihm auch in München täglich Blut abgenommen werden. Seine kleinen Venen waren sowieso schon stark in Mitleidenschaft gezogen worden und die neue Belastung machte es nicht besser. Täglich dauerte die Prozedur länger. Man merkte Tobi an, dass er dabei Schmerzen hatte, denn er schrie meistens wie am Spieß. Mir zerriss es jedes Mal das Herz. Ich konnte nichts tun, als ihm beruhigend über den Kopf zu streichen.

An einem Tag versuchten die Ärzte eine halbe Stunde lang, genügend Blut aus seinem kleinen Körper zu bekommen, damit alle nötigen Tests vorgenommen werden konnten. Ich wünschte mir so sehr, dass mein Junge diese Quälerei nicht mehr durchmachen müsste. Nach dieser schier endlosen halben Stunde war Tobi feuerrot im Gesicht und so erschöpft, dass er sich kaum noch bewegen konnte. Doch sobald die Kanüle gezogen und der Stich versorgt war, beruhigte er sich und begann, die Ärzte anzulächeln. Denen merkte man an, dass es auch für sie eine besondere Situation war. Tobis Lächeln war wie ein Sonnenstrahl, in dessen Licht die Anspannung, das Mitleid und die Erschöpfung schwanden. Und er brachte Sonnenschein auf die Station, über der trotz aller ärztlichen Erfolge doch immer eine ernste Atmosphäre lag.

Die Tage auf der Station waren lang. Tobias lag in einem Isolierzimmer am Ende des Flures, um ihn vor Infektionen zu schützen. Das einzige kleine Fenster im Zimmer war mit einem Fliegengitter aus Metall verschlossen, durch das man eigentlich nichts sah. So kamen zwar keine Insekten herein, für Elisabeth und mich bedeutete das allerdings auch, nicht einmal aus dem Fenster schauen zu können. Derjenige von uns, der gerade im Krankenhaus bei Tobi war, verbrachte den Tag sitzend oder stehend an seinem Bett. Da unser elf Monate alter Sohn sich noch nicht selbst helfen konnte, versuchten wir, ihm die Zeit so angenehm wie möglich zu gestalten. Wenn er wach war, sprachen wir mit ihm oder streichelten ihm über den Kopf. Dann strahlte er uns unter seinen langen Wimpern an und lächelte. Gerade in diesen gleichförmigen und tristen Tagen war das wie ein Energieschub für uns.

Das Essen war leider eines der größeren Probleme, da Tobi nicht viel bei sich behielt. Deshalb fütterten wir ihn immer wieder und taten unser Bestes, um ihm seinen Brei in irgendeiner Weise schmackhaft zu machen. Der Versuch, ihn über eine Nasensonde mit sehr kalorienreicher Nahrung zu versorgen, scheiterte leider, weil Tobi auch diese nach kurzer Zeit wieder erbrach. Die Tücher, die wir unterlegten, mussten vorher und nachher gewogen werden, damit wir feststellen konnten, wie viel er wirklich im Magen behalten hatte. Es war nie viel.

Die Ärzte entschieden sich schließlich dafür, ihm eine PEG-Sonde zu legen: eine Magensonde, über die Spezialnahrung direkt in seinen Magen gelangen konnte. Dieser flüssige Nahrungsbrei war so zusammengesetzt, dass er nicht erst verdaut werden musste und die Nährstoffe schnell ins Blut gingen. Gleichzeitig mit der PEG-Sonde wurde außerdem ein Hickman-Katheter eingesetzt – ein Zugang, über den Blutabnahme und Infusionen stattfanden, ohne dass Tobi jedes Mal gestochen werden musste. Zumindest diese Hoffnung hatte sich erfüllt.

Mehrmals am Tag telefonierte ich mit Elisabeth und den Mädchen. Die beiden erzählten in ihrer kindlichen Unbekümmertheit, was sie im Kindergarten, mit Mama oder Oma erlebt hatten. Ich erzählte ihnen dafür von Tobi. Die ganze Schwere der Situation hielten wir so gut wie möglich von ihnen fern. Als wir sie einmal fragten, weswegen Tobi im Krankenhaus wäre, schaute Lotte uns mit großen Augen an und antwortete dann überzeugt: »Schnupfen!«

Trotzdem litten unsere Töchter unter der Trennung, die wir als Familie durchmachen mussten, so tapfer sie auch waren. Bei den Telefongesprächen mit Elisabeth oder mir fragten sie immer, wann wir nach Hause kämen. Am schwersten war es für Charlotte. Henriette ging schon in den Kindergarten, ihr Tagesablauf änderte sich also nicht so gravierend. Doch Lotte war die ganze Zeit zu Hause. Wenn Elisabeth bei den Mädchen war, ging es noch einigermaßen, da sie die ganze Zeit bei ihnen blieb.

Ich hingegen war im Büro. Und wenn ich länger arbeiten musste, weil ich noch eine Sitzung oder Abendveranstaltung hatte, holte ich meine schlafenden Töchter bei meiner Mutter oder meinem Bruder ab. Ich trug sie dann nach Hause. Wie oft weinten sie sich in den Schlaf, wenn ich zu spät kam. Jedes Mal, wenn meine Mutter oder meine Schwägerin davon erzählten, fühlte ich einen Stich. Aber ich musste doch schließlich irgendwann arbeiten. Meinem schlechten Gewissen half das allerdings nicht wirklich. Denn die Zeit, die ich an Tobis Krankenbett verbrachte, war nicht durch die Arbeit begrenzt. Zeit, die den Mädchen fehlte. Zeit, die ich nicht besser aufteilen konnte, weil ich einfach nicht wusste, wie ich es sonst hätte tun sollen. Die Mädchen durften immerhin mit im Elternbett schlafen. Es war so wichtig für sie, das merkte ich. Und ich wollte, dass sie spürten, wie wichtig sie für mich waren.

Auch an diesen Abenden telefonierte ich mit Elisabeth. Sie hielt Tobi dann das Mobiltelefon hin und ich sprach mit ihm oder pfiff ihm Lieder zum Einschlafen vor.

Wenn wir einander in München ablösten, war das ebenfalls nicht leicht. Als Elisabeth zum ersten Mal kam, um für zwei Wochen bei unserem Sohn zu bleiben, wollte Tobi mich gar nicht gehen lassen. Er versuchte, mich mit seinen kleinen Händchen festzuhalten, und weinte dabei die ganze Zeit. Ich zögerte den Abschied so lange wie möglich hinaus. Doch schließlich musste ich mich losreißen, meine Mädchen warteten zu Hause.

Tobis kleine, weinende Gestalt in seinem Krankenbett zerriss mir fast das Herz. Jeder Schritt von ihm weg fühlte sich irgendwie schmerzhaft an. Meine Beine waren schwer, alles war schwer. Unterwegs konnte ich mich kaum auf die Fahrt konzentrieren. Ich rief Elisabeth im Krankenhaus an. Tobi weinte immer noch. Ich versuchte, ihn zu beruhigen, pfiff ihm Lieder vor. Ich war bestimmt eine Stunde am Telefon, bevor es wieder einigermaßen ging.

Dieser Abschied sollte nicht der letzte sein, der so schwierig war. Unser Sohn war dadurch, dass ich von Anfang an so viel Zeit mit ihm verbracht hatte, so sehr auf mich fixiert, dass es jedes Mal ein Drama war, wenn ich gehen musste. Und mir fiel jeder Abschied von ihm genauso schwer.

Die Zeit in München zehrte an unseren Kräften. Wenn Tobi eingeschlafen war, hätten wir eigentlich die Chance gehabt, das Zimmer zu verlassen und etwas anderes zu sehen als Gitter, Krankenhauseinrichtung und Maschinen. Doch Tobi hatte einen leichten Schlaf und sein Unterbewusstsein registrierte sofort, wenn der Elternteil, der bei ihm wachte, aus dem Raum ging. So fröhlich und entspannt er sonst war – in diesen Momenten fing er an zu weinen. Das bedeutete, dass wir nur selten das Zimmer verlassen konnten und auch in den langen Nächten wenig

Ruhe fanden. Ich schlief in keiner dieser Nächte mehr als eine Stunde am Stück und merkte, wie die ganze Situation mehr und mehr ihren Tribut forderte.

Während dieser Zeit hatte ich ein geschäftliches Meeting, das der Vorstand extra wegen mir in die Nähe des Münchner Krankenhauses verlegt hatte. Wir trafen uns in der Straße der Klinik, um beim Abendessen alles Nötige zu besprechen. Das Meeting dauerte für mich nicht sehr lange. Das Essen hatte gerade begonnen, als ich spürte, wie es in meiner Jackentasche vibrierte. Ich zog mein Telefon heraus und nahm das Gespräch an.

»Herr Roller?«, sagte eine der Krankenschwestern von Tobis Station. »Es tut mir leid, dass ich Sie stören muss, aber Tobi weint die ganze Zeit. Können Sie kommen? Wir wissen nicht, was wir noch machen sollen!«

»Ich komme gleich«, beruhigte ich sie. Dann stand ich auf. »Es tut mir leid«, entschuldigte ich mich in der Runde. »Mein Sohn ... Ich muss leider zurück ins Krankenhaus.« Das Essen, die Geschäftsvorbereitungen – das musste nun alles ohne mich stattfinden.

Als ich wenige Minuten später Tobis Krankenzimmer betrat, lag er mit hochrotem Kopf in seinem Bettchen und weinte. Ich setzte mich zu ihm und strich ihm über die schweißnasse Stirn. »Tobi, mein kleiner Schatz«, murmelte ich beruhigend. Die zusammengekniffenen Augen meines Sohnes öffneten sich und er sah mich an. Seine kleinen Hände schnellten vor und umklammerten meinen Arm. Dann entrangen sich seiner Brust noch einige wenige Schluchzer und er begann zu lächeln. Mir wurde warm ums Herz. Das verpatzte Meeting, mein Hunger – all das spielte gerade keine Rolle mehr. Tobi war glücklich, das war das Wichtigste.

Einmal während der langen Zeit in München standen wir kurz davor, aus der Klinik entlassen zu werden. Doch Tobis Werte stellten sich als extrem schlecht heraus. So wurde mir am Tag der Entlassung mitgeteilt, dass wir bleiben mussten. Die Blut- und Leberwerte verschlechterten sich ab diesem Zeitpunkt zusehends und mein Sohn wurde immer blasser und dünner. Eines Nachts, als es besonders schlimm war, hielt ich es kaum noch aus. Wäre ich alleine gewesen, hätte ich mein Leid, meine Frustration und Sorge vielleicht sogar herausgeschrien. Doch nichts davon ging; ich war gefangen in diesem kleinen Krankenzimmer und dazu verurteilt, alles auszuhalten.

Ich betete lange in dieser Nacht und warf all meinen Schmerz vor Gott hin. »Vater, du hast uns Tobi doch geschenkt«, klagte ich. »Ich kann einfach nicht mehr mit ansehen, wie er leidet. Ich kann nicht mehr!« Ich schluchzte gequält auf. »Bitte entscheide doch endlich: Entweder lässt du uns Tobias oder du holst ihn zu dir! Aber so kann er doch nicht leben.« Die Ärzte hatten alles versucht, um zu helfen, keine Kosten und Mühen gescheut. Tobis Blutproben waren durch ganz Europa geschickt worden, doch auch dadurch gab es nichts Neues. Nun stand eine Knochenmarktransplantation im Raum und all die Untersuchungen gingen ergebnislos weiter.

Gott antwortete: Tobi blieb. Er war blass und schmal, er behielt immer noch fast kein Essen bei sich, aber er lebte. Ich nahm es als Geschenk. Für mich stand fest: Ich würde weiterkämpfen. Ich würde immer für Tobias da sein, alles tun, was möglich war. Auch wenn es bedeutete, nächtelang nur zu dösen und keinen richtigen Schlaf zu bekommen oder den Himmel tagelang nicht zu sehen.

Ein besonderer Lichtblick war die Unterstützung, die wir erhielten. Über meine Verwandten in England und unsere Kirchengemeinde waren wir mit Christen in ganz Europa verbunden, die für uns beteten. Jedes Mal, wenn eine Narkose oder eine komplizierte Untersuchung anstand, sagte ich ihnen vorher Bescheid und während des Eingriffs waren wir gemeinsam für Tobi im Gebet verbunden. Auch das gab uns unglaublich viel Kraft. So viele Menschen, die Anteil an unserem Schicksal nahmen und daran festhielten, dass Gott eingreifen kann.

Tobi dreht sich im Schlaf und kuschelt sich dabei noch enger an mich. Für unseren Sohn ist Körperkontakt unersetzlich, das merke ich immer wieder. Ich glaube, es war lebenswichtig für ihn, dass wir ihm unsere Liebe immer gezeigt haben und für ihn da waren, egal, in welcher Situation. Das hat ihm Kraft gegeben und geholfen, an seinem Leben festzuhalten.

Als es damals mit Tobis Krankheit losging und schnell schwierig wurde, haben Elisabeth und ich uns vorgenommen, immer alles Menschenmögliche für ihn zu tun. Uns war klar: Falls er nicht überleben sollte, würden wir uns Vorwürfe machen, wenn wir ihm sein Leben nicht so schön wie nur möglich gemacht hätten. Und nun ist er schon so groß und ein lebensfrohes Kind, ein kleines Wunder. Dass nicht alle kranken Kinder liebevolle Unterstützung bekommen oder bekommen können, lernte ich damals in München ebenfalls – eine schmerzliche Tatsache, an die ich heute noch nicht gerne denke.

Zusammen mit Tobi waren noch einige weitere schwer kranke Kinder auf der Isolierstation. Doch während wir unseren Sohn nie alleine ließen, bekamen diese Kinder selten oder nie Besuch. Warum waren ihre Eltern nicht da? Vielleicht hatten sie keine Kraft, ihre Kinder leiden zu sehen. Oder sie konnten sich nicht freinehmen wie ich – was für ein Geschenk das gute Verhältnis zu meinem Arbeitgeber war, wurde mir auch dadurch deutlich bewusst. Vielleicht hatten sie noch andere Kinder, die sie nicht alleine lassen konnten. Die ein oder anderen waren vielleicht auch darunter, denen das Schicksal ihrer Kinder egal war, aber das konnte ich mir eigentlich nicht vorstellen.

Einen für mich sehr traurigen Blickwinkel auf die Situation lernte ich kennen, als ich mit einem Bekannten sprach, der selbst Arzt war und ein Kind verloren hatte. »Weißt du«, sagte er und schaute aus dem Fenster. »Wir wussten, dass das Kind schwer krank war. Deshalb haben wir es nach der Geburt in der Klinik gelassen und sind nicht mehr hingegangen. Nach vier Monaten kam dann der Anruf, dass es gestorben ist.« Er schien meinen ungläubigen Blick zu spüren, denn er setzte gleich darauf hinzu: »So war es am besten für alle. Es hätte sowieso nicht überlebt und wir hätten uns nur noch mehr gequält, wenn wir Zeit mit ihm verbracht hätten. Wenn ich sehe, wie es euch geht, kann ich euch nur raten: Macht es genauso. Die Chancen, dass euer Junge überlebt, gehen gegen Null.«

Mein Bekannter war kein schlechter Mensch, ganz im Gegenteil. Aber ich wusste: Das kam für uns niemals infrage. Ich verurteile niemanden, der anders handelt, als wir es taten. Wie könnte ich – ich kenne die Situation dieser anderen Menschen nicht, ihre Kämpfe, ihre Schwierigkeiten, ihre Kraft. Doch Tobi war unser Kind, mit allem, was das für uns bedeutete. Und wir würden alles tun, was in unserer Macht stand, um ihm ein schönes Leben zu ermöglichen, egal, wie lang oder kurz dieses Leben sein würde.

Der Untersuchungsmarathon ging weiter. Viel wurde vermutet, aber die Ergebnisse passten nie hundertprozentig. Auch Mukoviszidose wurde noch diverse Male getestet, jedoch immer ohne Ergebnis. Schließlich kamen die Ärzte zu dem Schluss, dass Tobias aller Wahrscheinlichkeit nach eine Immunschwäche hatte. Die Behandlung wurde umgestellt, um sein Immunsystem zu stärken. Trotzdem ging es ihm nicht viel besser.

Seinen ersten Geburtstag feierte Tobi im Krankenhaus. Es war Pfingstsonntag und die Sonne war hinter einer dichten Wolkendecke verborgen. In meinem Herzen sah es ähnlich aus: Die Freude über den ersten Geburtstag meines Sohnes wurde immer wieder von Wolken überschattet, Sorgen über die Zukunft. Gerade deshalb wollte ich, dass er einen fröhlichen und schönen Geburtstag erlebte, auch wenn er natürlich nicht viel davon mitbekam.

Die Mädchen konnten leider nicht dabei sein. Da auf der Autobahn zu dieser Zeit eine Baustelle auf die nächste folgte, brauchte man von Tübingen nach München vier Stunden – eine so lange Autofahrt wollten wir ihnen nicht zumuten. Aber sie sangen ihm am Telefon ein Geburtstagslied und riefen ihm ihre fröhlichen Glückwünsche zu.

Die Krankenschwestern waren es schließlich, die den Tag wirklich unvergesslich machten. Auf dem Tablett, das sie in Tobis Zimmer brachten, waren ein Stofftier, zwei Bilderbücher, die sie in Geschenkpapier gewickelt hatten, ein Luftballon, ein buntes Windrad und eine Geburtstagskerze. Auf einem gelben Blatt Papier, mit lustigen Aufklebern verschönert, stand in großen Buchstaben: »ALLES GUTE zum Geburtstag lieber Tobi!! Deine Schwestern von der Intern Säugling«. Mir wurde warm ums Herz. So viel Aufmerksamkeit für meinen Sohn, dem das Ganze übrigens sichtlich Spaß machte. Er strahlte, griff nach dem Stofftier und gluckste und lachte die ganze Zeit.

Auch Henriette hatte Geburtstag, während Tobi im Krankenhaus war. Sie wurde fünf Jahre alt, bekam also schon sehr viel mit. Elisabeth war zu dieser Zeit bei unserem Jungen in München, sonst wäre vieles einfacher gewesen. Ich musste arbeiten und konnte daher kaum etwas vorbereiten. Mein schlechtes Gewissen meldete sich zwar, aber ich fühlte mich hilflos. Meine Arbeitgeber gaben mir so viel freie Zeit für Tobias, dass ich nicht auch noch freie Tage für die Mädchen einrichten konnte. Wir waren so dankbar, dass meine Schwägerin Carmen Zeit hatte und alles in die Hand nahm. Sie richtete bei uns zu Hause eine richtig schöne Geburtstagsparty für Hetty aus. Sowohl im Haus als auch im Garten war alles schön geschmückt, die Sonne schien, es gab Kuchen und andere Leckereien. Die anderen Kinder aus der Verwandtschaft und ein paar Freunde aus dem Kindergarten waren da. So hatte Hetty einen richtig tollen Geburtstag. Sie war glücklich und der ganze Trubel lenkte sie davon ab, dass sie ihre Mutter an diesem Tag doch ganz besonders vermisste.

Zurück im Krankenhaus stand ein Gespräch mit Tobis Ärzten an. Wir besprachen, wie es weitergehen würde. Als Behandlung gegen die Immunschwäche schlugen die Ärzte eine Knochenmarkstransplan-

tation vor. Ich war unsicher – natürlich hoffte ich darauf, dass eine Behandlung wie diese ihm helfen würde, ihn vielleicht sogar gesund machen würde. Aber gleichzeitig war das für ein so schwaches, krankes Kind ein gewaltiger Eingriff. Was, wenn die Belastung zu viel für seinen kleinen Körper wäre? Was, wenn er sterben würde?

Elisabeth und ich sprachen lange darüber. Ich ließ mir alles von Tobis Ärzten erklären. Ich betete viel. Und ich entschied mich dagegen, obwohl die Ärzte mir dringend dazu rieten. Wenn ich Tobi ansah, wie er klein und blass in seinem Bettchen lag, wie er immer wieder nach Luft rang und husten musste – ich wusste, er würde es nicht schaffen. Seine Lungenentzündung war mittlerweile chronisch, trotz aller Bemühungen nahm er fast nicht zu. Sein Körper hätte diesem schweren Eingriff nicht standgehalten, dessen bin ich mir sicher.

Tobi war kurze Zeit nach der Entscheidung gegen die Knochenmarkstransplantation immerhin so stabil, dass er nach Hause entlassen werden konnte. Das machte es für unsere Familie einfacher, auch wenn er immer wieder für Untersuchungen ins Krankenhaus musste. Die Mädchen mussten nicht mehr auf einen von uns verzichten, die Wege waren kürzer.

In Tübingen stand allerdings auch die nächste Entscheidung an. Wegen Tobis schlechter Leberwerte hatten uns die Ärzte zu einer Lebertransplantation geraten. Die Voruntersuchungen begannen zügig. Man hatte uns Eltern zuerst getestet mit dem Ergebnis, dass Elisabeth als Spenderin infrage kam. Es folgten Aufklärungsgespräche über die Narkose, über die Operation, über die Risiken. Ich hatte die Einverständniserklärung für die Narkose bereits unterschrieben, als mir Zweifel kamen. Auch diesmal war es ein großes Risiko. Ich sprach noch einmal mit den Ärzten. Wenn sie mir für Tobi eine Überlebenschance von fünfzig Prozent zusagen konnten, würde ich dem Eingriff zustimmen. Die Antwort war ehrlich und entmutigend. Tobis Chancen, die Transplantation zu überleben, waren schlechter. Schweren Herzens sagte ich ab.

Ich hätte mir vorher nicht vorstellen können, wie es sein würde, immer wieder Entscheidungen über das Leben meines Kindes zu treffen. So etwas wünsche ich niemandem. Es tut jedes Mal weh, weil die Ungewissheit da ist, dass es die falsche Entscheidung sein könnte. Keiner von uns kann in die Zukunft schauen, keiner weiß, wie sich alles vielleicht entwickelt hätte, wenn man den anderen Weg gegangen wäre. Wenn ich Gott nicht gehabt hätte, weiß ich nicht, wie ich dieses Nichtwissen und die Zweifel ausgehalten hätte. So aber war ich mit meiner Angst nicht allein. Ich fühlte mich getragen. Von Gott, der auch ein Vater ist. Ein Vater, der seinen Sohn leiden sah und der mich in meinem Schmerz verstand.

Bei aller Sorge, wie es weitergehen würde, waren wir einfach nur froh, Tobi wieder zu Hause zu haben. Alles wurde so eingerichtet, dass ich mit unserem Sohn zusammen im Elternschlafzimmer schlafen konnte. Diese Entscheidung mussten wir gar nicht lange bedenken: Elisabeth kümmerte sich tagsüber rund um die Uhr um Tobias und die Mädchen. Gerade durch die deutlich erhöhte Aufmerksamkeit, die Tobis aufwendige Behandlungen forderten, war das manchmal eine richtige Herkulesaufgabe. Die Kinder, der Haushalt, der Garten, in dem wir viel Gemüse selbst anbauten – das Leben musste ja irgendwie weitergehen. Bei diesen vielen Aufgaben wollte ich Elisabeth zumindest nachts entlasten, damit sie in Ruhe schlafen und Kraft schöpfen konnte.

Der Ständer für die Ernährungspumpe wurde im Schlafzimmer aufgebaut. Als Schutz vor dem Herausfallen stellten wir Stühle ans Bett, die wir mit einer gerollten Steppdecke polsterten. Das ganze Bett wurde mit dicken Handtüchern ausgelegt – so musste es nicht jedes Mal abgezogen werden, wenn Tobi sich übergab oder stark schwitzte. Für Medikamente, Spezialnahrung und anderes, was unser Junge brauchte, räumten wir einen ganzen Schrank frei.

Wo immer Tobias war: Sein Ernährungsrucksack war stets dabei. Darin war die Pumpe, die dafür sorgte, dass konstant Nährstoffe in kleinen Mengen in seinen Körper gelangten. Die Leitung von der Pumpe in den Magen unseres Jungen war zwei Meter lang, kein sehr großer Bewegungsradius für ein Kind, das die Welt entdecken möchte. Aber besser, als im Bett zu liegen. Besser als nichts.

Geschwisterliebe und Rückschläge

Endlich konnten wir fünf wieder als Familie leben. Die Mädchen waren glücklich. Henriette war bei Tobis Geburt fast vier Jahre alt gewesen und schon ganz aufgeregt, als sie auf ihr neues Geschwisterchen wartete. Ein Baby zum Spielen – in ihren Augen das Größte. Der damals zweijährigen Charlotte merkte man ihre anfängliche Skepsis an. Sie hatte als Nesthäkchen bisher im Mittelpunkt gestanden und war gar nicht damit einverstanden, diese Rolle so schnell aufgeben zu müssen. Auf einem ihrer Kinderfotos steht sie sehr missmutig an Tobis Babybettchen und wir müssen immer noch lachen, wenn wir uns das Fotoalbum anschauen.

Dann kamen die Krankenhausaufenthalte dazwischen, nichts war wie geplant. Die Mädchen konnten ihren Bruder im Krankenhaus in München nicht besuchen, weil der Weg einfach zu weit war. Jetzt war Tobias wieder da, klein und zart, mit seinen sprechenden Augen und dem unvergleichlichen Charme. Und er hätte keine besseren Schwestern als unsere Mädchen haben können. Sie waren geduldig und hilfsbereit und sie liebten ihren kleinen Bruder von ganzem Herzen.

Ich fühle, wie mich Stolz und Liebe durchströmen, als ich an meine beiden Töchter denke. Sie sind außergewöhnliche Mädchen: stark, liebevoll und verständig. Sie mussten wegen Tobis Krankheit so oft zurückstecken und ihre eigenen Wünsche hintenanstellen. Das waren immer wieder schwierige Situationen für sie. Und doch waren sie nie wirklich böse auf Tobi. Natürlich gab es auch mal Streit, unsere Kinder sind ja schließlich Kinder. Aber nie etwas Ernstes. Ich frage mich, ob ich als Kind in dieser Situation die gleiche Stärke gezeigt hätte.

Gähnend drehe ich mich zur Seite. Ich merke erst jetzt, wie müde ich eigentlich bin. Langsam schließe ich die Augen und dämmere in einen leichten Schlaf.

Als am nächsten Morgen der Wecker klingelt, bin ich wie immer müde. Es war eine vergleichsweise ruhige Nacht, Tobis Ernährungspumpe hat mich nur zwei weitere Male aus dem Tiefschlaf gerissen. Ich wecke unseren Jungen und gehe ins Bad, um mich zu rasieren und für die Arbeit fertig zu machen. Währenddessen weckt Elisabeth Henriette und Charlotte und bereitet das Frühstück. Als wir gemeinsam um den runden Esstisch sitzen, erzählt Charlotte von ihrem aufregenden Traum, aus dem sie Mamas Wecken leider herausgeholt hat. Ein ganz normales Familienfrühstück eben.

Nach dem Essen verabschiede ich mich von Tobi und den Mädchen, die sich gerade ihre Ranzen aufsetzen. Tobi geht noch in den Kindergarten, wo ihn Elisabeth gleich hinbringt. Beim Gehen sehe ich, wie Henriette sorgfältig überprüft, ob Tobis Jacke richtig geschlossen ist. Ihr Blick streift mich, und sie lächelt mich strahlend an. Ich zwinkere zurück. Seit Tobias auf der Welt ist, kümmert sich seine große Schwester hingebungsvoll um ihn.

Als wir damals aus dem Krankenhaus entlassen wurden, begann Henriette schnell, Tobi zu umsorgen. Mit ihren fünf Jahren war sie die Große und konnte ihm schon ein wenig helfen. Er hatte bereits im Krankenhaus angefangen, sich immer wieder aufzurichten, und nun versuchte er, krabbelnd seine Welt zu erkunden. Durch die Ernährungspumpe hatte er allerdings keine Möglichkeit, sich weiter als die zwei Meter vom Rucksack zu entfernen, die der Schlauch lang war. Henriette versetzte den Rucksack mit der Pumpe darin also immer wieder, wenn Tobi ein Stück weiter krabbeln wollte. Manchmal trug sie ihm den

Rucksack den ganzen Nachmittag lang nach, damit er die Wohnung erkunden konnte und sich nicht langweilte.

Überhaupt war Tobias an allem interessiert. Er krabbelte in jeden Raum, den er erreichen konnte. Schon bald fing er an, sich an Stühlen und Schränken hochzuziehen. Einmal hatte er es geschafft und stand recht wackelig auf seinen Beinchen. Doch als er losließ, plumpste er auf seinen Hintern. Obwohl es kaum wehgetan haben konnte – er war schließlich nicht tief gefallen und durch die Windel außerdem weich gepolstert –, fing er markerschütternd an zu schreien. Wir merkten sofort, dass etwas nicht in Ordnung war. Als er nicht aufhörte zu weinen, fuhren wir mit Tobi in die Notaufnahme. Dort dann die unglaubliche Diagnose: Er hatte sich den Oberschenkel gleich zweimal gebrochen. Von einem sanften Plumps aus dreißig Zentimetern Höhe!

Die Schiene am Bein war ein Rückschlag für unseren kleinen Entdecker. Er tat uns so leid! Sie behinderte ihn bei seinen Gehversuchen und das Krabbeln war damit auch nicht gerade einfach. Doch er ertrug die Einschränkungen mit einer erstaunlichen Geduld. Sobald das Bein verheilt war, versuchte er erneut, laufen zu lernen. Ich bewunderte seinen starken Willen. Er war noch keine zwei Jahre alt und ließ sich doch nicht davon abhalten, die Welt zu entdecken.

Der gebrochene Oberschenkel sollte nicht der einzige Rückschlag bleiben. Als Tobi sich einmal vom Sofa gleiten ließ, brach er sich den Arm. Die Untersuchungen zeigten, dass seine Knochen porös und sehr empfindlich waren. Insgesamt brach er sich siebenmal Arme und Beine bei dem Versuch, laufen zu lernen. Jedes Mal musste er von vorne anfangen. Beharrlich versuchte er es wieder und wieder, bis es ihm schließlich gelang. Diese zerbrechlichen Knochen sollte er behalten, was bedeutete, dass er nie wie andere Kinder herumtoben konnte.

Bei uns kehrte mehr und mehr der Alltag ein, auch wenn er anders war, als wir es uns vorgestellt hatten. Aber es ist ja eigentlich immer so: Man gewöhnt sich an Dinge und Abläufe und irgendwann ist selbst das

Neue, Ungewohnte – manchmal auch Angstmachende – ganz gewöhnlich.

Tobis Ernährung war so eine Sache. Elisabeth bereitete jeden Tag seine Spezialnahrung für die Ernährungspumpe zu, ein umständlicher Prozess. Sie trug immer Handschuhe, wenn sie das Pulver in abgekochtes Wasser einrührte. Die notwendigen Medikamente – in manchen Zeiten bis zu 18 verschiedene – rührte sie extra an und füllte sie in Spritzen.

Auch die Pflege war ungewohnt. Wegen seiner trockenen Haut mussten wir Tobi täglich eincremen. Wenn sein Zugang neu abgeklebt oder die Magensonde gepflegt werden musste, trugen wir einen Mundschutz, auch Tobi. Die Haut unseres Sohnes war empfindlich und vertrug die Pflaster nicht immer, daher tat das Pflasterwechseln ihm oft weh. Dazu kamen immer wieder Entzündungen an der Eintrittsstelle des Katheters, um die wir uns kümmern mussten. Trotzdem ließ er es geduldig über sich ergehen. All diese Prozeduren wurden schnell zu alltäglichen Handlungen, sie gehörten irgendwie dazu. Schon bald hatten wir das Gefühl, dass es schon immer so gewesen sein könnte.

Den Umständen entsprechend entwickelte sich Tobi sehr gut. Wir hatten viel Grund, Gott dankbar zu sein. Mit einem Dreivierteljahr hatte er sein erstes Wort gesprochen: »Papa.« Ich war stolz und glücklich. Noch vor Kurzem hatten wir nicht zu träumen gewagt, dass Tobi laufen und sprechen würde wie seine Schwestern. Und ich bin mir sicher: Jede Mutter und jeder Vater kann nachfühlen, wie bewegend es ist, wenn der eigene »Name« das Erste ist, das der Sohn oder die Tochter sagt. Außerdem war es ein Anzeichen dafür, dass unser Jüngster sich ganz normal entwickelte – ein riesiger Grund zur Freude.

Dazu kam: Alle lebensbedrohlichen Krankheiten, die bisher als Verdacht im Raum gestanden hatten, waren negativ getestet worden. Kurzzeitig hatten die Ärzte befürchtet, dass unser Junge durch seine Wachstumsprobleme einen Hirnschaden davongetragen haben könnte, doch auch das stellte sich glücklicherweise als Fehlannahme heraus. Und immer, wenn wir dachten, dass wir kaum noch so weitermachen könnten, weil die Anstrengungen und Sorgen uns aufzuzehren schienen, bekamen wir wie durch ein Wunder neue Kraft. Wir sind überzeugt: Dafür war auch verantwortlich, dass viele Menschen für uns beteten. Das tat so gut zu wissen!

Abgesehen von all den Schwierigkeiten, mit denen er zu kämpfen hatte, war Tobias ein ganz normaler Junge. Seine Schwestern spielten gerne mit ihm. Er war meistens fröhlich und weinte nur selten. Als Henriette wieder einmal einen ganzen Nachmittag damit beschäftigt war, den Ernährungsrucksack durch die Räume zu tragen, damit Tobi ein bisschen was von seiner kleinen Welt sah, musste ich schmunzeln.

»Gehst du mit deinem Bruder spazieren?«, fragte ich sie augenzwinkernd.

»Na klar!« Henriette strahlte. »Tobi ist mein Baby und ich zeig ihm alles!«

Ihre kindliche Hingabe rührte mich und ich sah ihnen noch ein wenig bei ihren Erkundungstouren zu. In den Momenten mit seinen Schwestern konnte unser Sohn wirklich Kind sein. Sonst war er doch sehr oft mit der Welt der Erwachsenen konfrontiert, mit Ärzten, Krankenschwestern und -pflegern, Physio- und Ergotherapeuten.

Als ich vor meinem Auto stehe, kehre ich aus meinen Erinnerungen in die Gegenwart zurück. Ein arbeitsreicher Tag liegt vor mir, und ich muss mir Mühe geben, nicht immer wieder an den Arzttermin in Freiburg zu denken. Ich setze mich hinter das Steuer und fahre los.

Es ist bereits dunkel, als ich am Abend nach Hause zurückkehre. An den Straßenlaternen leuchten Weihnachtsornamente und werfen glänzende Lichtpunkte auf den feuchten Asphalt. Als ich in unsere Straße einbiege, kommt mir ein Polizeiwagen entgegen. Ich muss daran denken, wie Tobi und ich unser erstes – zugegeben etwas unangenehmes – Zusammentreffen mit der Polizei hatten.

Am liebsten war Tobi überall dabei. Er schaute seiner Mutter und mir gerne zu, wenn wir im Haus oder im Garten arbeiteten. Auch wenn wir am Sonntag mit den Mädchen in die Kinderkirche gingen – so heißt der Kindergottesdienst bei uns in der Kirchengemeinde –, kam er mit. Da Elisabeth und ich den Kindergottesdienst gestalteten, war es schön, dass alle unsere Kinder dabei waren. Tobi lag oder saß in seinem Wagen, lauschte andächtig den Geschichten aus der Bibel und freute sich über die Lieder. Musik mochte er immer schon gerne und das blieb so.

Doch leider konnte er eben nicht überall dabei sein. Wenn wir mit den Mädchen ins Hallenbad oder ins Freibad gingen, blieb immer einer von uns mit unserem Sohn zu Hause, da die Infektionsgefahr einfach zu groß war. Auch auf den Spielplatz oder Laufrad fahren durfte er nicht. Wenn ein Plumps aus dreißig Zentimetern Höhe schon zu einem Bruch führte, was wäre bei einem Sturz vom Klettergerüst passiert?! Doch wir sorgten für Ersatz, der ihm Spaß machte.

Von Anfang an faszinierten unseren Sohn Traktoren und Landwirtschaftsmaschinen. Ich hatte eine alte grüngelbe Zugmaschine, die ihm besonders gefiel. Manchmal fuhr ich mit Tobi auf dem Schoß durch die Gegend und er jauchzte vor Begeisterung und hüpfte auf und ab. Eines Vormittags, Tobi war zwei Jahre alt, machten wir solch einen kleinen Ausflug. Es war ein ruhiger Samstag. Wir fuhren gerade durch unsere Straße, eine Tempo-30-Zone, als ich bemerkte, dass uns ein Polizeiauto hinterherfuhr. Als ich auf Höhe unserer Garage anhielt, stoppte das Polizeiauto ebenfalls. Die beiden Polizisten, die darin saßen, stiegen aus.

Der Jüngere der beiden kam auf mich zu. Er räusperte sich: »Sie wissen schon, dass das gefährlich ist, was Sie da tun, mit dem Kind auf dem Schoß auf der Straße fahren?«, sagte er mit kritisch hochgezogenen Augenbrauen.

»Der Kleine hat so viel Spaß und hier in der 30er-Zone kann ja nicht wirklich was passieren«, versuchte ich das Ganze etwas herunterzuspielen.

»Außerdem ist der TÜV seit über einem Jahr abgelaufen«, sagte der zweite Polizist und kam hinter dem Traktor hervor.

Mist – das hatte ich in dem ganzen Hin und Her von Tobis Krankenhausaufenthalten völlig vergessen. *»Können Sie nicht noch mal ein Auge zudrücken? Ich hole den TÜV auch so schnell wie möglich nach.«*

»Wenn das jetzt ein Monat wäre, könnte man ja noch drüber reden. Aber über ein Jahr!« Der Polizist schüttelte bestimmt den Kopf. *»Das geht leider gar nicht.«*

»Da müssen wir Ihnen ein Bußgeld ausstellen«, pflichtete ihm sein Kollege bei. *»Für den TÜV und für Ihr verkehrsgefährdendes Verhalten. Wenn Sie jetzt einen Unfall gehabt hätten, hätte Ihrem Jungen sonst was passieren können. Oder wenn er Ihnen vom Schoß gesprungen wäre und Sie deshalb einen Unfall gebaut hätten. Das sollten Sie wirklich nicht mehr tun.«* Ich konnte ihn ja verstehen, aber Tobi freute sich immer so sehr, wenn wir zusammen Traktor fuhren.

Im Endeffekt bekam ich zwei Bußgelder – eins für den TÜV und eins für die Gefährdung – und fünf Punkte in Flensburg. Das tat schon ein bisschen weh. Danach fuhr ich nicht mehr mit Tobi auf dem Traktor über öffentliche Straßen. Er war sehr enttäuscht und verzog traurig die Mundwinkel nach unten, als ich das nächste Mal, als er fahren wollte, den Kopf schüttelte. Aber ich fand eine andere Lösung. Ich fuhr mit dem Traktor auf unsere Obstwiesen, die in der Nähe lagen, und Elisabeth und die Kinder fuhren mit dem Auto hinterher. Die Obstwiesen waren Privatgelände und so konnte ich mit Tobi und den Mädchen nach Herzenslust fahren, ganz ohne Gefahr. Der Spaß war gerettet.

Ich schließe die Wohnungstür auf und begrüße Elisabeth und die Kinder. Der Abendbrottisch ist bereits gedeckt und ich setze mich hungrig zu meiner Familie. »Und, wie war euer Nachmittag?«, frage ich in die Runde.

»Wir haben gebastelt«, antwortet Charlotte mit geheimnisvollem Flüstern. »Weihnachtsgeschenke!« Henriette und Tobias grinsen einander wissend an.

»Oho«, sage ich mit gewichtiger Miene. Tobi fängt an zu kichern.

In diesem Moment kommt Elisabeth mit einem Teller Aufschnitt aus der Küche und setzt sich zu uns. Bevor wir anfangen, bete ich: »Segne, Vater, diese Speise, uns zur Kraft und dir zum Preise. Amen.« Meistens spreche ich unser gemeinsames Gebet. Es ist mehr als ein schönes Ritual. Wir haben allen Grund, Gott dankbar zu sein. Elisabeth und mir ist es wichtig, die Kinder mit in diesen Dank einzubeziehen. Uns immer wieder bewusst zu machen, dass unser Vater im Himmel für uns sorgt und es gut mit uns meint.

Die Kinder lassen es sich schmecken. Tobi war noch nie ein guter Esser und je nach Tagesform geht es mal besser, mal schlechter. Heute knabbert er ein bisschen an seinem Brot, aber nach einer halben Scheibe schiebt er den Teller weg. »Ich bin satt«, sagt er bestimmt.

Ich ziehe die Augenbrauen hoch. »Probier doch noch ein bisschen Käse«, versuche ich ihn zu locken. »Der ist so lecker!«

Tobi seufzt. »Nö, ich hab keinen Hunger mehr.«

»Und wenn du ein bisschen Heidelbeerjoghurt isst?«, schlage ich vor. Tobis Augen beginnen zu leuchten. Er liebt Heidelbeerjoghurt, überhaupt mag er Obst sehr gerne.

»Na gut«, sagt er ein bisschen gönnerhaft und schaut mich erwartungsvoll an. Ich hole den Joghurt und bin erleichtert, dass mein Sohn immerhin fast den ganzen Becher löffelt. Als er den Löffel weglegt, fische ich noch eine große Heidelbeere aus den Tiefen des Bechers.

»Magst du die nicht mehr?«

Tobi überlegt. »Die passt vielleicht noch rein«, verkündet er nach kurzer Bedenkzeit. Lächelnd reiche ich ihm den Löffel. Ein kleiner Erfolg. Dabei fällt mir wieder ein, wie Tobias damals Essen und Schlucken völlig neu lernen musste.

Tobias war zweieinhalb Jahre alt und trotz seines Entdeckerdrangs wollte er eines nicht: Essen. Und das obwohl er jetzt, wo es ihm besser ging, wieder damit anfangen sollte. Durch die Magensonde hatte er das Schlucken von fester Nahrung völlig verlernt. Er trank zwar normal, aber wenn wir in der Familie aßen, saß er nur dabei und wollte nichts probieren. Schließlich besprachen wir uns mit Tobis Ärzten und beschlossen, dass unser Sohn die Hilfe einer Esstherapeutin bekommen sollte.

Unser Kinderarzt empfahl uns eine Logopädin in Reutlingen, die einen sehr guten Ruf hatte. Er warnte uns aber, dass ihre Warteliste sehr lang sei und wir wahrscheinlich keinen Platz bekommen würden. Ich rief sie an. Nachdem ich ihr von Tobias und seiner Krankheit erzählt und sie um einen Termin gebeten hatte, sagte sie sofort zu, ihn zu behandeln. Elisabeth, Tobi und ich fuhren also kurz darauf ins nahe gelegene Reutlingen zu unserem ersten Treffen.

Als die Logopädin uns öffnete, war ich beeindruckt. Ihre Ausstrahlung war so freundlich und gleichzeitig stark, dass wir uns direkt in guten Händen fühlten. Sie war eine große Frau mit lockigem grauem Haar, das ihr bis über die Schultern fiel. Um den Hals trug sie eine Kette mit großen Steinen in verschiedenen Farben. Überhaupt war sie farbenfroh gekleidet. Sie begrüßte uns mit markanter Stimme und kam nach einigen Formalitäten auf die Behandlung zu sprechen.

»Schlucken ist gar nicht so einfach, wie wir denken. Gerade Kinder, die künstlich ernährt werden und das Essen erst wieder lernen müssen, haben Angst davor. Machen Sie sich also keine Gedanken, wenn es nicht gleich klappt. Manche Kinder brauchen dafür bis zu zwei Jahre, das ist überhaupt nicht schlimm«, erklärte sie uns. Dann wandte sie sich Tobias

zu. Man merkte, dass sie gut mit Kindern umgehen konnte. Unser Sohn war gleich gespannt und voller Tatendrang. Alles war interessant und aufregend für ihn.

Bei der Therapie selbst waren wir nicht dabei. Während die Logopädin mit unserem Sohn ins Behandlungszimmer ging, warteten wir in einem anderen Raum. Aber es gefiel Tobi sehr. Anfangs spielten sie nur Spiele rund um das Thema Essen. Memory-Spiele mit Lebensmitteln, Bilder mit leckerem Obst, Gemüse und anderen Gerichten. Später brachten Elisabeth und die Therapeutin Dinge mit, die Tobi mochte. So konnte er die verschiedenen Lebensmittel spielerisch kennenlernen, bevor es ans Essenlernen ging. Die Löffel wie auch die Portionen waren anfangs sehr klein und die Therapeutin achtete darauf, dass er gut kaute. So wurde er langsam Schritt für Schritt an das Schwierigste, das Schlucken, herangeführt.

Natürlich unterstützten wir das Essenlernen, wo wir nur konnten. Elisabeth versteckte kleine Leckereien in der Wohnung, damit Tobias sie fand. Sie bereitete alles so ansprechend und bunt wie möglich zu. Wenn er etwas mochte, dann bekam er es auch. Hauptsache, er aß. Die Arbeit der Therapeutin, Elisabeths Unterstützung und Tobis beeindruckender Lernwille zahlten sich aus. Nach nur einem Dreivierteljahr konnte unser Junge wieder selbstständig essen.

»Woran denkst du, Papa?«, holt mich Hettys helle Stimme aus meinen Gedanken. »Ich denke gerade daran, dass ich ganz schön tolle Kinder habe«, antworte ich ihr mit einem Zwinkern. Sie grinst zufrieden zurück – ich sehe ihr an, wie gut ihr das Lob tut.

Familienabenteuer und Erschöpfungszustände

Nach dem Abendessen sitzen wir noch ein bisschen im Wohnzimmer zusammen. Die Kinder spielen auf dem Teppich und Elisabeth kommt kurze Zeit später aus der Küche dazu. Sie setzt sich neben mich aufs Sofa und zeigt auf die kleine Eisbären-Figur, die Tobi in der Hand hält. »Weißt du noch, wie wir in der *Wilhelma* waren? Das war ein schöner Ausflug.« Ich stimme ihr zu. Das war im letzten Jahr gewesen.

2012 war alles in allem ein ziemlich ereignisreiches Jahr für uns. Die Belastungen blieben hoch. Ich schlief wegen der Ernährungspumpe keine Nacht mehr durch. Tobis Knochen blieben empfindlich, ebenso wie seine Haut und sein Magen. Er brauchte immer Spezialpflege, damit es ihm gut ging. Ihm war regelmäßig übel und es gab kaum einen Tag, an dem er sich nicht übergeben musste.

Und trotzdem: Er war fröhlich und dankbar. Man konnte ihm mit Kleinigkeiten ganz einfach eine Freude machen. Und Tobias überlegte immer, wie er selbst anderen eine Freude machen konnte. Wenn er Süßigkeiten oder andere Kleinigkeiten geschenkt bekam, schenkte er sie oft weiter und lächelte dabei in sich hinein. Meistens erklärte er sogar, warum gerade der Beschenkte dieses Geschenk bekam, was uns ebenfalls erheiterte. Außerdem liebte er es, Bilder für alle zu malen.

Nun sollten wir gleich mehrere kleine Abenteuer erleben, mit denen wir zu Beginn von Tobis Erkrankung nie gerechnet hätten. Es war, als würde Gott uns kleine Auszeiten schenken, damit wir neue Kraft schöpfen konnten.

Der Stuttgarter Tierpark Wilhelma veranstaltete seit einigen Jahren die »Dreamnight«, eine Veranstaltung, bei der behinderte und chronisch kranke Kinder aus der Region eingeladen wurden. Abends, nachdem die letzten Besucher gegangen waren, durften die Kinder mit ihren Familien in den Tierpark und die Tiere hautnah erleben. Es gab Mitmach-Aktionen und spannende Vorführungen von Tierpflegern, aber auch von Artisten wie Feuerschluckern und Stelzenläufern.

Auch wir bekamen eine Einladung, als unser Sohn gerade drei Jahre alt war. Ich weiß nicht, wer aufgeregter war, Tobias oder seine Schwestern. Wir hatten zwar Kaninchen als Haustiere, aber so ein Tierpark war doch noch mal etwas ganz anderes. Tobi wartete jeden Tag auf die Post und fragte, ob die Eintrittskarte schon da sei. Als sie endlich kam, konnte er sich vor Aufregung kaum halten.

»Tja, Tobi«, lachte Elisabeth. »Jetzt dürfen wir nur wegen dir in die Wilhelma und die Tiere anschauen.«

»Wegen mir!« Unser Jüngster strahlte begeistert. Für ihn war es ein tolles Gefühl, dass die ganze Familie nur wegen ihm so etwas Schönes erleben konnte. Er war ganz stolz und sprach von kaum etwas anderem.

Am großen Tag setzten wir uns ins Auto und fuhren nach Stuttgart. Schon auf der Fahrt schaute Tobias gespannt aus dem Fenster. Die ganze Zeit überlegten seine Schwestern und er, welche Tiere sie zuerst anschauen wollten.

»Vielleicht sind da Kinder, die wir kennen!«, überlegte Charlotte.

»Von Dr. Armann«, stimmte Tobi zu. »Und dann können wir alle zusammen die Tiere angucken.«

»Und leckere Sachen essen«, fiel Henriette ein. Die Kinder begannen zu diskutieren, welche köstlichen Dinge es wohl geben würde. »Wann sind wir da?« war die Frage, die am häufigsten gestellt wurde.

Um 17 Uhr sollte es losgehen und pünktlich standen wir mit den anderen eingeladenen Familien vor dem Eingang. Drinnen begrüßte uns eine Trommelgruppe mit Musik, ein tolles Spektakel. Dann ging es los. Wir durften uns alles anschauen: In der Futterküche sahen wir, wie das Futter gemischt wurde. Die Elefanten beispielsweise bekamen Kohlrabi, gelbe Rüben und Sellerie. Tobi sah mit großen Augen zu, wie sie das Gemüse vorsichtig und bedächtig mit ihren Rüsseln aufhoben und es sich in die Mäuler steckten, als würden sie mit Händen essen. Die Mädchen entdeckten ein Foto, das sie auf der Stelle besonders toll fanden. Es zeigte eine Geburtstagstorte, die einer der Elefanten zum sechzigsten Geburtstag bekommen hatte. Eine Elefantengeburtstagstorte! Sie konnten sich vor Begeisterung kaum einkriegen.

Die Kinder durften sich anschließend den Raum ansehen, in dem die Eisbären ihre Babys bekamen. Die gewaltigen Bären mit ihrem leuchtend weißen Fell beeindruckten Tobias ganz besonders. In einem Raum waren die Transportkisten der Tiere aufgestellt und die Kinder durften sogar hineinklettern. Es gab überall Infostände zu den verschiedenen Tieren. Eine Station bestand aus Schädeln, denen die Kinder kleine Tierfiguren zuordnen mussten. Generell gab es viel zum Anfassen. Die Mädchen fanden das Leopardenfell spannend, über das sie vorsichtig streichelten. Und bei den Alpakas bekam jedes Kind ein Tütchen mit Alpakawolle geschenkt.

Doch das war nicht alles. Polizei und Sanitäter waren ebenfalls vor Ort und hatten ihre Wagen dabei. Die Kinder durften sich alles anschauen und sogar in Polizei- und Rettungswagen hineinsetzen, was fast so spannend war, wie die Tiere anzuschauen. Und überall gab es kostenloses Essen. Verschiedene Firmen hatten Stände aufgebaut, es gab Maultaschen, Hotdogs, Brezeln, Obstsalat, Eis, Kuchen, Getränke und mehr. Schnitzel mit Pommes und Eis am Stiel waren die Favoriten unserer Kinder.

Ein besonderes Highlight waren die Stelzenläufer, die mit Süßigkeiten gefüllte Vogelhäuschen über das Gelände trugen und zu den kleinen Besuchern herunterließen, die sich dann etwas daraus nehmen durften. Wo man hinsah, waren glückliche Kinder. Nachdem es dunkel geworden war, gab es eine Feuershow. Mit großen Augen schauten Klein und Groß den wirbelnden Flammen zu, die von Artisten scheinbar mühelos durch die Luft geschleudert wurden. Tobi griff stumm nach meiner Hand und ich merkte ihm an, wie glücklich er war.

Als wir gegen 22 Uhr den Park verließen, hielt jedes der Kinder stolz eine kleine Eisbären-Figur in der Hand, ein Geschenk der Wilhelma als Andenken an die Dreamnight. Die Mädchen hüpften ausgelassen über den Parkplatz und plapperten fröhlich über das Erlebte. Wir setzten alle in ihre Kindersitze und schnallten sie an. Dann fuhren wir los, es dauerte nicht lange und alle drei waren fest eingeschlafen.

Elisabeth und ich sahen uns an. »Das war so ein schöner Tag. Und es freut mich nicht nur für Tobi, sondern auch ganz besonders für unsere Mädchen«, sagte Elisabeth liebevoll. »Sie müssen so oft zurückstecken und funktionieren. Da ist es einfach schön, dass sie ganz ungezwungen Spaß hatten.« Und es stimmte, die Mädchen mussten oft zurückstecken. Tobi stand meistens im Mittelpunkt, auch weil es durch seine Krankheit oft nicht anders ging. Er brauchte spezielle Pflege, spezielle Nahrung, spezielle Aufmerksamkeit. Wenn die Mädchen ins Schwimmbad wollten, konnte nur einer von uns mit, der andere blieb bei Tobi. Wenn wir etwas gemeinsam geplant hatten und Tobi ging es schlecht, fiel es entweder ganz aus oder einer von uns blieb zu Hause. Deshalb waren solche Erlebnisse wie die Dreamnight so kostbar für uns als Familie.

Elisabeth und ich schwelgen noch ein wenig in Erinnerungen, während wir den Kindern beim Spielen zusehen. Momente wie diese sind Schätze für uns, weil sie so selten sind. Zeit als Ehepaar verbringen wir eigentlich gar nicht mehr. Unsere gemeinsamen Momente sind getaktet – von Arztbesuchen und Krankenhausaufenthalten, von Tobis Krankheit und allen damit verbundenen Einschränkungen. Wir schlafen getrennt, damit immer jemand bei Tobi ist. Unsere Ehe funktioniert. Wir funktionieren. Es ist ein Opfer, für das wir uns aus Liebe entschieden haben. Ich glaube, in uns beiden lebt die unausgesprochene Hoffnung, dass es irgendwann wieder anders wird. Wenn es Tobi besser geht, wenn er gesund ist, vielleicht …

Ich hole meinen Laptop, damit wir uns einige Fotos anschauen können, und öffne den Ordner mit den Urlaubsbildern. Kurz nach der Dreamnight fand unser nächstes gemeinsames Abenteuer statt, das wir uns nach Tobis Diagnose nie hätten träumen lassen.

Das zweite große Familienabenteuer im Jahr 2012 und wirklich Zeit, alle zusammen zu sein, erlebten wir an der Nordsee. Mein Bruder Paul-Gerhard ist Pfarrer und war mit seiner Frau und den Kindern in Schillig in der Nähe von Wilhelmshaven, wo er ehrenamtlich als Urlaubsseelsorger tätig war. Wir beschlossen, ebenfalls nach Schillig zu fahren und zum ersten Mal seit Tobias' Geburt Familienurlaub zu machen. In den Jahren zuvor war das einfach unmöglich gewesen, doch nun, wo unser Sohn einigermaßen stabil war, wollten wir es wagen. In Wilhelmshaven war außerdem eine gute Kinderklinik, in der wir jederzeit Hilfe finden konnten, falls es Komplikationen geben oder Tobis Zustand sich verschlechtern sollte. Das ganze Team der Kinderarztpraxis hoffte und betete mit uns, dass alles gut gehen würde.

Einen Tag vor dem Urlaub hatten wir noch eine mittlere Katastrophe zu bewältigen. Die Kinder waren beim Trampolinspringen, als wir plötzlich lautes Weinen aus dem Garten hörten. Es stellte sich heraus, dass Tobi falsch aufgekommen war und nun sein Bein nicht mehr belasten konnte. Ich fuhr sofort mit ihm in die Klinik. Da die Mitarbeiter dort uns und vor allem Tobias bereits gut kannten, musste er nicht warten, sondern kam gleich dran. Nach dem Röntgen war klar: Tobi hatte sich das Bein gebrochen. Wir machten lange Gesichter. Stand unser Urlaub jetzt auf der Kippe?

Glücklicherweise konnten uns die Ärzte gleich beruhigen. Tobi bekam eine Schiene, die mit einem Klebeverband am Bein befestigt wurde, sodass wir trotzdem fahren konnten. Der Radiologe notierte sich sogar meine Telefonnummer, um mich im Urlaub kontaktieren zu können.

Durch das gebrochene Bein waren wir ein bisschen im Hintertreffen, was die Urlaubsvorbereitungen anging. Wir packten zwei Bananen-

kisten mit Medikamenten, Spezialnahrung und Verbandmaterial für Tobias ein. Dazu kamen sein Kinderwagen, die Fahrräder der Mädchen und Spielsachen für den Strand. Unsere Koffer komplettierten das Gepäck – das Auto war bis obenhin voll. Die Kinder schauten aufgeregt beim Packen zu. Sie waren kaum ins Bett zu bekommen und als sie endlich unter ihren Decken lagen, versuchten sie, ganz schnell einzuschlafen, damit der Urlaub endlich da war.

Am nächsten Morgen um vier Uhr ging es los. Ich trug die schlafenden Kinder in Decken gewickelt ins Auto und schnallte sie an. Die Mädchen schliefen einfach weiter. Tobi musste dafür erst vorsichtig von der Leitung befreit werden, die zur Ernährungspumpe führte. Doch gerade als ich ihn in seinen Kindersitz gesetzt hatte und anschnallen wollte, wachte er auf.

»Papa, fängt jetzt Urlaub an?« Er sah mich mit müden, aber leuchtenden Augen an.

Ich lächelte: »Ja, jetzt fängt Urlaub an.« Tobi lächelte zurück – dann fielen ihm wieder die Augen zu und er schlief ein.

Die Fahrt war ruhig, wir kamen gut in Schillig an. Unsere Ferienwohnung war schön und nicht weit vom Strand entfernt. Nachdem wir ausgepackt hatten, gingen wir auch direkt ans Meer. Über Tobis geschientes Bein zogen wir zum Schutz vor Sand, Schmutz und Wasser eine Mülltüte. Das Spielzeug für den Strand packten wir zu ihm in den Kinderwagen. Als wir dann mit den Füßen im warmen Sand standen und auf das sonnenbeschienene Meer schauten, wurden die Kinder für einen Moment ganz still. Sie standen staunend und fast ehrfürchtig da, bevor sie jubelnd und ausgelassen im Sand zu spielen begannen.

Das Wetter war wundervoll und wir genossen die freie Zeit gemeinsam in vollen Zügen. Zweimal am Tag gingen Henriette und Charlotte mit ihren Cousinen Priscilla und Christina ins »Fischerboot«, ein christliches Ferienprogramm für Kinder, das in einem großen Zelt am Strand stattfand. Das Programm war interessant und abwechslungsreich gestaltet. Die Mitarbeiter erzählten Geschichten aus der Bibel und Rätsel. Es gab Spiele und sogar eine Band, die die Kinder beim Singen begleitete. Jeden Morgen setzte ich Tobias in den Kinderwagen und ging mit den Mädchen zum Ferienprogramm. So hatte Elisabeth auch mal ein bisschen Freizeit, in der sie ausspannen konnte.

Tobi liebte die Zeit im »Fischerboot«. Er hörte den Geschichten mit aufmerksamem Gesicht zu und hatte viel Spaß, wenn alle sangen. Wenn er müde wurde, schob ich ihn im Kinderwagen den Strand entlang und machte einen langen Spaziergang. Er schlief dabei meistens ein. Wir merkten schon nach wenigen Tagen, wie gut die raue Seeluft unserem Jungen tat. Er atmete leichter als sonst und seine Bronchien waren viel freier. Als die Mitarbeiter des »Fischerbootes« erfuhren, dass Tobias chronisch krank war, beteten sie in ihrem Team täglich für ihn. Wir waren davon tief bewegt.

Auch sonst genossen wir die gemeinsame Zeit. Wir waren häufig am Strand, wo die Kinder spielten und tobten. Zum Schutz gegen Sonne und Wind hatten wir eines dieser Strandzelte, eine Strandmuschel, aufgebaut. Ins Wasser gingen sie anfangs nur mit uns, da sie ein bisschen Angst vor dem großen Meer hatten. Doch bald planschten sie in der flachen Brandung und holten Eimer mit Wasser heran, um Sandburgen zu bauen – und eine Eisdiele. Die Mädchen gruben ein kleines Loch, in das Tobias sich hineinsetzen konnte. Vor ihm bauten sie aus Sand eine Theke. Einige der Sandförmchen waren wie Eiswaffeln geformt, die wurden oben in die Theke gesteckt. Tobi war begeistert: Er konnte jetzt Eisverkäufer spielen und hatte in seinen Schwestern, Cousinen und Cousins eine ziemlich große Kundschaft.

Überhaupt verbrachten wir viel Zeit mit meinem Bruder und seiner Familie. Mittags aßen wir fast immer gemeinsam. Dank der frischen Luft hatten die Kinder einen guten Appetit. Selbst Tobi schmeckte das Essen besser als sonst.

Einmal beschlossen wir, mittags am Strand zu grillen – ein richtiges Abenteuer für die Kinder. Draußen zu essen hatte ihnen schon immer gefallen. Wir hatten alles dabei für ein waschechtes Strandpicknick – den Grill, Decken, Fleisch, Gurken, gelbe Rüben, Cocktailtomaten, Radieschen, Brötchen, Geschirr und Besteck. Für den Nachtisch hatten wir jede Menge Obst im Gepäck. Ich feuerte den Grill an und legte die Steaks auf, während die Kinder über den Strand tobten. Die Sonne verschwand an diesem Tag immer wieder hinter den Wolken, aber wir dachten uns nichts dabei. Als die Steaks gerade zur Hälfte gar waren, fing es plötzlich heftig an zu regnen.

Die anderen Urlauber um uns herum verließen den Strand fluchtartig. Aber es wäre zu schade gewesen, jetzt auch zu gehen. Wir hatten einen roten Sonnenschirm dabei, den ich aufspannte und über den Grill hielt. Der Rest der Familie saß in der Strandmuschel und die Kinder quietschten jedes Mal, wenn ein Regenschauer sie traf. Der Anblick muss wirklich lustig gewesen sein, denn einige der Vorbeihastenden grinsten amüsiert. Gerade als ich fertiggegrillt hatte, hörte der Regen auf und wir konnten gemeinsam essen.

In dieser unbeschwerten Situation fühlte ich mich so jung und beschwingt wie lange nicht mehr und ich sah Elisabeth an, dass es ihr ähnlich ging. Wir konnten alle die ganze Zeit zusammen sein, das war ein ungewohntes Geschenk für uns. Es gab nicht wie so oft diese Trennung, die Situation, dass nicht alle mitkommen konnten, wenn der Rest der Familie etwas unternahm. Stattdessen gingen wir gemeinsam zum »Fischerboot« oder an den Strand, beobachteten Möwen, sammelten Muscheln und spazierten durch die Brandung, während die Wellen leise rauschend unsere Füße umspülten. Als wir uns nach drei Wochen auf den Heimweg machten, waren wir so entspannt und fröhlich wie lange nicht mehr.

Während Elisabeth und ich uns Urlaubsfotos anschauen, kommen die Kinder dazu. Jedem fällt etwas ein, das wir an der Nordsee erlebt haben. Als mein Blick schließlich auf die Uhr fällt, klappe ich den Laptop zu. »Zeit fürs Bett!«, sage ich mit Nachdruck. »Ihr müsst schließlich morgen wieder in die Schule – und in den Kindergarten.«

»Papa, dürfen wir heute bei Tobi und dir schlafen?« Charlotte sieht mich bittend an.

»Nein. Ihr wisst doch, dass es nachts zu unruhig im Elternschlafzimmer ist, wenn die Pumpe wieder piept. Ihr braucht auch euren Schlaf. Na los.« Ich drücke sie an mich und gebe ihr einen Kuss. Sie sieht enttäuscht zu Boden. Dann geht sie Richtung Kinderzimmer. Ich schaue ihr mit gemischten Gefühlen nach.

In dieser Nacht wache ich sechsmal auf. Nicht unsere beste, aber auch nicht unsere schlechteste Nacht. Nichtsdestotrotz bin ich am Morgen müde. Diese andauernde Müdigkeit, diese tiefe innere Erschöpfung ist zu meinem stetigen Begleiter geworden. An eine Zeit ohne sie kann ich mich kaum noch erinnern – und ich kann mir so eine Zeit für die Zukunft in meinem müden Kopf gerade nicht mehr richtig vorstellen. Manchmal komme ich mir so vor, als laufe ich auf Autopilot.

Gleichzeitig werden durch die Sorge um Tobis Wohlergehen Kräfte freigesetzt, mit denen ich nie gerechnet hätte. Während meiner Zeit bei der Bundeswehr habe ich die Nachtwachen immer gehasst und war am nächsten Morgen stets im Eimer. Doch nun, wo ich nachts mehr als zwei- oder dreimal aufwache und zutiefst erschöpft bin, schaffe ich es, meine Tage zu meistern. Dabei sind es vor allem die Kinder, die mich aufrecht halten, denke ich.

Dafür, dass Tobi auch immer wieder von seiner piepsenden Ernährungspumpe aus dem Schlaf gerissen wird, ist er erstaunlich ausgeruht. Er steckt das deutlich leichter weg als ich. Und man merkt ihm an, wie gerne er jeden Morgen in den Kindergarten geht.

Tobias war von Anfang an ein aufgeweckter Junge, der alles wissen, alles verstehen wollte. Da freuten wir uns ganz besonders, dass der Kin-

dergartenbesuch nach Absprache mit den Ärzten für ihn möglich war. Das war im Oktober 2012, Tobi war dreieinhalb Jahre alt.

Die Ernährungspumpe musste er glücklicherweise nicht mitnehmen. Da der Nahrungsbrei in kürzerer Zeit in seinen Magen gepumpt wurde, genügte es, wenn die Pumpe nachmittags, abends und nachts lief. Das brachte unserem Jungen eine nahezu ungewohnte Freiheit. Und da er mittlerweile auch selbst essen konnte, packte Elisabeth ihm immer eine Vesperdose mit ganz verschiedenen Leckereien ein – so war die Chance groß, dass etwas dabei war, das er an diesem Tag gerne mochte.

Vor dem ersten Kindergartentag traf sich Elisabeth mit den Erzieherinnen und besprach mit ihnen, was sie beachten mussten. Wegen der Infektionsgefahr durfte Tobi nicht aus dem gleichen Becher wie andere Kinder trinken, nicht in der Matratzenecke spielen und nicht auf die Kindertoilette. Wenn er auf die Toilette musste, gingen die Erzieherinnen mit ihm aufs Mitarbeiter-WC, das sie vorher desinfizierten. Und natürlich mussten beim Spielen und Toben alle darauf achten, dass unser Sohn sich nichts brach.

Der erste Tag im Kindergarten war komplett entspannt, sowohl für Tobi als auch für uns. Er hatte seine Schwestern und Cousinen schon häufig begleitet, wenn Elisabeth oder seine Tante sie morgens hingebracht hatten. Henriette war zwar mittlerweile in der Schule, aber Charlotte ging mit ihren fünf Jahren noch in den Kindergarten und so verschwand Tobi mit ihr im Inneren des Hauses, ohne dass es Tränen gegeben hätte.

Er hatte großen Spaß beim Spielen mit den anderen Kindern und fand schnell Freunde. Besonders gerne mochte er Tom und Lasse. Aus Hygienegründen durfte Tobi nicht in den Sandkasten, aber seine Freunde schaufelten extra für ihn Sand auf den Rand, damit er mitspielen konnte.

Auch die Erzieherinnen hatten ihn ins Herz geschlossen. Tobi sprach gerne mit anderen und unterhielt sich über alles Mögliche, das ihm so durch den Kopf ging. Wenn er etwas Interessantes sah, hatte er schnell Ideen, was sich daraus basteln ließe, und erzählte den anderen davon. Er half, wo er nur konnte. Wenn die Erzieherinnen die Bastelsachen für den nächsten Tag herauslegten, ging er ihnen zur Hand. Und wenn unser Jüngster wieder einmal krank war und zu Hause bleiben musste, gaben sie Lotte immer wieder kleine Briefe für ihn mit.

Eines Tages erzählte Tobias mir ganz stolz, dass er einem Jungen geholfen habe, seine Brotdose aufzubekommen. »Bist du stärker als der andere Junge?«, fragte ich ihn ein wenig erstaunt, wohl wissend, dass mein Sohn eigentlich nicht sehr kräftig war.

»Nee, Papa«, schüttelte er den Kopf. »Aber er hat den Verschluss nicht aufbekommen, und ich hab ihm gezeigt, wie das geht.«

»Du bist ein richtig kluger Kopf!«, lobte ich ihn und sah das glückliche Strahlen in seinen Augen. Er lechzte förmlich danach, anderen helfen und auch etwas geben zu können. Vielleicht, weil er selbst oft so hilfsbedürftig war. Er war unglaublich stolz darauf, etwas beitragen zu können. Und wenn andere sich über seine Hilfe freuten, war das für ihn die größte Belohnung.

Das zeigte sich auch an Tobis Holz-Expeditionen. Auf dem Gelände des Kindergartens standen viele alte Bäume und wenn es windig war, lagen danach immer Äste auf dem Boden. Tobi sammelte sie jedes Mal auf und wenn es zu viele waren und er sie nicht tragen konnte, legte er sie in sein »Versteck«. Wenn Elisabeth ihn dann abholte, nahm er die Äste und Zweige mit nach Hause. In der Garage hatten wir eine Kiste, in der wir sie sammelten. Unser Sohn freute sich über jedes Stückchen Holz, das er dafür gefunden hatte, und das aus gutem Grund: Elisabeth buk unser Brot in einem Holzbackofen und jeder einzelne von Tobis gesammelten Ästen wurde mit zum Feuermachen verwendet.

Wir waren froh, dass Tobias so schnell Freunde fand und Spaß beim Spielen mit den anderen Kindern hatte. Trotz seiner Krankheit war er immer ein geselliges Kind. Auch zu Hause spielte er gerne mit seinen

Schwestern, Cousinen und Cousins. An Ostern kurz vor seinem vierten Geburtstag schenkten seine Großmutter und sein Patenonkel Wilhelm unserem Sohn einen Traktor mit Pedalen. Eigentlich bekamen die Kinder zu Ostern außer Ostereiern und einigen Süßigkeiten nicht viel, doch wegen Tobis Krankheit machten wir eine Ausnahme für alle.

Der Traktor hatte nicht nur einen, sondern gleich zwei Anhänger: einen Kipper und ein Güllefass. Weil Tobias nicht genügend Kraft in den Beinen hatte, um selbst zu strampeln, schoben seine Schwestern und die anderen Kinder ihn durch den Garten und über den Bürgersteig. Das Güllefass konnte man mit Wasser füllen – wenn man dann pumpte, konnte man das Wasser durch die mit dem Fass verbundene Spritze ein ganzes Stück weit schießen. Damit ließ sich doch einiges an Schabernack treiben.

Tobis Cousin Lukas, der elf Jahre älter war, stellte sich als der perfekte Streichpartner heraus. Er füllte das Güllefass mit dem Gartenschlauch. Dann schob er Tobi mit dem Traktor bis unter den Kirschbaum in unserem Garten, von dem aus man einen guten Blick auf die Straße hatte. Während Lukas sich an die Pumpe stellte, richtete Tobi die Spritze mit einem schelmischen Grinsen auf Bürgersteig und Straße und wartete, ob er jemandem einen Streich spielen könnte. Als ein Auto vorbeifuhr, fing Lukas an zu pumpen. Tobi traf mit der Spritze und freute sich diebisch. Beim nächsten vorbeifahrenden Auto schaffte er es sogar, einen Wasserstrahl ins offene Autofenster zu schießen. Gebannt schaute er dem Auto nach – glücklicherweise hielt es nicht an, sonst hätten sich die beiden Jungs sicherlich etwas anhören können!

Das war vor einem halben Jahr gewesen. Damals wussten wir noch nicht, ob wir jemals eine Diagnose bekämen und wüssten, woran Tobi eigentlich litt. Doch nächste Woche würden wir mehr wissen. Endlich.

TEIL 2

UND HOFFE AUF IHN

5

Hoffnungsschimmer und Wutausbrüche

Die Tage bis zu unserem Arzttermin in Freiburg scheinen sich wie ein Gummiband zu dehnen. Elisabeth und ich versuchen, uns unsere Nervosität nicht anmerken zu lassen. Die Kinder sollen die Adventszeit möglichst ungetrübt genießen, so viel steht fest. Doch wir können es nicht ganz verhindern, dass wir uns ab und zu bedeutungsschwere Blicke zuwerfen.

Als wir beim Mittagessen sitzen, stochert Tobias lustlos in seinem Möhrengemüse herum. »Ich mag heute keine Möhren«, verkündet er schließlich.

»Tobi, du musst aber schon was essen«, ermahnt Elisabeth ihn.

»Ich will aber keine Möhren. Und auch keine Kartoffeln!« Tobi lässt sich nicht erweichen.

»Was möchtest du denn essen?«, erkundigt meine Frau sich nach einigem Hin und Her.

Er überlegt kurz. »Milchreis!«, sagt er schließlich in schwärmerischem Tonfall. Elisabeth geht seufzend in die Küche und macht sich daran, eine Portion Milchreis für unseren Sohn zu kochen.

»Ich will aber auch lieber Milchreis!«, beginnt Henriette und Charlotte fällt gleich mit ein. »Ja, Papa, wir wollen auch Milchreis!« Ich wende mich den Mädchen zu: »Ihr beiden esst eure Möhren.«

»Aber Papa«, protestiert meine Älteste. »Das ist nicht fair! Tobi darf Milchreis essen!« Ich hasse diese Situationen, weil ich die Mädchen so gut verstehen kann. Damit ihr Bruder genug zu sich nimmt, erlauben wir ihm immer wieder die sprichwörtliche Extrawurst. Die Mädchen dagegen sollen essen, was auf den Tisch kommt. Für sie ist das nicht einfach zu verstehen und mir tut es jedes Mal leid.

Lotte verzieht das Gesicht. Ich sehe, dass ihr wegen der tief empfundenen Ungerechtigkeit die Tränen kommen. Wie soll sie mit ihren sechs Jahren auch darüber hinwegsehen können. Ich versuche es mit Erklärungen. »Schau mal, Lotte«, ich beuge mich zu ihr und lege ihr tröstend die Hand auf den Rücken. »Für deinen Bruder ist das mit dem Essen schwieriger als für dich. Deshalb darf er sich manchmal etwas anderes aussuchen, wenn es ihm gar nicht schmeckt. Eure Mutter kann doch nicht jedes Mal für jeden von uns ein eigenes Essen kochen. Und wer soll eure Möhren und Kartoffeln und die Bratwurst essen, wenn ihr Milchreis bekommen würdet?« Meine Argumente ziehen nicht wirklich, und während ich sie ausspreche, kommen sie selbst mir wie Ausreden vor.

Der Rest des Essens verläuft in gedrückter Stimmung. Tobi ist hin- und hergerissen, das merkt man. Er löffelt seinen Milchreis zwar mit deutlich mehr Appetit als vorher die Möhren. Doch dass seine Schwestern wegen ihm enttäuscht sind, tut ihm sehr leid. »Kriegen Hetty und Lotte auch Milchreis?«, fragt er zwischen zwei Löffeln.

»Nein!«, sage ich bestimmt. »Jetzt isst jeder, was er vor sich hat. Und damit Schluss!« Ich hoffe so sehr, dass dieses wiederkehrende Drama beim Essen vorbei sein wird, wenn Tobis Krankheit endlich behandelt werden kann.

Bei all dem bin ich immer wieder überrascht, dass die Mädchen Tobias gegenüber so verständnisvoll sind. Sie tragen ihm nie nach, dass er eine Sonderbehandlung bekommt. Ich denke, das liegt auch daran, dass sie sehen, wie schlecht es ihm oft geht. Die ständige Übelkeit. Das häufige Erbrechen. Die vielen Dinge, die er nicht tun darf. Meine Töchter kommen mir so viel reifer und erwachsener vor als andere Kinder in ihrem Alter. Ich bin stolz auf sie. Und gleichzeitig hoffe ich, dass ihnen dadurch nichts fehlt. Sie verzichten ja auch auf so viel. Müssen auf so viel verzichten. Und dass ihnen das nicht immer leichtfällt und manchmal auch wirklich wehtut, weiß ich. Ich weiß nur nicht, wie ich es ändern könnte. Umso mehr erstaunt mich eben, dass sie Tobi nichts nachtragen und ihn so lieben.

Als die Kinder im Bett sind, arbeite ich an ihren Weihnachtsgeschenken. Die Ablenkung tut mir gut, das merke ich. Da sie in ihren Adventskalendern immer etwas für das Puppenhaus und die Kaufläden bekommen, sind die alten Kaufläden etwas zu klein. Wir haben den Kindern deshalb schon zum Anfang der Adventszeit angekündigt, dass sie neue bekommen. Für Henriette mache ich den Kaufladen zurecht, den ich selbst als Kind bekommen habe. Charlotte möchte ihren Kaufladen gern behalten, deshalb erweitere ich ihn nur. Tobi bekommt den Kaufladen, den ich früher für mich aus dem Holz von Kiwi-Kisten gebaut habe. Manche Teile sind blau lackiert, bei anderen sieht man die Maserung des Holzes durchschimmern. Ich bin mir sicher, dass das Ergebnis meiner Bastelstunden den Kindern gefallen wird. Doch trotz allem konzentrierten Bauen schweifen meine Gedanken immer wieder zu unserem wichtigen Termin am kommenden Montag ab. Wieder ein Arztgespräch, aber unter anderen Vorzeichen als sonst.

Wenn ich zusammenzählen wollte, wie viele Gespräche wir in den letzten vier Jahren mit Ärzten geführt haben – die Zahl wäre vermutlich höher als bei den meisten Menschen in ihrem ganzen Leben. Und doch bin ich davon überzeugt, dass Gott mich in der Vergangenheit auch darauf vorbereitet hat.

Ursprünglich habe ich Geologie studiert und wollte nach meinem Abschluss an der Uni über Bodenkontamination forschen. Als das nichts wurde, schaute ich mich nach etwas anderem um und nahm den ersten Job, den ich bekam: Eine soziale Einrichtung für körperlich behinderte Jugendliche, die auch eine Sonderberufsfachschule beherbergte, suchte einen Lehrer und Leiter für die Druckerei. Auch wenn ich anfangs etwas skeptisch war, machte mir die Arbeit mit den jungen Leuten Spaß. Gleichzeitig lernte ich, normal mit ihren Einschränkungen und Bedürfnissen umzugehen – eine ungeheuer wertvolle Lektion für mich, wenn man bedenkt, mit welchen Einschränkungen Tobi und wir heute klarkommen müssen.

Meine heutige Arbeit fand ich 2004, und zwar auf so ungewöhnliche Weise, dass die meisten, denen ich davon erzähle, erst einmal ungläubig den Kopf schütteln. Ich hatte mich beim Renovieren an der Hand verletzt. Als es nach einigen Tagen nicht besser, sondern schlechter wurde, ging ich doch ins Krankenhaus. Der behandelnde Arzt sah meine Hand und fragte etwas verärgert, warum ich so spät käme.

»Ich habe nichts gegen Ärzte, gehe aber ungern hin«, antwortete ich ihm ehrlich. Das schien das Eis ein wenig zu brechen. Während der Behandlung unterhielt ich mich mit dem Arzt über einen medizinischen Artikel, den ich im Wartezimmer in der Zeitschrift *Geo* gelesen hatte, und wir schienen einen Draht zueinander zu haben. Als er mich abschließend fragte, ob ich eine Krankmeldung benötigte, verneinte ich. »Ich kann auch mit neun Fingern am Computer arbeiten«, versicherte ich ihm mit einem Lächeln.

Er schaute mich interessiert an. »Ihre Einstellung gefällt mir. Wissen Sie, die Privatklinik ist mittlerweile so groß geworden, dass wir Ärzte die Verwaltung nicht mehr alleine schaffen. Dafür würden wir gerne jemanden einstellen. Hätten Sie nicht Lust, zu uns zu kommen und das zu übernehmen?« Ich war überrascht und bat mir eine kurze Bedenkzeit aus. Dann sagte ich zu. Seither arbeite ich in einer Klinik und habe täglich mit Ärzten zu tun.

Dieses Wissen und die Erfahrung helfen mir nun bei den Gesprächen mit Tobis Ärzten und Pflegern, aber auch dabei, die Mechanismen im Krankenhaus zu verstehen. Und es zeigt mir auch, was für ein besonderes Geschenk die Hingabe und Unterstützung der Ärzte und des Pflegepersonals immer wieder für uns ist.

Ich bin mir sicher: Gott hat mich auf diese Weise auf das Leben mit Tobias vorbereitet. Er hat mir das nötige Handwerkszeug mitgegeben, um meinen Sohn bestmöglich zu unterstützen. Er hat mir einen Arbeitsplatz geschenkt, der es mir ermöglicht, für Tobi da zu sein, wann immer er mich braucht. Ich merke jedes Mal neu, wie die Rückschau auf meinen Lebensweg meinen Glauben stärkt und wachsen lässt.

Die Tage bis zum erwarteten Gespräch schleichen langsam dahin, aber schließlich ist es doch so weit. Montag. Endlich! Während Hetty und Lotte in der Schule sind, machen Elisabeth, Tobias und ich uns auf den Weg nach Freiburg. Bevor wir losfahren, setzen wir uns noch einmal mit unserem neugierig dreinblickenden Sohn an den runden Esstisch.

»Tobi, wir fahren heute noch mal nach Freiburg in die Klinik«, sage ich zu ihm.

»Nach Freiburg?« Tobias überlegt kurz. »Haben die Ärzte was rausgekriegt?«

Elisabeth und ich nicken fast gleichzeitig. Als unser Junge das sieht, bekommt er große Augen. »Können die mich gesund machen?«, fragt er dann.

»Das wissen wir noch nicht«, erwidert Elisabeth. »Aber das können sie uns bestimmt ganz bald sagen.«

Die Fahrt verläuft ereignislos. Sie scheint sich hinzuziehen und ist doch erstaunlich schnell vorbei. Als wir auf dem Parkplatz der Freiburger Uniklinik aussteigen, greift Tobi nach meiner Hand. Ich drücke sie sanft, dann gehen wir drei mit gemischten Gefühlen auf den Eingang zu. Die gelben Gebäude des weitläufigen Klinikkomplexes leuchten hell in der bleichen Dezembersonne, die Glasflächen des Neubaus reflektieren ihre schwachen Strahlen zusätzlich – Licht inmitten des dunkler werdenden Winters, das so hell leuchtet wie unsere Hoffnung auf ein Ende der Krankheit.

Drinnen wird es schnell wieder dunkler. Vom lichtdurchfluteten Eingangsbereich werden wir in den Altbau geschickt und gehen durch schmale, lange Gänge, bis wir auf der Station ankommen. Dort müssen wir nicht lange warten, bevor uns eine Mitarbeiterin ins Zimmer des Arztes begleitet. Als dieser den Raum betritt, wendet er sich nach einer kurzen Begrüßung direkt an Tobi.

»Hallo Tobias! Wie war denn die Fahrt nach Freiburg?«

»Gut. Wir sind über die Autobahn gefahren«, erklärt unser Sohn.

Der schlanke Arzt lächelt freundlich. »Und freust du dich schon auf Weihnachten?«

Tobi strahlt. »Ja, ganz doll!«

»Was hast du dir denn gewünscht?«

»Eine Küche fürs Puppenhaus. Und einen Traktor. Und Playmobil!«, antwortet er wie aus der Pistole geschossen. »Ich hab nämlich ein Puppenhaus mit Hetty und Lotte zusammen. Das sind meine Schwestern«, schiebt er erklärend und ein wenig stolz hinterher. Er ist einfach gerne ihr kleiner Bruder, das merkt man ihm an.

Der Arzt beugt sich verschwörerisch zu unserem Sohn: »Tobias, möchtest du wissen, warum es dir oft nicht so gut geht und dein Körper anders reagiert als der von anderen Kindern?« Tobi nickt schnell und heftig. Er schaut den hochgewachsenen Mann neugierig an. Dieser wendet sich vorerst uns zu: »Wie geht es Ihrem Sohn denn im Moment?« Wir berichten von der unveränderten Situation zu Hause. Davon, dass es zwar nicht schlimmer geworden ist, aber auch nicht besser. Er hört aufmerksam zu. Dann nimmt er sich ein Blatt Papier und einen Stift und beginnt zu zeichnen.

»Schau mal, Tobias, jeder Teil des Körpers besteht aus ganz vielen Zellen. Diese Zellen haben einen Kern und in dem Kern sind Chromosomen. Wenn man ein Chromosom ganz groß aufmalt, sieht es ein bisschen wie ein langer Wurm aus.« Tobi schaut fasziniert zu, wie der Arzt einen langen Regenwurm auf das weiße Blatt Papier malt. »Auf dem Chromosom liegen die Gene. Die sind bei jedem Menschen ein bisschen anders zusammengesetzt und bestimmen, wie dein Körper aussieht und funktioniert. Ein Gen kann zum Beispiel dafür sorgen, dass du blonde Haare hast. Oder wie groß deine Ohren sind. Aber die Gene sorgen auch dafür, dass in deinem Körper alles funktionieren kann, zum Beispiel, dass du Stoffe im Essen richtig verdauen und nutzen kannst.« Er zeichnet Striche wie auf einem Regenwurm ein, dessen Abschnitte hier für die einzelnen Gene stehen.

»Bei dir, Tobias, ist eins der Gene leider kaputt, schon seit du auf der Welt bist. Es heißt STAT1 und liegt hier hinten ...« Er deutet mit dem Stift auf ein Segment im Wurmschwanz. »Weil das Gen nicht in Ordnung ist, kann dein Immunsystem nicht richtig arbeiten. Normalerweise würde dein Immunsystem nur Dinge angreifen und kaputt machen, die dich krank machen, wie Viren und bestimmte Bakterien. Aber in deinem Fall ist es ganz aggressiv. Es weiß nicht mehr, welche Stoffe schlecht sind, und greift deinen Körper an. Ein bisschen so wie jemand, der wild um sich haut, weil er wütend ist, und der gar nicht mehr genau weiß, wen oder was er dabei trifft.«

Tobi schaut ein bisschen erschrocken und auch Elisabeth ist jetzt so mulmig zumute wie mir, das sehe ich ihr an. »Aber es lässt sich doch behandeln, oder?«, werfe ich schnell ein. Als der Arzt Ja sagt, atmen wir alle spürbar auf.

»Das einzige Mittel gegen diese Krankheit ist eine hoch dosierte Kortisontherapie über mehrere Monate. Aber damit dürften wir sie schnell in den Griff bekommen.«

»Kortison?«, fragt Elisabeth und ich weiß, was sie denkt. Tobi musste bisher glücklicherweise kein Kortison nehmen. Doch aus Erzählungen wissen wir, dass Patienten, die über längere Zeit Kortison bekommen, durch das Medikament aggressiv werden können.

Als hätte er ihre Gedanken gelesen, sagt der Arzt bedächtig: »Wie Sie vielleicht schon von anderen gehört haben, ist eine mögliche Nebenwirkung, dass Ihr Sohn aggressiv wird. Bei dieser hohen Dosis kann es sogar recht heftig werden. Trotzdem ist die Therapie eine echte Chance. Ich würde vorschlagen, wir beginnen sofort, die Therapie selbst kann dann gut in Tübingen weitergeführt werden, dann sparen Sie sich viel Fahrerei.«

Ich spiele die Situation im Kopf durch. Wenn wir jetzt mit Kortison anfangen, haben wir dieses Jahr sicherlich keine frohen Weihnachten, weder Tobi noch die Familie. Wenn es bei ihm abläuft wie bei anderen, dann bekommt er Wutanfälle, weint viel und kommt mit sich selbst nicht klar. Ich räuspere mich. »Müssen wir sofort anfangen? Ich meine, würde es schaden, wenn wir damit bis nach Weihnachten warten? Dann haben Tobias und auch wir noch ein paar schöne, entspannte Tage, bevor es losgeht. Vor allem, weil Tobias sich schon so auf Weihnachten freut.«

Der Mediziner überlegt kurz. »Wenn wir direkt nach Weihnachten mit der Therapie starten, geht das auch noch. Es sind ja keine zwei Wochen mehr, das können wir verantworten.« Ich spüre, wie sich Elisabeth neben mir entspannt. Nach Weihnachten, das heißt, wir können uns darauf vorbereiten. Kraft tanken. Zumindest so gut es in unserem nicht ganz normalen Alltag geht.

Bevor wir uns auf den Heimweg machen, wird Tobi noch wie gewöhnlich untersucht. Danach verabschieden wir uns herzlich. Die Krankheit hat einen Namen und eine Therapiemöglichkeit.

»Da hat Gott uns aber ein schönes Weihnachtsgeschenk gemacht, was Tobi?« Ich stupse ihn an, und er grinst zu mir hoch. »Ja, das stimmt. Dann werde ich vielleicht ganz gesund. Und stark. Und kann meinen Trettraktor ganz alleine fahren!« Wirklich – ein Geschenk!

Auf der Heimfahrt fragt Tobias uns Löcher in den Bauch. Er will alles noch mal ganz genau wissen, und geduldig erklären Elisabeth und ich ihm, was der Arzt gesagt hat. Doch sobald sich die Gelegenheit bietet, lenke ich das Gespräch auf die Adventszeit, Weihnachten, den Kaufladen und das Puppenhaus. Ich finde es zwar wichtig, dass er über seine Krankheit Bescheid weiß, aber er soll sich nicht die ganze Zeit damit beschäftigen. Er soll schließlich einfach Kind sein können – bei allem, was er permanent durchmachen muss.

In Titisee fahren wir kurz von der Autobahn ab. Wie jedes Mal nach der Untersuchung holen wir für Tobi einen Cheeseburger bei McDonald's. Den mag er besonders gerne, auch wenn er ihn nie ganz schafft. Sobald wir wieder auf die Autobahn fahren, wird es auf dem Rücksitz ganz still. Ich schaue in den Rückspiegel und lächle. Tobi ist fest eingeschlafen.

Weihnachten ist auch diesmal wieder ein besonderes Fest für alle. Als die Kinder ins abgehängte Weihnachtszimmer kommen, ist die Aufregung groß. Die »neuen« Kaufläden kommen super an, und es dauert eine ganze Weile, bis die Kinder zum Geschenketisch gehen. Danach spielen wir alle gemeinsam. Ich beschließe, Tobi ein bisschen zu necken. Als er stolz hinter seinem Kaufladen sitzt, schnappe ich mir seine Kasse und laufe davon.

»Papa«, ruft Tobi mir nach, »du darfst meine Kasse nicht klauen!« Nach einigem Hin und Her bekommt er sie natürlich zurück. Ich warte den nächsten unbeobachteten Moment für einen erneuten Raubzug ab, schnappe mir die Kasse und laufe aus dem Wohnzimmer. Nachdem wir dieses Spiel ein paar Mal gespielt haben, läuft Tobi mir hinterher und streckt mir einen Zettel entgegen. »PAPA BITTE ZAHLEN« steht dort in ungelenken, aber lesbaren Großbuchstaben. Ich stoppe verblüfft. »Hast du das ganz alleine geschrieben?«, frage ich mit hörbarer Verwunderung. Mein Sohn nickt. »Das hast du toll gemacht. Dann bekommst du die Kasse natürlich zurück.« Ich gebe sie ihm.

Stolz schaue ich dem Vierjährigen nach, der sich mit seiner Kasse in der Hand auf den Weg ins Wohnzimmer macht. Er hätte wütend werden, schimpfen oder schreien können – stattdessen hat er eine kreative Art gewählt, mit seinem »Problem« umzugehen. Und dass er sich in so jungen Jahren selbst das Schreiben beigebracht hat, das finde ich ganz besonders beachtlich. Er sitzt immer gerne dabei, wenn seine Schwestern Hausaufgaben machen. Gerade Charlotte, die im Sommer eingeschult wurde und ihre ersten Schreibübungen macht, ist eine Quelle der Inspiration für ihn.

Auch ich gehe wieder ins Wohnzimmer und setze mich zu Elisabeth und meiner Mutter, die den Heiligabend wie so oft bei uns verbringt. Wir genießen diese ruhigen Weihnachtstage, den Kerzenschein, die Familie um uns. Wir genießen sie umso mehr, weil wir wissen, was mit Tobis Therapie auf uns zukommt.

Als ich den Kindern beim Spielen zusehe, muss ich kurz daran denken, wie es hätte sein können. Ich wollte immer eine große Familie, ruhig vier oder fünf Kinder und gerne auch weitere Jungs. *The more, the merrier*, wie man in England sagen würde. Als Tobis Krankheit dann losging, war schnell klar, dass ich mich von diesem Traum verabschieden musste. Keine Großfamilie. Keine wild durcheinanderspringende Kinderschar. Zwei wundervolle Töchter, ein wundervoller Sohn – und dabei würde es bleiben. Dass es wehtun kann, wenn Lebensträume platzen, wusste ich. Doch das lindert weder den Stich, den ich dabei immer noch verspüre, noch die Traurigkeit.

Meine Werkstatt, die Maschinen und Traktoren, die Obstwiesen, Dinge selber bauen – all das Wissen hätte ich gerne weitergegeben. An Jungs, die daran vielleicht genauso viel Spaß gehabt hätten wie ich. Tobi ist zwar immer gerne dabei, aber für vieles ist er zu schwach und empfindlich. Die Mädchen finden die Traktoren auch toll und lassen sich zudem von Tobis Begeisterung mitreißen, aber sie teilen natürlich nicht alle meine Interessen und mögen vor allem auch andere Sachen gerne wie ihre Puppen, schöne Kleider anprobieren, Bügelperlen, sich gegenseitig die Haare frisieren – Dinge, die man manchmal als »typische Mädchensachen« bezeichnet und die nicht gerade mein Fachgebiet sind als Junge der 1960er.

Elisabeth und ich haben schon einige Male über dieses spezielle Thema gesprochen. »Macht es dir gar nichts aus, dass wir keine weiteren Kinder haben werden?«, fragte ich sie vor einigen Wochen. »Wir haben es doch ganz gut getroffen«, antwortete meine Frau und legte mir die Hand auf den Arm. »Wir haben drei tolle Kinder, das ist doch schön. Außerdem würden wir das nicht schaffen.«

Ich verspürte einen Kloß im Hals und musste schlucken, bevor ich weitersprechen konnte. »Ich weiß«, sagte ich leise. »Wenn wir noch ein Kind wollten, müsste ich wahrscheinlich meine Arbeit aufgeben, um mich um Tobi zu kümmern, während du bei dem Baby bist. Wir würden jemanden einstellen müssen, der sich um die Kinder kümmert. Es geht einfach nicht.« Traurig schaute ich aus dem Fenster über die kahler werdenden Bäume. Elisabeth drückte sanft meinen Arm.

Es könnte nicht funktionieren. Die schlaflosen Nächte, der hohe Betreuungsaufwand für Tobias, die Ängste, der Stress – es würde nicht gehen. Und trotzdem fällt es mir schwer, den Traum loszulassen. Dietrich Bonhoeffer sagte einmal, dass Gott nicht alle unsere Wünsche, aber alle seine Verheißungen erfülle. Aber was, wenn mein Wunsch sich immer so angefühlt hatte, als ob Gott ihn gutheißen würde, ihn bestätigte? Wenn ich immer dachte, es sei eine Verheißung? Ich habe so lange davon geträumt, dass ich jetzt manchmal das Gefühl habe, als wäre mir etwas weggenommen worden. Kein schöner Gedanke. Immer, wenn ich mich dabei ertappe, komme ich mir undankbar vor. Schließlich bin ich beschenkt mit wunderbaren Kindern. Und wenn ich zu Gott im Gebet sage »Dein Wille geschehe«, dann meine ich es ja wirklich so. Den Schmerz und den Verlust lindert das nicht – noch nicht. Vielleicht, wenn ich meinen Traum irgendwann wirklich loslassen kann. Gerade ist das für mich einfach noch nicht möglich. Und weil diese innere Wunde nicht heilen kann, tut sie weiter weh.

Am 27. Dezember 2013 beginnen wir mit der Kortisontherapie. Unser Sohn darf während dieser Monate nicht in den Kindergarten. Da das Kortison sein Immunsystem schwächt, wäre das zu gefährlich.

Das neue Jahr ist noch keine Woche alt, da machen sich die ersten Nebenwirkungen bemerkbar. Es ist ein Tag, an dem eigentlich nichts besonders Aufregendes vorgefallen ist. Ich komme zum Mittagessen nach Hause. Als ich zur Wohnungstür hereinkomme, schnuppere ich genüsslich. Es gibt Tomatensuppe, das rieche ich sofort. Die essen wir alle gerne, Elisabeth macht sie nämlich aus unseren eigenen Tomaten im Garten. Im Sommer aus den frischen, im Winter aus den eingemachten. Die Familie sitzt schon komplett um den Tisch und ich setze mich dazu.

Nach einem Dankgebet beginnen wir zu essen. Ich fange an, mit viel Appetit meine Suppe zu löffeln. Tobias, der neben mir sitzt, isst nur langsam und schaut mich immer wieder an. »Du hältst den Löffel falsch!«, platzt er plötzlich laut heraus.

Irritiert höre ich auf zu essen. »Wie soll ich ihn denn halten?«, frage ich verwundert zurück.

Meine Frage scheint überhaupt nicht richtig bei meinem Sohn anzukommen. »Du hältst den Löffel falsch!« Seine Stimme überschlägt sich. Ich lege den Löffel auf den Rand des Suppentellers und drehe mich zu Tobi. »NEIN! DAS IST FALSCH!«, schreit er, sein Kopf ist mittlerweile rot vor Zorn und Anstrengung.

Elisabeth versucht einzuschreiten. »Tobi, jetzt mach mal langsam«, sagt sie in ruhigem Ton.

Es hilft nicht. »DAS IST FALSCH!«, brüllt Tobi. Es wird immer schlimmer.

Wir versuchen alle, unseren Jüngsten wieder zu beruhigen, ohne Erfolg. Egal, wie ich den Löffel halte, egal, was wir sagen, alles ist falsch, alles ist schlecht. Er steigert sich immer mehr in seinen Wutanfall hinein, schlägt auf den Tisch und brüllt herum. Es tut mir in der Seele weh, diesen Ausbruch mitansehen zu müssen und nicht helfen zu können. So ist Tobi nicht, das weiß ich – das wissen wir alle. Ich schaue zu den Mädchen, die hilflos neben ihm sitzen und nicht wissen, was sie tun sollen. Ich merke, wie Verzweiflung in mir hochzukriechen beginnt. Am liebsten würde ich jetzt auch mal schreien und auf den Tisch hauen, um dieses ganze Drama zu beenden. Aber es würde genauso wenig helfen wie unsere ruhigen Worte.

Nach einiger Zeit, die mir schier endlos vorkommt, beruhigt sich Tobias von selbst wieder. Er hört auf zu brüllen und schaut uns an. Dann beginnt er zu weinen. »Papa« – er legt seine kleine Hand auf meine. »Papa, ich kann doch nichts dafür!«, bringt er zwischen zwei gequälten Schluchzern hervor.

Während wir weiteressen, versuchen wir, wieder einigermaßen gute Laune zu bekommen. Nicht nur wegen Tobi, dem sein Ausbruch sichtlich leidtut. Henriette und Charlotte sollen so wenig wie möglich darunter leiden, dass ihr Bruder in den nächsten drei Monaten unleidlich, aggressiv und unberechenbar sein wird. Und gleichzeitig weiß ich, dass wir es nicht verhindern können und dass sie darunter leiden werden.

Der Ausbruch war nicht sein letzter. Mal bekommen wir Eltern es ab, mal Henriette und Charlotte. Wenn Elisabeth oder ich das mitbekommen, schreiten wir gleich ein. Die Mädchen wehren sich selten: Ihr ganzes Leben schon haben sie Rücksicht auf ihren Bruder genommen, waren immer vorsichtig und fürsorglich, um ihn nicht zu verletzen und ihm zu helfen. Das hat zur Folge, dass sie sich auch jetzt fast nicht verteidigen, sondern alles ertragen. Ich fühle mich hin- und hergerissen: Natürlich bin ich unglaublich stolz auf sie und ihren liebevollen Umgang mit Tobias. Und gleichzeitig wünsche ich mir, ich könnte etwas tun, damit sie sich in solchen Situationen wehren können. Es ist irgendwie vertrackt und die Situation macht mir immer wieder zu schaffen. Doch eine Lösung finde ich nicht.

Einschulung und Hiobsbotschaft

Trotz aller Schwierigkeiten vergehen die Monate, in denen Tobi mit Kortison behandelt wird, schnell. Im Frühling kann er wieder in den Kindergarten, auch wenn er durch Arztbesuche und Krankheit zwischendurch oft fehlt. Im Sommer spielt er mit seinen Schwestern und den Kindern meines Bruders draußen und ich habe das Gefühl, dass er langsam etwas kräftiger wird. In den Ferien verbringen wir einen schönen Familienurlaub zusammen. Wir sind häufig auf unserem Obstgrundstück und zu Hause kümmert sich jedes unserer Kinder um ein kleines Stück des Gartens, auf dem sie anbauen können, was sie möchten.

Es wird Herbst, dann Winter. Das letzte halbe Jahr vor der Einschulung darf Tobi nicht mehr in den Kindergarten. »Da wischen sich schon bei der Begrüßung durch die Kindergärtnerin 25 Rotznasen an ihrem Pullover ab. Das ist für 24 Kinder perfekt zur Ausbildung ihres Immunsystems. Für Tobias ist es leider zu viel«, erklärt uns einer von Tobis Ärzten die Entscheidung.

Unser Sohn ist traurig, dass er nicht mehr gehen darf, das sieht man ihm an. Er hatte bisher immer Spaß im Kindergarten. Im Moment ist es ihm sogar besonders wichtig, da er beim Theaterstück *Schneewittchen* mitspielen soll. Dass das vielleicht wegen des Kindergarten-Verbots platzen könnte, macht ihm ziemliche Sorgen. »Papa, ich hab doch zwei Rollen«, sagt er flehentlich, als ihm die Sache mit den Proben und der Aufführung so richtig bewusst wird. »Ich bin doch der Jäger – und der Knappe auch!«

Ich überlege kurz. »Vielleicht kriegen wir das ja hin«, tröste ich ihn. Nach einem Gespräch mit den Ärzten kann ich meinen aufgeregten Sohn beruhigen: Er darf zu den Proben gehen, die nur einmal in der Woche stattfinden.

Schließlich ist der große Tag der Aufführung gekommen. Tobias ist aufgeregt und hüpft vor Freude durch die Gegend. Man merkt ihm an, dass er seinen Auftritt kaum erwarten kann. Die Aufführung selbst findet nicht allzu weit von uns entfernt statt, deshalb laufen wir gemeinsam hin. Oma Elisabeth ist auch dabei. Ich hebe Tobi auf meine Schultern, damit er nicht zu erschöpft ist, wenn wir ankommen. Er liebt es, wenn ich ihn auf den Schultern trage – dabei fühlt er sich immer sichtlich wohl.

Als wir ankommen und ich meinen Sohn absetze, läuft er sofort in die Halle. Die Bühne ist wie bei einem Theater erhöht und von einem großen roten Vorhang verhüllt. In einem Raum neben der Bühne liegen die Kostüme und eine der Erzieherinnen hilft den Kindern beim Anziehen. Während wir uns einen Platz im Publikum suchen, hören wir das Kichern und Flüstern der kleinen Schauspieler hinter dem Vorhang. Dann wird es plötzlich still. Nach einer kleinen Einleitung öffnet sich der Vorhang und es geht los.

Tobias sieht einfach goldig aus, als er mit seinem braunen Hut als Jäger die Bühne betritt. Ich merke ihm seine Aufregung ein wenig an, aber er macht schnell den Eindruck, dass er Spaß am Theaterspielen hat. Ich bin so froh, dass wir ihm diese Erfahrung ermöglichen konnten – und durften. Dann verschwindet er wieder hinter der Bühne, um sich umzuziehen. Nachdem Schneewittchen den Apfel gegessen hat, ist Tobis zweiter Auftritt als Knappe. Schließlich ist das Theaterstück zu Ende und alle Kinder auf der Bühne bekommen eine Rose, um sie ihren Müttern zu schenken. Tobi rennt zu Elisabeth und gibt ihr strahlend die Blume, bevor sie ihn in die Arme schließt. Was für ein schöner Abend. Ein Abend, an dem Tobi ein ganz normales Kind sein darf.

Schließlich ist der letzte Kindergartentag gekommen und Tobias darf doch noch einmal hingehen. Er freut sich sehr, seine Erzieherinnen und die anderen Kinder wiederzusehen. Als Charlotte noch im Kindergarten war, haben die Erzieherinnen ihr immer wieder kleine Briefe für Tobi mitgegeben, wenn er wieder einmal krank war. Darüber hat sich nicht nur unser Jüngster gefreut, sondern auch Elisabeth und ich. Wir wussten: Tobias hat sich dadurch immer willkommen gefühlt, angenommen, geliebt.

Der letzte Kindergartentag hat in unserer Familie allerdings noch eine ganz besondere Bedeutung. Jedes unserer Kinder durfte sich an diesem Tag aussuchen, mit welchem Fahrzeug es abgeholt werden wollte. Henriette und auch Charlotte haben sich für den orangefarbenen Rasentraktor entschieden. Tobi will mit dem blauen Dumper abgeholt werden, eine Art Miniaturkipplaster, der auf Ketten fährt. Alles in allem ist es eine große Schubkarre mit Motorantrieb, die gerade mal Schrittgeschwindigkeit fährt. Wir nutzen ihn sonst viel auf unserer Obstwiese und nun also auch zum Kindertransport.

»Warum denn ausgerechnet der Dumper?«, frage ich Tobi, als er seine Wahl trifft. »Der ist ja nicht sonderlich schnell.«

»Ja, genau!« Tobi grinst breit. »Dann fahren wir viel länger!«

Nun stehe ich also mit dem Dumper vor dem Kindergarten. Tobias jauchzt vor Freude, als er hört, dass es losgeht. Ich kippe die Mulde, so heißt der Behälter, nach vorne, damit mein Sohn hineinklettern kann. Dann fahren wir in atemberaubender Schrittgeschwindigkeit davon. Als wir um die erste Kurve fahren, ruckelt der Dumper, was völlig normal ist, weil eine Kette blockiert. Tobi freut sich. »Mach das noch mal!«, ruft er nach hinten. Ich halte an und fahre ein Stück rückwärts. Dann kommt die nächste Kurve. Tobi lacht die ganze Zeit.

Ich suche eine ruhige Stelle und fahre einen Kreis. Als mein Sohn sich zu mir umdreht, sehe ich seine leuchtenden Augen.

Es ist so einfach, ihm eine Freude zu machen. Aber ist es das nicht meistens? Ein Lagerfeuer auf dem Obstgrundstück, mit Elisabeth Brot backen im Holzofen, eine Fahrt mit dem Rasenmähertraktor oder dem Dumper – das sind die Dinge, bei denen meine Kinder jede Menge Spaß haben. Kleinigkeiten, die viel bedeuten, weil wir Zeit miteinander verbringen.

Nach einigen weiteren Kurven kommen wir zu Hause an. Tobi könnte noch stundenlang weiterfahren. Ich kippe trotzdem langsam die Mulde nach vorne. »Aussteigen«, rufe ich. »Du musst erst ganz nach unten kippen«, antwortet Tobi bestimmt, das Erlebnis so lange wie möglich auskostend. Ich kippe langsam weiter. Als die Mulde schließlich unten ist, lässt Tobi sich vorsichtig auf den Boden gleiten. Dann strahlt er mich an. »Das war total toll!«, stellt er begeistert fest. Er freut sich – und ich mich auch.

Es ist tatsächlich so weit: Tobias kommt in die Schule! Wir können es selbst kaum glauben, aber es geht ihm so gut, dass wir es wagen dürfen. In der Schule sitzen die Kinder nicht so dicht aufeinander wie im Kindergarten, sie kuscheln und spielen weniger eng – die Infektionsgefahr ist also deutlich geringer. Trotzdem haben wir alles gut vorbereitet. Die Ärzte aus der Tübinger Klinik, Tobis Kinderarzt und seine Therapeuten haben sich extra mit Frau Haß, Tobis Klassenlehrerin, zusammengesetzt und ihr erklärt, worauf sie besonders achten muss. Gerade im Sport müssen nicht nur die Lehrer, sondern auch die anderen Kinder aufpassen, dass Tobi keine Schläge oder Stöße auf seine Magensonde oder den Zugang in der Schulter bekommt. Zu wildes Toben ist natürlich ebenfalls tabu, genau wie vorher im

Kindergarten. Alles ist vorbereitet, alle offenen Fragen geklärt. Trotzdem fühlt sich dieser große Schritt fast surreal an, wenn wir daran denken: Unser Sohn, das Schulkind.

Nun sitzen wir vor dem Computer, um einen Schulranzen auszusuchen. Tobi hüpft aufgeregt neben uns auf und ab. Während uns besonders wichtig ist, dass die Tragriemen gut gepolstert sind, damit er sich nicht wehtut, hat unser Sohn genaue Vorstellungen davon, wie er aussehen soll. Wie gut, dass wir den einen Ranzen finden, der alles kann. »Schau mal Papa – mit Fußbällen!« Der begeisterte Ausruf und die großen Augen, mit denen Tobi den blauen Ranzen betrachtet, den ich gerade angeklickt habe, lassen keinen Zweifel zu: Das ist er. Denn Tobias ist seit der WM im letzten Jahr ein riesiger Fußballfan. Er, der bisher nie selbst Fußball spielen konnte, fiebert leidenschaftlich mit, wenn er ein Spiel sieht. Die deutsche Nationalmannschaft hat es ihm besonders angetan und Manuel Neuer ist sein Fußball-Held. »Neuer hat den Ball gehalten!« wurde bei uns fast zum geflügelten Wort.

Wir selbst haben zwar keinen Fernseher, aber einen Beamer, sodass wir während der WM die Spiele schauen konnten. In dieser Zeit war Tobias mit seinen Schwestern auch häufig bei meinen Brüdern Paul-Gerhard und Gottfried und deren Kindern zum Fußballschauen oder alle zusammen kamen zu uns. Meine drei Kinder waren so begeistert, dass ich ihnen extra WM-Shirts kaufte. Damals also brach Tobis Fußball-Fieber aus und seine Begeisterung hat bisher nicht nachgelassen. Da ist der Fußball-Ranzen für die Schule natürlich alternativlos.

Als der große Tag der Einschulung näher rückt, wird Tobi immer aufgeregter. Immer wieder holt er seinen Schulranzen hervor und läuft damit durch die Wohnung. Am Abend vor der Einschulung packen wir schließlich den Ranzen. Die Schule ist nur einen Kilometer von uns entfernt, sodass er den Weg mit Lotte zusammen ganz einfach zu Fuß gehen kann.

Damit er nicht immer alle Bücher in seinem Ranzen tragen muss, denn das wäre einfach zu schwer, stellt uns die Schule ein zweites Set Schulbücher zur Verfügung. Eins wird in der Klasse bleiben, eins zu Hause. Deshalb packen wir nur ein Mäppchen ein, einen Block und eine Jurismappe, einen dieser Pappschuber mit einklappbaren Seiten.

Tobias probiert immer wieder aus, welches Teil in welchem Fach des Ranzens am besten aufgehoben ist. »Mama und du sind morgen da und Hetty und Lotte auch«, zählt er dabei ernsthaft und konzentriert auf. »Und Oma Elisabeth und Großmutter Marta. Und Onkel Martin kommt bestimmt und Tante Anja.« Das sind zwei seiner Taufpaten. Dass auch Onkel Wilhelm kommen wird, ist unsere Überraschung für ihn. »Und dann seid ihr alle dabei, wenn ich eingeschult werde!«, erzählt er weiter.

»Auf jeden Fall«, bekräftige ich. »Und damit du morgen auch fit bist, geht's jetzt ab ins Bett.« Als Tobi schläft, stopfen wir seine Schultüte mit Zeitungspapier aus. Sie wäre zu schwer für ihn, wenn wir sie komplett füllen würden.

»Ich packe die Süßigkeiten auf den Tisch im Wohnzimmer, dann können wir sie morgen heimlich in die Tüte packen, wenn wir zurück sind«, überlegt Elisabeth. Die Tür zum Wohnzimmer wird geschlossen und keines der Kinder darf hinein. Eine gute Idee, finde ich. Das wird eine Überraschung!

Am nächsten Morgen gehen wir alle gemeinsam in die Martinskirche, die sich direkt neben der Schule befindet. Onkel Wilhelm ist auch dabei und Tobias ist ganz aus dem Häuschen, dass alle drei Paten gekommen sind. Vor der Backsteinkirche aus den 1950er-Jahren stehen bereits einige andere Familien mit Erstklässlern und wir gesellen uns zu ihnen. Tobis Wangen glühen vor Aufregung. Dann geht es los. Wir gehen in die Kirche und die Erstklässler dürfen sich während des halbstündigen Gottesdienstes im Halbkreis vor dem Altar aufstellen. Als ich meinen Sohn dort aufrecht mit seiner Schultüte stehen sehe, bekomme ich vor Rührung einen Kloß im Hals. Er ist durch seine Krankheit ein wenig kleiner als die anderen, aber für mich sticht er so aus der Menge heraus, dass ich meine Augen kaum von ihm abwenden kann. Ich muss an das kleine, nach Luft ringende Baby denken, dass er einst war. Und nun kommt er in die Schule, immer noch klein und zart, aber dabei so zäh und stark.

Ich lasse meinen Blick durch die Kirche schweifen. Er bleibt am Kreuz über dem Altar hängen. Dankbar spreche ich ein stilles Gebet. Jeden Tag, wenn ich meinem Sohn beim Schlafen zusehe, wenn ich mit ihm spreche, ihn mit seinen Schwestern spielen sehe oder versuche, ihn dazu zu bewegen, etwas mehr zu essen: In all den kleinen und großen Momenten steckt so viel Segen. Es ist immer wieder ein Wunder, ihn trotz seines schlechten Starts ins Leben und trotz seiner Krankheit aufwachsen zu sehen. Gott schenkt uns so viele Augenblicke, mit denen wir nie gerechnet hätten. Nicht immer einfache Augenblicke, bei Weitem nicht. Viele tun weh, zehren an mir. Es gibt so vieles, das ich nicht verstehe. Aber auch so viele Gründe, dankbar zu sein.

Nach dem Ende des Schulgottesdienstes gehen wir in die Schule. Die Köstlinschule ist eine sehr kleine Grundschule. Sie hat insgesamt nur vier Schulklassen, eine für jedes Schuljahr. Als wir ankommen, begrüßen uns die älteren Schüler mit Liedern und Gedichten. Dabei halten sie die Buchstaben von A bis Z hoch. Hetty ist schon auf dem Gymnasium, aber Lotte geht in die gleiche Schule, in die Tobi kommt. Sie und ihre Cousine Christina sind in der dritten Klasse und führen mit ihren Klassenkameraden für die neuen Erstklässler das Theaterstück *Der Löwe, der nicht lesen konnte* auf. Tobi strahlt, als er sie sieht. Ich schaue zu Elisabeth: Sie ist ebenso gerührt wie ich.

Nach dem kleinen Festakt geht Tobias mit seiner neuen Klasse zum Gruppenfoto ins Klassenzimmer. Dann startet die allererste Schulstunde. Während wir als Eltern, Großeltern, Geschwister, Paten und Freunde der Abc-Schützen warten, kommen wir ins Gespräch. Einige der Eltern kennen wir bereits aus dem Kindergarten. Dabei lassen wir uns das Buffet schmecken, das traditionell von den Familien der Zweitklässler vorbereitet worden ist.

Als wir nach diesem aufregenden ersten Schultag nach Hause gehen, um im Familienkreis zu feiern, sind die Kinder gut drauf. Henriette hat es geschafft, mit dem Fahrrad zu uns zu stoßen, und läuft nun neben Charlotte. Tobi ist besonders froh, dass er endlich in die Schule gehen darf. Jetzt darf er die gleichen Dinge tun wie seine Schwestern. Zu Hause packen wir heimlich die Süßigkeiten in die Schultüte. Das Hallo ist groß, als Tobi sie auspackt und gleich anfängt, uns allen etwas Leckeres daraus anzubieten. Heute feiern wir definitiv noch ein bisschen, das steht fest.

Beim Mittagessen erzählt Tobi aufgeregt von seinem Tag in der Schule. »Wir haben heute gerechnet und ich war als Erster fertig mit allen Aufgaben. Und im Sportunterricht darf ich der Assistent von unserem Lehrer sein!« Die Schule tut ihm sichtlich gut. Er, der so vieles nicht tun darf, kann endlich Dinge, die andere nicht können. Sein Hunger nach Wissen wird endlich gestillt, mehr noch als zu Hause.

»Und Tom hat mich zu seinem Geburtstag eingeladen!« Tobis Stimme überschlägt sich fast.

»Na, das ist doch schön!«, sagt Elisabeth. »Dann brauchen wir noch ein Geschenk für ihn.« Das ist noch so eine Neuerung, die Tobi – und uns – begeistert. Er darf zu Kindergeburtstagen gehen, aktiv Freundschaften pflegen, andere besuchen.

Wir sind erleichtert, wie gut alles klappt. Bisher hat sich Tobias im Sportunterricht nicht wehgetan. Die anderen Kinder mögen ihn gerne, spielen gerne mit ihm. Er ist durch seine Krankheit kein Außenseiter, sondern im Gegenteil durch seine freundliche, hilfsbereite Art überall dabei und sehr beliebt.

Weil er mit seinen Aufgaben immer sehr schnell fertig ist, hat er danach Zeit, in der Klasse aufzuräumen – ordnungsliebend, wie er ist, macht ihm das besonderen Spaß. Außerdem hilft er seiner Lehrerin, wo es geht, putzt die Tafel, unterstützt seine Mitschüler – und das alles fröhlich und in seiner gewohnt hingebungsvollen Art.

Noch beeindruckender ist aber, dass er bisher keinen einzigen Tag krank gewesen ist. Ab und zu müssen wir natürlich zu Untersuchungen oder Infusionen in die Tübinger oder die Freiburger Klinik. Aber es ist nicht wie im Kindergarten, wo er am Ende ständig gefehlt hat. Für seine Verhältnisse ist unser Sohn kerngesund und fit.

Als Elisabeth einmal Tobis Klassenlehrerin begegnet, erzählt diese ihr, dass sie es morgens kaum abwarten könne, bis unser Sohn in die Schule komme. »Er ist so ein aufgewecktes, goldiges Kind«, schwärmte sie. »Und so klug! Man merkt ihm richtig an, dass er Spaß am Lernen hat.«

Zum ersten Mal seit Tobis frühester Kindheit haben wir das Gefühl, dass sich unser Leben normalisieren könnte. Ein Hoffnungsschimmer, den wir mit ganzer Kraft festhalten.

Heute ist der 8. Februar 2016. Wieder einmal sind wir mit Tobi in Freiburg. Allerdings ist der Termin diesmal ganz anders als sonst. Der Arzt hat uns gerade mitgeteilt, dass unser Sohn eine Knochenmarkstransplantation benötigt. Wir sitzen vor ihm, sprachlos und wie vor den Kopf gestoßen. Keine Vorwarnung, keine Andeutungen – nichts.

Während Tobi an einem kleinen Tisch in der Ecke sitzt, spielt und nicht viel von unserem Gespräch mitbekommt, versuche ich, meine Fassung zu bewahren. Der Arzt spricht weiter und seine Stimme dringt wie durch einen Nebel zu mir durch. »Die Transplantation ist sehr hart, aber Tobias' einzige Chance zu überleben. Wir müssen sie auch nicht sofort beginnen, aber wir sollten sie nicht zu lange hinauszögern, sondern in absehbarer Zeit durchführen.«

»Aber es geht ihm doch so gut«, wirft Elisabeth ungläubig ein. »Er geht in die Schule, da hat er noch keinen Tag gefehlt. Er ist viel kräftiger als früher.«

»Momentan ist der Zustand Ihres Sohnes ganz gut«, wendet der Arzt ein, »aber er kann sich jederzeit relativ leicht wieder verschlechtern.«

»Aber was kommt da auf Tobias und auf uns zu?«, frage ich mit belegter Stimme.

»Die Knochenmarkstransplantation wird sehr heftig und anstrengend für Ihren Jungen«, antwortet der Arzt. »Die Chemotherapie und Bestrahlung, die der Transplantation vorausgehen, haben starke Nebenwirkungen wie Übelkeit, Erbrechen, Kopfschmerzen, Schleimhautentzündungen und Schmerzen. Wir können Ihnen auch nicht garantieren, dass die Behandlung erfolgreich sein wird. Aber sie ist die einzige Möglichkeit, Tobias zu retten.«

Während er weiter erklärt, was alles auf Tobi und uns zukommt, wo die Behandlung in der Klinik in Freiburg stattfindet und welche Anstrengung und Belastung es für die ganze Familie werden wird, rasen meine Gedanken in alle Richtungen. Wie soll das gehen? Können wir das Tobi zumuten? Würde er es überstehen?

»Wenn Sie sich für eine Therapie in Freiburg entscheiden, muss Tobias die ersten hundert Tage in Freiburg bleiben, bevor die Klinik in Tübingen übernehmen kann. Sie müssten mit Ihrem Sohn außerdem regelmäßig in Freiburg vorstellig werden.«

»Können wir darüber noch einmal nachdenken?«, frage ich mit brüchiger Stimme. »Wir würden uns auch gerne mit Tobias' Kinderarzt beraten.«

»Selbstverständlich, das ist sicherlich nicht einfach für Sie. Sie müssen sich, wie gesagt, nicht auf der Stelle entscheiden. Aber wir sollten bald darüber sprechen.«

Wir verabschieden uns wie in Trance. Ich habe das Gefühl, mein Innerstes festhalten zu müssen, damit es nicht in Stücke bricht.

Als wir im Auto sitzen, haben wir Zeit für Tobis Fragen. Er hat nur Fetzen unseres Gesprächs mitbekommen und will nun wissen, was der Arzt gesagt hat. »Tobi-Schatz, der Arzt meint, dass du wahrscheinlich eine neue Behandlung machen musst, eine Knochenmarkstransplantation. Das ist aber noch nicht ganz sicher. Vielleicht hilft sie und dann geht es dir besser«, erkläre ich ihm.

»Was ist eine Knochenmarkstransplantation?«, fragt Tobi mit gerunzelten Brauen.

»Das ist eine Behandlung, bei der jemand Stammzellen aus seinem Knochenmark spendet, die du dann übertragen bekommst. Die Zellen bauen dann dein Immunsystem neu auf. Aber wir müssen erst noch mal mit Dr. Armann sprechen, ob das alles so klappt.« Die ganze Schwere und die möglichen Auswirkungen behalte ich für mich. Er soll nicht wissen, was alles passieren könnte. Diese Sorgen will ich ihm ersparen – und ich glaube, es gelingt mir.

Auch auf dieser Heimfahrt halten wir bei McDonald's in Titisee, damit Tobias seinen Cheeseburger bekommt. Hauptsache, er hat etwas zum Freuen. Die lebensbedrohliche Situation macht mir Angst und nur mit Mühe schaffe ich es, die Fahrt über ruhig und gelassen zu wirken. Am liebsten würde ich meinen Sohn die ganze Zeit über festhalten. Ich weiß nicht, wie ich seinen Verlust ertragen sollte. Warum hat Gott ihn uns gelassen, um ihn uns jetzt vielleicht wieder wegzunehmen? Mir ist übel. Mein Herz und meine Seele fühlen sich wund an, zerrissen. Ich schwanke innerlich: Ich glaube fest daran, dass Gott es gut mit uns meint. Ich will es glauben! Er hat es in der Bibel so oft versprochen, dass er nicht unser Unglück will. Und wenn Tobi stirbt? Wie könnte das nicht unser Unglück sein? Wir haben alles getan, damit es ihm gut geht. Die letzten sechseinhalb Jahre haben wir unser Leben komplett umgestellt. Wir haben gelitten, gehofft, verzichtet, alles ausgehalten. Und jetzt soll vielleicht alles umsonst gewesen sein? Ich verstehe es nicht. Es tut so weh. Ich klammere mich mit aller Kraft an Tobis Taufvers: *Befiehl dem Herrn deine Wege und hoffe auf ihn, er wird's wohlmachen.* Gott wird es wohlmachen. Er wird. O Gott, bitte: Mach es wohl!

Als wir zu Hause ankommen, vereinbaren wir sofort einen Termin bei unserem Kinderarzt. Leider hat er erst in einem knappen Monat für uns Zeit. So lange, dass ich kaum weiß, wie ich zusätzlich zu meiner tiefen Müdigkeit auch noch diese Ungewissheit aushalten soll. Auch Elisabeth geht es schlecht. Der Gedanke an die Therapie und alles, was damit zusammenhängt, quält sie. In der Zeit bis zu unserem Termin sehe ich ihr häufig an, wie traurig sie ist. Vor den Kindern reißt sie sich zusammen, doch in unbeobachteten Momenten wirkt sie abwesend, als wäre sie eigentlich überhaupt nicht da. Die Tage schleichen. Es kommt mir so vor, als würden wir sachter auftreten, leiser, als wollten wir nichts aufwecken, was diese Bedrohung noch schlimmer machen könnte.

Schließlich hat das Warten ein Ende. Wir fahren mit Tobias in die Kinderarztpraxis. Während wir in den Behandlungsraum gehen, bleibt unser Sohn an der Rezeption. Jenny und Daniela, zwei der Arzthelferinnen, kümmern sich immer um ihn. Sie bewahren extra ein Malbuch für Tobi auf und holen es zusammen mit einigen Stiften aus dem Wartezimmer. Dann setzt sich unser Sohn hinter den Tresen und beginnt zu malen. »Unser neuer Mitarbeiter«, zwinkert Jenny uns zu, bevor sich die Tür schließt. Wie gut, dass Tobi von allen Seiten so viel Liebe bekommt. Er ist wie ein kleiner strahlender Magnet, der Herzen anzieht. Als hätte Gott ihm als Ausgleich für sein Leiden eine ganz besondere Kraft gegeben.

Dr. Armann macht uns Mut. Er erzählt uns, dass in Tübingen ein renommierter Professor arbeite, der eine spezielle Methode aus den USA mitgebracht habe. Die Stammzellentransplantation, sein Spezialgebiet, sei deutlich schonender als eine Knochenmarkstransplantation.

»Machen Sie am besten erst einmal einen Termin mit ihm aus. Vielleicht kann er ja noch Alternativen aufzeigen, bevor Sie sich für einen so schwerwiegenden Eingriff entscheiden.« Als er das sagt, spüre ich, wie die Hoffnung in meinem Herzen zarte Wurzeln schlägt. Gott hat uns nicht vergessen, denke ich staunend. Er wird es wohlmachen.

Auch auf den nächsten Termin warten wir einen Monat. Die Zeit vergeht gefühlt nicht ganz so langsam, ist aber immer noch von Unsicherheit und nervösem Bangen geprägt. Ich habe schon immer viel gebetet, das Gespräch mit Gott ist mir so wichtig und gehört einfach zu meinem Tag dazu. Aber nun habe ich das Gefühl, ich spreche mehr mit ihm als sonst. Auch unseren Bekannten und Freunden im In- und Ausland, die für uns beten, habe ich eine Nachricht mit dem aktuellen Stand geschickt. Wir sind im Gebet verbunden – miteinander und mit Gott – und bitten um Heilung, um Hilfe und eine gute Prognose.

Vor den Kindern versuchen wir, uns nichts anmerken zu lassen. Wir erzählen ihnen zwar, dass Tobias wieder für längere Zeit in die Klinik muss – vielleicht sogar in Freiburg –, aber dass es noch nicht sicher ist, wann das sein wird. Sie wissen auch, dass es nicht so leicht für Tobi werden wird. Aber dabei lassen wir es bewenden, sie sind noch zu jung, um unsere Angst und Ungewissheit auszuhalten.

Dann endlich, im April, findet der Termin beim empfohlenen Spezialisten statt. Der Professor nimmt sich Zeit für uns und unsere Sorgen. Wir erfahren, dass es drei Möglichkeiten gibt.

Die erste ist eine schonende Stammzellentransplantation, bei der das Immunsystem durch Chemotherapie und Bestrahlung zwar deutlich geschwächt, aber nicht ganz ausgeschaltet wird. Es ist quasi eine leichtere Form der Stammzellentransplantation.

Die zweite Möglichkeit ist eine Stammzellentransplantation, bei der das Immunsystem fast komplett ausgeschaltet wird. Sie wird von einer starken Chemotherapie und mehr Bestrahlung begleitet, ist also deutlich belastender.

Die dritte Möglichkeit ist die Knochenmarkstransplantation, bei der Tobis Immunsystem erst einmal völlig ausgeschaltet würde.

Egal, für welche Variante wir uns entscheiden würden: Von Tobis bestehendem Immunsystem ließe sich eine Art Sicherung anlegen, so etwas wie ein Back-up, erklärt der Professor. Sollten die Therapien nicht anschlagen, könne man Tobi zumindest sein Immunsystem zurückgeben.

»Was empfehlen Sie uns denn?«, will Elisabeth wissen. »Nun, die schonende Stammzellentransplantation ist vergleichsweise harmlos und deutlich ungefährlicher für ein Kind als die beiden anderen Varianten«, antwortet er überzeugt.

Elisabeth und ich schauen uns an. »Wir würden uns diesbezüglich gerne noch einmal mit Tobias' Kinderarzt besprechen«, sage ich. »Das ist alles so neu für uns, da brauchen wir einfach noch Bedenkzeit.« Wir verabschieden uns mit einem deutlich besseren Gefühl.

Zu Hause besprechen wir uns. Ich würde am liebsten die schonende Variante wählen, schon allein um zu sehen, wie und ob die Therapie anschlägt. Elisabeth stimmt mir zu. Auch ihr behagt es nicht, unseren Sohn einer so aggressiven und gefährlichen Therapie auszusetzen, wenn es eine mildere Alternative gibt. Als wir uns noch einmal mit Dr. Armann kurzschließen, unterstützt er unsere Entscheidung. Tobi wird also einer Stammzellentherapie unterzogen werden, sobald sich ein passender Spender findet. Hoffnung auf Heilung. Und trotzdem fühle ich mich unsicher.

Inselurlaub und Friedhofsgedanken

Nach der Entscheidung für die Stammzellentherapie warten wir auf einen passenden Spender. Trotz der Sorge und der Ungewissheit geht das Leben unaufhaltsam weiter. Manchmal fühlt es sich fast surreal an. Dann ist es wieder schrecklich real. Und dann wieder hoffnungsvoll und gut. Wie heißt es so schön: Man gewöhnt sich an alles. Auch das Damoklesschwert, das über uns hängt, ist irgendwann ein Teil der Einrichtung.

Nun sind erst einmal Sommerferien. Wobei die Schule für Tobias auch einfach weitergehen könnte, so gerne geht er hin. Trotzdem freut er sich natürlich auch über die Ferien, vor allem wegen unseres diesjährigen Urlaubsziels: Wir fahren nach England.

Als wir es den Kindern erzählten, waren sie begeistert. Vor zwei Jahren waren wir bereits einmal dort, der erste Urlaub im Ausland. Trotz Tobis Krankheit hatte alles verhältnismäßig gut geklappt. Nun fahren wir also wieder hin. Meine Vorfahren mütterlicherseits kommen aus London, deshalb ist Oma Elisabeth auch mit dabei.

Wir gehen am Strand von Dünkirchen spazieren. Heute werden wir hier übernachten, bevor es morgen mit der Fähre weitergeht.

»Guck mal Papa, Superman!«, ruft Tobi plötzlich. Er zeigt auf einen muskulös gebauten Mann im Superman-Kostüm, der an uns vorbeiläuft. Als der unseren Sohn rufen hört, dreht er den Kopf und lächelt uns an.

Ich ergreife die Gelegenheit beim Schopf. »Tobi, wollen wir ein Bild mit euch beiden machen?«, schlage ich vor. Tobi nickt begeistert. »Excuse me, may we take a picture with you and my son?«, frage ich Superman auf Englisch nach einem Foto. »Sure«, stimmt dieser zu. Tobi postiert sich neben ihm und ich mache ein Foto. So einen Superman könnte unser Jüngster im wirklichen Leben gut gebrauchen. Einen, der ihm hilft, gesund zu werden. Doch dann halte ich kurz inne: Tobi hat doch Jesus, schießt es mir durch den Kopf. Der ist wirklich bei ihm. Stärker und mächtiger als jeder Comic-Held.

Ich muss an Tobis Lieblingsgeschichte aus der Bibel denken: Jesus heilt den blinden Bartimäus. Er will sie immer wieder hören und kann sie mittlerweile fast auswendig. Nachdem ich sie ihm das erste Mal vorgelesen hatte, war er so fasziniert davon, dass er alle möglichen Fragen dazu stellte. Ich erinnere mich noch gut daran, wie er mich ausquetschte.

»Papa, warum war Bartimäus blind?«, fragte Tobi und sah mich neugierig an.

»Er wurde so geboren. Wie du mit deiner Krankheit«, antwortete ich ihm.

Tobi überlegte. Man konnte richtig sehen, wie er sich mit Bartimäus identifizierte. »Konnte er gar nichts sehen?«

»Nein. Blind sein ist ein bisschen so, als hättest du die ganze Zeit die Augen zu und könntest sie nicht aufmachen.«

»Und was hat Bartimäus gearbeitet?«, fragte er weiter.

»Ich denke mal, dass blinde Menschen damals nicht so arbeiten konnten wie heute. Deshalb hat er an der Straße gesessen und gebettelt, damit die anderen Leute ihm ein bisschen Geld oder was zu essen geben«, erklärte ich.

»Und wo hat Bartimäus gewohnt?«

»In Jericho, das ist eine Stadt in Israel.«

»Und wie hat Jesus Bartimäus gesund gemacht?«

»Ich glaube, Jesus hat ihm einfach gesagt, er soll gesund sein. Und dann war er gesund.«

Tobi dachte kurz nach. Er war mit seinen Fragen noch nicht am Ende, das sah ich ihm an, und dieser Punkt beschäftigte ihn besonders. »Aber warum kann Jesus das?« Er schaute grübelnd zu mir hoch.

Ich überlegte, wie ich ihm das am besten kindgerecht erklären sollte. »Na ja, Tobi, Jesus ist der Sohn von Gott. Und weil Gott alles machen kann, kann Jesus auch alles machen.«

»Kann Jesus auch zu mir sagen, dass ich gesund sein soll?«

Die Frage traf mich ein bisschen unvermittelt. Was sollte ich darauf sagen? Natürlich glaubte ich damals wie heute, dass Jesus die Macht hat, Tobi zu heilen. Wenn Gott will, wird unser Junge gesund. Wir haben allerdings nicht die Garantie, dass er so handelt, wie wir es uns wünschen, nur die Hoffnung. Doch wie sollte ich das einem Sechsjährigen erklären?

»Manchmal macht er Menschen gesund, und manchmal nicht. Aber du kannst dir ganz sicher sein, dass er dich sehr lieb hat! Und dass er immer auf dich aufpasst.« Meine Antwort schien Tobis Neugierde zumindest vordergründig zu befriedigen, denn er fragte nicht weiter nach. Aber die Geschichte und seine Frage beschäftigen ihn auch jetzt noch. Das merke ich schon daran, dass er jedes Mal so fasziniert zuhört.

Ein lautes Bellen reißt mich aus meinen Gedanken. Tobi ist inzwischen weitergelaufen und steht nun ein ganzes Stück von uns entfernt – starr vor Angst. Vor ihm hat sich ein ziemlich großer Hund aufgebaut und bellt ihn an. Ab und zu blitzen seine Zähne hervor. Ich schaue mich nervös um, doch da ist niemand zu sehen, zu dem der Hund gehören könnte.

»Bleib ganz ruhig stehen und schau ihm nicht in die Augen!«, rufe ich meinem Sohn zu. Wir alle stehen wir gelähmt da und ich überlege fieberhaft, was ich tun könnte. Da wir keinen Hund haben, kenne ich mich mit Hunden nicht aus. Wenn ich zu Tobi laufe, wie würde der Hund reagieren? Würde er meinen Sohn angreifen? Wenn ich hier stehen bleibe und versuche, Tobias zu beruhigen – wird das funktionieren? Was, wenn Tobi Angst bekommt und wegrennt? Was macht der Hund dann?

Nach einer schier endlos scheinenden Zeit sehe ich endlich einen Mann, der dem Hund etwas zuruft. Er lässt sich Zeit und für mich sieht es fast so aus, als würde er die Situation sogar amüsant finden. Wut kocht in mir hoch. Ein Kind so zu ängstigen! Endlich dreht sich der Hund weg und läuft seinem Herrchen nach. Ich schaue ihnen hinterher und hätte dem Mann am liebsten gründlich meine Meinung gesagt – der Hund kann schließlich nichts dafür. In solchen Momenten kämpfe ich manchmal mit der Maxime *Liebe deinen Nächsten*. Niemand sollte einem Kind solche Angst einjagen. Ich laufe zu Tobi und nehme ihn in den Arm. »Alles ist gut«, sage ich leise, während ich ihn an mich drücke.

Nach einer Nacht in Dünkirchen fahren wir mit der Fähre nach Dover. Die Kinder stehen mit großen Augen an der Reling und schauen aufs Meer, während hinter uns die französische Küste immer kleiner wird. Der Wind zerzaust ihre Haare. Was für ein schönes Bild! Wenn ich es nicht besser wüsste, würde ich sagen, dass dort drei kerngesunde Kinder stehen. Dass eins von den dreien krank ist, sieht man ihnen nicht an.

Nach nicht einmal einer Dreiviertelstunde Fahrt tauchen leuchtend weiß die Kreidefelsen von Dover am Horizont auf. Ich liebe den Anblick. Ich war nun schon so oft hier, aber jedes Mal freue ich mich von Neuem darauf. Wir haben viele Kontakte nach England. Freunde, die hier leben, Gemeinden, die für uns beten. Die Beziehung zur Insel ist irgendwie besonders. Nachdem die Fähre angelegt hat, fahren wir auch direkt weiter nach London, wo wir mit einem Freund verabredet sind. Er und seine Familie wollen uns die Stadt zeigen.

Tobi ist das erste Mal in einer Großstadt. Natürlich war er schon in München und Freiburg, aber da sind wir immer direkt in die Klinik und anschließend wieder nach Hause gefahren. Und zwischen Tübingen und London besteht ja doch ein beträchtlicher Unterschied von gut 8,8 Millionen Einwohnern.

Wir starten unsere Sightseeingtour mit einer Kirche in der Nähe der Londoner Gurke, dem riesigen Wolkenkratzer. Der Gottesdienst ist schön und sehr lebendig. Die Gemeinde hat sogar eine eigene Band, was den Kindern besonders gut gefällt. So ein Gottesdienst in einer fremden Sprache, der noch dazu ganz anders ist als zu Hause, ist schon spannend für sie.

»Zu Hause kann ich auch wieder Klavier spielen«, flüstert Tobi mir mit einem Blick auf den Pianisten der Band zu, der an einem schwarzen Flügel sitzt. Ich nicke. Seit der Einschulung bekommt er Klavierstunden wie seine Schwestern auch. In der allerersten Stunde hat sein Klavierlehrer ihm auf jede Taste ein Gummibärchen gelegt und damit das Herz unseres Sohnes im Sturm erobert.

Das Klavierspiel macht unserem Jüngsten wirklich viel Spaß. Er übt fleißig, man spürt ihm ab, dass er Talent hat. Das sagte auch der Klavierlehrer zu Elisabeth. Noch ein kleines Wunder. Unser kranker Sohn, der so viele Talente hat. So viele Gaben. Als hätte Gott ihm zum Ausgleich für sein schweres Los eine besondere Portion Freude, Liebe, Hilfsbereitschaft, Klugheit und ein ganz besonderes Leuchten gegeben. Ein Leben ohne ihn ist für mich unvorstellbar.

Nach dem Besuch der Kirche gehen wir gemeinsam Mittag essen und beginnen unsere Besichtigungstour. Der Buckingham Palace, Westminster mit den Houses of Parliament, 10 Downing Street – die Kinder saugen die herrschaftlichen Gebäude mit den Augen auf und stellen jede Menge Fragen. Dieser Urlaub wird unvergesslich, da bin ich mir jetzt schon sicher. Zwei Tage lang wandern wir durch den Trubel der Großstadt, schauen uns Sehenswürdigkeiten an, machen unzählige Fotos. Dann fahren wir weiter. Über Portsmouth geht es auf die Isle of Wight, wo wir den Rest der Zeit bleiben werden. Das Gästehaus, in dem wir wohnen, ist herrlich englisch und von unseren Zimmern aus kann man das Meer sehen. Wir freuen uns schon alle auf die Erholung mitten im Ärmelkanal.

Unsere Unterkunft in Ventnor ist wundervoll und dass wir gleich draußen am Meer sind, ist ein besonderer Bonus. Das Essen ist so gut, dass sich sogar Tobias dafür begeistern lässt. Fast jeden Tag gehen wir an den Strand. Vorher kleben wir Tobis PEG-Sonde ab, damit kein Sand, Schmutz oder Wasser in den Port gelangen können. Außerdem trägt er einen Neoprenanzug, damit er nicht zu viel Körperwärme verliert – das geht bei ihm sonst sehr schnell.

Ausgelassen tobt unser Jüngster mit seinen Schwestern über den Sand. Ich schaue den wild herumspringenden Kindern zu und bin glücklich. Für einen Moment kann ich fast alles vergessen: meine chronische Erschöpfung, die Sorge um Tobias, dem es sichtbar gut geht, die Angst vor der Stammzellentherapie. Auch Tobi scheint das Ausmaß seiner Krankheit fast zu vergessen – und ebenso die

Stammzellentherapie, die vor ihm liegt und irgendwann eine Tatsache werden wird.

Gerade jetzt zählt nur der Augenblick. Das Glitzern der Wellen in der Sonne, die fast die ganze Zeit scheint. Die warme Brise, die vom Meer herüberweht und über unsere Haare streicht. Das satte Grün der Wiesen und Bäume, die noch einmal anders leuchten als zu Hause. Wenn ich könnte, würde ich die Zeit anhalten, einfach damit dieses kleine Glück, diese perfekten Momente nicht verschwinden können.

»Komm Papa, wir gehen ins Meer!«, ruft Tobi mir zu und rennt über den warmen Sand auf die Brandung zu. Ich stehe auf und folge ihm. Mein Sohn kann nicht schwimmen. Aus Hygienegründen durfte er ja noch nie ins Schwimmbad, er konnte es also nicht lernen. Außerdem wäre er bis vor Kurzem sowieso zu schwach dafür gewesen. Jetzt planscht er freudestrahlend in der kühlen Nordsee und spritzt mich spitzbübisch grinsend nass. Er wirkt gesünder denn je.

Ich spüre eine tiefe Dankbarkeit. Mein kleines Wunder! Es ist wirklich ein Geschenk. Ich kann es nicht anders sagen. Bei allen Schwierigkeiten, allem Leid haben wir immer wieder so schöne Momente und so viel Freude. Immer wieder. Gott hat es nie schwerer werden lassen, als wir es ertragen konnten. Er hat uns trotz allem durchgetragen. Und Tobi ist ein echter Sonnenschein!

Als ich nach der Abkühlung wieder am Strand sitze, ist mein kleiner Wirbelwind immer noch nicht müde. Er steuert seine Oma an. »Oma Elisabeth, gehst du mit mir Muscheln sammeln?«, fragt er sie, wohl wissend, dass sie ihm das bestimmt nicht abschlägt. Er verbringt gerne Zeit mit seiner Oma.

»Na komm, mein Schatz!« Sie steht auf und macht sich mit ihm auf den Weg über den Strand. Immer, wenn Tobi eine schöne Muschel entdeckt, kommt sie in seinen grünen Strandeimer. Die beiden sind ziemlich erfolgreich. Oft sammeln Henriette und Charlotte mit den beiden Muscheln, doch gerade haben sie keine Lust. Sie bauen Fische und andere Meerestiere aus Sand und gehen ganz darin auf.

Die gemeinsame Zeit tut uns allen gut. Gestern bin ich nach dem Abendessen mit Tobi und den Mädchen den *cliff path*, also den Klippenpfad, entlangspaziert. Mein Sohn ist zwar viel kräftiger als früher, aber irgendwann schaute er mich doch unter seinen langen Wimpern an und fragte bittend »Trägst du mich, Papa?«

Wie könnte ich da Nein sagen! Ich nahm ihn auf die Schultern, und wir liefen weiter. Als ich ihn nach einiger Zeit wieder absetzte, nahm Charlotte meine Hand. »Jetzt ich! Bitte, Papa«, rief sie und umarmte mich. Nachdem ich Tobi getragen hatte, konnte ich das Lotte ja schlecht abschlagen. Ich bückte mich also und hob sie hoch. Sie giggelte ein bisschen und genoss es sichtlich, auch mal die »Kleine« sein zu dürfen.

Bei all der Rücksicht, die meine Mädchen immer nehmen, vergisst man manchmal fast, dass sie gar nicht so viel älter sind. Schließlich nahm ich auch noch Henriette auf die Schultern, die als Größte meiner Kinder selbstverständlich auch schwerer ist als ihre kleineren Geschwister. Ich merkte, wie langsam, aber sicher meine Schultern zu ziehen begannen. Mir wurde trotz der kühlen Abendluft warm und der Schweiß rann mir über den Rücken. Aber diese Gelegenheiten, in denen ich meinen Kindern zeigen konnte, wie sehr ich jedes von ihnen liebe, machten alles wett. Glückliche Kinder, glücklicher Papa.

Ich schaue meinen Mädchen noch ein bisschen beim Spielen zu. Die Nachmittagssonne ist warm, der leichte Wind vom Meer her angenehm. Es ist, als hätten sich alle Sorgen in Luft aufgelöst wie Tau in der Morgensonne.

Wir sind gerade auf dem Weg zurück in unsere Unterkunft, als Tobi und meine Mutter zu uns stoßen. »Na, wo wart ihr denn?«, begrüßt Elisabeth die beiden Spaziergänger, die doch ein klein wenig erschöpft aussehen. »Morgengymnastik mit Hitradio Antenne 1«, antwortet Tobi grinsend. Elisabeth und ich schauen uns erstaunt an. »Den Sender bekommen wir hier in England doch gar nicht«, sage ich irritiert. Tobi prustet los und kann sich vor Lachen kaum einkriegen.

Meine Mutter klärt uns auf. In der Nähe ist ein kleiner Park mit Outdoor-Fitnessgeräten. Tobi und sie haben in den letzten Tagen immer wieder Spaziergänge dorthin gemacht. »Und dann hab ich Lieder gesungen, wie im Radio«, ergänzt unser Jüngster die Erzählung seiner Oma.

»Ja, und mir gesagt, welche Übungen ich machen soll. Das fand er besonders lustig«, fährt meine Mutter augenzwinkernd fort.

»Du hast aber ganz toll mitgemacht!«, stellt Tobi fest. Meine Mutter lacht. »Jedenfalls bist du ein toller Radiomoderator. Und Fitnesstrainer!« Unser Sohn schlingt die Arme um Oma Elisabeths Taille und drückt sie. Dann ist er schon wieder auf dem Sprung, energiegeladen und rotwangig. »Sind Hetty und Lotte am Strand?«, fragt er auf dem Weg zur Tür. »Ja … aber kommt nicht zu spät!«, ruft Elisabeth ihm nach. »Nachher ist doch Omas Überraschung für euch.«

Die Überraschung ist wirklich etwas Besonderes für die Kinder. Am Nachmittag geht meine Mutter mit ihnen in den Botanischen Garten, wo *Peter Rabbit* aufgeführt wird. Das niedliche Kinderbuch von Beatrix Potter ist so etwas wie britisches Kulturgut und gefiel schon mir als Kind. Ich hatte die Bücher, einen Teller und eine Tasse, die ich als kleiner Junge heiß und innig liebte. Nun freuen sich unsere Kinder an diesem Theaterstück. Die Schauspieler sind extra aus London angereist und fast wäre die Überraschung geplatzt, weil keine Karten mehr für die begehrte Aufführung zu bekommen waren. Doch die Dame am Ticketschalter war so begeistert davon, dass meine Mutter mit ihren 84 Jahren nicht nur perfekt Englisch spricht, sondern auch noch mit ihren Enkeln verreist, dass sie ihr – einfach so – noch Karten verkauft hat.

Während die Kinder im Theater sind, nutzen Elisabeth und ich die seltene Zeit, die wir alleine verbringen. Gemeinsam machen wir einen langen Spaziergang an den Klippen entlang und über den Strand. Es ist so ungewohnt, diese Zeit nur für uns zu haben, dass es sich fast anfühlt, als hätten wir eine Verabredung.

»Findest du nicht auch, dass das der beste Urlaub ist, den wir je hatten?«, frage ich nach einer Weile.

»Ja, es ist wunderschön hier«, stimmt Elisabeth mir zu. »Den Kindern gefällt es auch so gut. Die Ritterspiele, die wir besucht haben, die haben sie schon sehr begeistert. Und das Meer, die Zeit am Strand. Und keins der Kinder ist krank geworden!« Da hat sie recht. Nicht einmal Tobi hat sich verletzt. Keine Unfälle, nichts.

»Das Altersheim für Esel fanden sie aber auch gut«, werfe ich ein.

Elisabeth lächelt. »Tobi hat sich so für die Esel interessiert – da waren aber auch wirklich viele, mindestens achtzig oder so.« Dann wird ihr Gesicht ein wenig ernster. »Ich glaube, weil viele davon so alt und krank waren, hat er auch an seine Krankheit denken müssen. Deshalb hat er auch immer gefragt, was sie haben und ob ihnen was wehtut.«

»Aber es geht ihm so gut wie noch nie!« In meiner Stimme schwingt Hoffnung mit, als ich Elisabeth den Arm um die Schultern lege, während wir weiterschlendern. »Vielleicht geht es ab jetzt bergauf.«

»Denkst du, er wird durch die Therapie gesund, wenn sie einen Spender finden?«

»Ich hoffe es. Wenn Gott uns dieses Geschenk auch noch macht. Wenn er will ...«

Meine Frau schaut aufs Meer hinaus. »Was denkst du, was mal aus ihm wird?«, fragt sie nach einer kleinen Pause.

»Tobi? Ich weiß nicht. So klug, wie er ist, wird er bestimmt mal Arzt. Oder Biologe.«

»Vielleicht. Auf jeden Fall wird er mal etwas machen, wo er Menschen helfen kann«, stimmt Elisabeth mir zu.

Ich drücke sie sanft an mich, dann gehen wir weiter den *cliff path* entlang. Lorbeer- und Wacholderbüsche, von blühender Clematis überwachsen, säumen den Pfad, der zum Meer hin steil abfällt. Ab und an kommen uns Spaziergänger entgegen, aber sonst ist es eher ruhig. Wir lauschen dem Ruf der Möwen und dem Zwitschern zahlreicher Singvögel.

Elisabeth an meiner Seite wirkt jünger und gelöster als in den letzten Monaten. Bei mir ist es wahrscheinlich ähnlich. Ich glaube, in seltenen Momenten wie diesen erkennen wir im anderen den jungen, hoffnungsvollen Menschen, den wir geheiratet haben. Und wir halten diese Momente fest, damit der Alltag uns einander nicht ganz wegnimmt, wenn sich wieder alles um Termine und einfaches Funktionieren dreht. Gerade jetzt sind wir hier. In der Gegenwart. Gemeinsam. Das muss genügen.

Als wir mit den Kindern in der Stadt Brading sind, besichtigen wir die älteste Kirche der Insel. Wir waren schon einmal hier und die Kinder wollten unbedingt wiederkommen. Der Grund dafür ist so traurig wie rührend. »Kommt, wir besuchen Elizabeth«, sagt Hetty zu ihren Geschwistern. Wir folgen den Kindern, bis wir vor einem grauen Granitsarkophag stehen, auf dem, in weißen Marmor gehauen, das lebensechte Abbild eines kleinen Mädchens mit gefalteten Händen liegt. Die kleine Elizabeth Theresa Agnes Rollo, so steht es auf dem Grab, ist gerade mal ein Jahr alt geworden. Geboren 1874, gestorben 1875.

Als die Kinder das Grab bei unserem letzten Besuch entdeckt hatten, waren sie betroffen, weil der Name fast wie der ihrer Mutter und Großmutter klingt. Nun sind wir wieder hier und besuchen das kleine Mädchen, dem sich unsere Kinder so verbunden fühlen.

»Warum musste das Mädchen sterben?«, fragt Lotte leise.

»Vielleicht war sie krank. Damals gab es noch nicht so viel Medizin wie heute«, sagt Elisabeth.

Lotte schaut zu Tobi, und ich sehe, wie sie nachdenkt. »Hatte das Mädchen auch Brüder oder Schwestern?«, fragt sie dann weiter.

»Ich weiß nicht, bestimmt«, antworte ich. »Damals hatten die meisten Kinder viele Geschwister.«

Meine drei Kinder sehen mich an. Ihre Gesichter zeigen, dass sie mit dem toten Mädchen und seinen Geschwistern fühlen. Meine armen Kleinen. »Liegt das Kind in dem Sarg da drin?« Tobi drückt sich an mich.

»Der Körper schon. Aber die Seele nicht. Die ist bei Jesus im Himmel und da geht es dem kleinen Mädchen jetzt gut«, sage ich und streiche ihm über den Kopf.

Ich merke, dass Tobi genau wie die Mädchen nachdenklich wird. Bei Jesus im Himmel tut niemandem mehr etwas weh, da ist es einfach nur schön. Und alle, die dort sind, freuen sich, dass sie bei Gott sein können. Das wissen die Kinder, wir haben schon früher mit ihnen darüber gesprochen, was nach dem Tod kommt. Tobis Krankheit hat früh dafür gesorgt, dass wir uns mit dem Tod auseinandersetzen – auch die Kinder. Trotzdem macht es das nicht einfach, wenn man darüber nachdenkt, dass jemand sterben könnte, den man liebt.

»Die Eltern waren bestimmt trotzdem ganz traurig, als das Mädchen gestorben ist«, überlegt Hetty laut.

Ich muss schlucken, bevor ich ihr antworte. »Ganz bestimmt! Die hatten ihre Tochter sicher sehr lieb.«

Wir stehen noch eine kleine Weile vor dem Sarkophag. Mit unserer Situation können wir uns ein Stück weit vorstellen, wie schlimm es ist, wenn ein Kind auf einmal nicht mehr da ist. Hetty streicht sacht mit den Fingern über die kleine Marmorgestalt. »Tschüss, Elizabeth«, sagt sie leise, bevor wir die Kirche verlassen und in den hellen Sonnenschein hinaustreten.

Als wir weiter durch Brading gehen, verfliegt die gedrückte Stimmung der Kinder bald. Wir entdecken einen Laden, der Zubehör für Puppenstuben verkauft. Jedes unserer Kinder kauft von seinem Taschengeld einige Kleinigkeiten für das Puppenhaus. Der wolkenlose Himmel über uns strahlt in einem tiefen Blau und Hetty, Lotte und Tobi hüpfen ausgelassen über den Bürgersteig.

Bei all den schönen Erlebnissen vergeht der Urlaub wie im Flug. Drei Wochen sind schneller vorbei, als man denkt. Als der letzte Abend da ist, sind wir alle fast schon etwas wehmütig. Wir sitzen gemeinsam beim Essen und lassen den Urlaub noch einmal Revue passieren. Den Besuch in Osborne House, der Sommerresidenz von Königin Victoria, die *Butterfly World* mit ihren unzähligen bunten Schmetterlingen, die Fahrten mit der alten Londoner Untergrundbahn, die nun oberirdisch über die Insel fährt. Tobias hat sich nichts gebrochen, er musste nicht zum Arzt oder in die Klinik. Wir sind so dankbar.

»Wir waren eine ganz normale Familie, die ganze Zeit«, stellt Hetty fest.

»Ja, das war schön«, stimmt Lotte zu.

Ich wünschte, ich könnte ihnen diese Normalität immer ermöglichen. Gerade jetzt, wo Tobis Behandlung Realität zu werden scheint und unser Familienleben wieder auf Eis gelegt wird. »Ein bisschen traurig bin ich schon, dass das unser letztes Abendessen im Urlaub ist«, sagt Elisabeth.

»Aber wir haben ja noch die ganze Fahrt vor uns«, meint Tobi fröhlich. »Das ist doch auch noch Urlaub.«

Nach dem Essen packe ich all unsere Sachen wieder ins Auto: Koffer, Strandzelt, Bodyboard, Eimer, Schaufeln, Förmchen, Spiele, gesammelte Muscheln – ich wundere mich fast, dass ich alles unterkriege. Wir haben zwar einen silbernen Caddy Maxi, aber wir sind auch mit 6 Personen unterwegs. Jede Menge Gepäck, Urlaubsmitbringsel und anderes, das den Kofferraum schnell füllt. Dann brechen wir zu einem letzten Spaziergang auf. Das Mondlicht glitzert silbern auf der Brandung, die rauschend an den Strand und die Felsen schlägt. Gerade jetzt sind wir einfach nur glücklich.

8

Spätsommertag und Zweifel

Kurz nach unserer Rückkehr aus England kommt eine Nachricht aus der Klinik. Der passende Stammzellenspender ist gefunden! Wir entscheiden uns für die Therapie. Tobias geht es so gut wie nie zuvor, die Prognose ist günstig. Worauf sollten wir noch warten? Nun geht alles ganz schnell. Die Chemotherapie soll am 26. September beginnen. Die Zeit rast an mir vorbei, gerade weil ich nicht weiß, wie alles ausgehen wird.

Wir sprechen immer wieder mit Tobi darüber, um ihn langsam darauf vorzubereiten, was passieren kann. Er ist mit der Situation und der Aussicht auf einen erneuten Krankenhausaufenthalt nicht glücklich.

»Muss das sein?«, fragt er immer wieder abwehrend. »Mir geht's doch gerade total gut. Ich mag die Transplantation jetzt nicht machen!«

Eigentlich kennt er den Ablauf der Behandlung, ihre Notwendigkeit und alles andere, was die Ärzte bereits in den Vorgesprächen erzählt haben. Doch das Thema beschäftigt ihn und seine Stimmung schwankt ein wenig, was all das betrifft. Für mich ist es genauso wichtig wie für ihn, dass wir darüber sprechen und seine Sorgen entkräften, so gut es eben geht. Deshalb beantworte ich immer wieder geduldig seine Fragen und nehme ihn ernst.

»Die Behandlung ist sehr wichtig für dich. Der Arzt hat uns das ganz genau erklärt«, versuche ich ihn zu überzeugen. »Wenn wir jetzt nichts machen, dann kann deine Krankheit schlimmer werden. Mit der Behandlung hast du zumindest die Chance, gesund zu werden. Und es ist ja auch nicht die stärkste Behandlung. Wir fangen extra mit der mildesten und leichtesten an.«

Er schaut erleichtert, als ich das mit der milden Behandlungsform noch einmal so betone. Meine nächsten Worte wähle ich eher vorsichtig: »Weißt du, mein Schatz, auch diese Behandlung kann schlecht ausgehen. Es besteht eine kleine Möglichkeit, dass man bei einer Stammzellentransplantation stirbt oder dass sie nicht hilft. Aber die Möglichkeit, dass es klappt, ist viel größer. Und wenn Gott will, dass alles gut geht, dann wird es klappen.«

Er überlegt einige Momente lang schweigend. »Meinst du wirklich, dass ich gesund werden kann?«, fragt er dann mit Zweifeln in der Stimme.

»Na klar. Dann brauchst du nicht mehr so viele Medikamente und musst nicht mehr ständig ins Krankenhaus. Und du kannst ganz normal essen, ohne Ernährungspumpe und Schläuche.«

»Wirklich?« Tobi sieht schon fröhlicher aus.

»Na klar. Wenn alles klappt, dann kannst du ins Schwimmbad gehen, bei Freunden übernachten – dann hast du ein genauso normales Leben wie deine Schwestern.«

»Okay«, sagt er schließlich. »Dann müssen wir das wohl machen.«

Wir sprechen noch ein bisschen über alles, was ihn gerade bewegt. Auf der einen Seite ist er froh, dass er vielleicht gesund wird. Er ist schon ganz gespannt darauf, was er dann alles machen kann. Auf der anderen Seite ist mein Sohn halb im Krankenhaus aufgewachsen, hat dort unter dem Personal wie auch den anderen Kindern Freunde gefunden. Die Aussicht, diese Freundschaften und die damit verbundene Freude zu verlieren, stimmt ihn ein wenig traurig und unsicher. Das alles sind schließlich große Veränderungen für einen kleinen Jungen. Doch ich versuche, ihm so gut es geht Mut zu machen.

Gespräche wie dieses haben wir immer wieder in den nächsten Tagen. Und je näher der Krankenhausaufenthalt rückt, desto mehr Sorgen macht Tobias sich, das merken wir. Ich kann es ihm gut nachfühlen, die Sorgen mache ich mir nämlich auch. Gleichzeitig bin ich nach reiflichem Überlegen überzeugt davon, dass die Stammzellentransplantation die beste Möglichkeit ist, die wir haben. Die Vorgespräche mit den Ärzten, die Überlegungen gemeinsam mit Elisabeth, alles Abwägen, die Gebete – all das hat mir bei meiner Entscheidung geholfen. Und auch wenn ich immer wieder Angst habe, dass es vielleicht nicht die richtige Entscheidung sein könnte, so ist es doch die einzige, die ich treffen kann.

Die Mädchen bereiten wir ebenfalls vorsichtig auf das Kommende vor. Ich erkläre ihnen, dass die Ärzte alles versuchen werden, um Tobi gesund zu machen. Doch obwohl er eine echte Chance habe, sei es nicht sicher, dass es auch wirklich funktionieren wird. »Es kann sein, dass Gott unseren Tobi zu sich in den Himmel holt. Da ist dann Opa bei ihm und Hannachen – die kleine Schwester von Oma Elisabeth«, versuche ich den Kindern schonend beizubringen.

Meine Töchter schweigen nachdenklich. Ich sehe ihnen an, dass sie das Gehörte erst einmal verarbeiten müssen. »Im Himmel ist es bestimmt toll«, sagt Hetty vorsichtig. »Das würde Tobi total interessant finden.« Sie schaut traurig zu Boden. »Aber ich will nicht, dass er nicht mehr hier ist!«

»Wenn Tobi in den Himmel kommt, können wir ihn dann nie wieder hier bei uns sehen?«, fragt Lotte bedrückt.

»Nein, hier können wir ihn nicht mehr sehen. Erst, wenn wir selber irgendwann sterben und in den Himmel kommen, dann sehen wir ihn wieder. Aber falls Gott unseren Tobi zu sich holt, dann hat er keine Schmerzen mehr. Dann muss er nicht mehr spucken, er braucht keine Medikamente und muss nie mehr in die Klinik. Dann geht es ihm einfach nur gut.« Die Worte fallen mir schwer. Ich weiß nicht, wie ich ihnen für die Gegenwart Mut machen soll. Wenn Tobias wirklich sterben sollte, und das wäre eine Katastrophe, die ich mir nicht vorstellen möchte, dann sehen wir ihn in dieser Welt nicht wieder. Dann sehen wir ihn wirklich erst, wenn wir nach unserem Tod zu Jesus ins Paradies kommen. Und da wartet Tobi dann auf uns.

Ich schiebe diese Gedanken zur Seite. Ich kann sie jetzt nicht denken. Meine Mädchen schauen mich mit großen, traurigen Augen an. Es bricht mir das Herz, sie so leiden zu sehen. Die beiden hängen so sehr an Tobi. Und jede zeigt ihre Liebe auf ihre ganz eigene Weise. Hetty kümmert sich besonders intensiv um ihren Bruder – fast wie eine zweite Mama, obwohl sie erst elf ist. Lotte unterstützt sie dabei immer wieder. Sie bastelt gerne für Tobi und schreibt ihm Briefe, wenn er mal wieder im Krankenhaus ist.

Tobis Krankheit hinterlässt bei seinen Schwestern tiefe Spuren, das merken wir immer wieder. Wir versuchen zwar, das Gröbste von ihnen fernzuhalten, aber das gelingt uns nur bedingt. Dazu kommt, dass die Mädchen oft im Alltag funktionieren müssen, weil der Fokus auf Tobias und seiner Krankheit liegt. Sie beschweren sich fast nie und wir versuchen es gutzumachen, wo wir können. Aber die Sorge, der Verzicht, die Angst – all das prägt sich in eine Kinderseele ein.

An einer Situation merkte ich das besonders deutlich. Henriettes Englischlehrerin hatte mich zum Gespräch einbestellt, weil meine Tochter im Unterricht oft abwesend und unkonzentriert war. »So kann es nicht weitergehen, Herr Roller! Es gibt Zeiten, da kann ich mit Henriette im Unterricht nichts anfangen«, sagte sie kopfschüttelnd zu mir.

Ich erklärte ihr die Situation mit Tobias und dass Hetty immer besonders besorgt sei, wenn es ihm schlecht ginge oder er ins Krankenhaus müsse. Dann konnte sie sich nicht um ihren Bruder kümmern, sondern ihn nur ab und zu besuchen oder mit ihm telefonieren und das setzte ihr besonders zu. Die Lehrerin war ganz überrascht: Sie wusste überhaupt nichts von Tobis Gesundheitszustand. Meine Große hatte versucht, ihr Bestes zu geben, ohne dass jemand mitbekam, wie schlecht es ihr wirklich ging.

Ich sprach zu Hause mit ihr. »Schau mal, Hetty, wenn es Tobi besser geht und er für immer zu Hause sein kann, dann wird es auch in der Schule wieder ganz normal«, versuchte ich sie zu ermutigen. Ich dachte mir, wenn sie ein Ziel vor Augen hätte, würde die Situation vielleicht erträglicher für sie.

Wenn sie nun mit einer Klassenarbeit nach Hause kommt, die nicht ganz so toll gelaufen ist, erkläre ich ihr immer, warum die Arbeit trotzdem in Ordnung ist, und lobe sie nach Kräften. Man merkt ihr zwar an, dass sie traurig und enttäuscht ist, wenn die Arbeiten nicht so gut ausfallen, aber sie ist erleichtert, dass wir trotzdem immer sehr zufrieden mit ihr sind. Wie könnten wir das nicht sein! Seit dem Gespräch ist es auch in der Schule deutlich leichter für Hetty. Die Lehrerin zeigt viel Verständnis für die Situation und unterstützt meine Tochter nach Kräften.

In der Woche vor dem Behandlungsbeginn sprechen wir den Ablauf der Therapie genau mit unseren Kindern durch. »Muss die Transplantation wirklich sein?« Tobi schaut mich unglücklich an.

»Schau mal, Tobi, das haben wir doch besprochen. Die Transplantation kann dir helfen, dass du gesund wirst«, versuche ich ihn zu beruhigen. »Und es ist besser, wenn wir sie machen, als wenn wir sie lassen.«

»Wie lange muss ich denn ins Krankenhaus?«, fragt er weiter, immer noch skeptisch.

»Nur ein paar Wochen«, beruhige ich ihn. »Und wir dürfen die ganze Zeit bei dir bleiben.«

Seine Augen leuchten kurz auf. »Auch nachts?«

»Auch nachts.«

»Aber dann seid ihr ja ganz oft weg!«, fällt Lotte ein und ich höre, dass sie mit den Tränen kämpft.

Elisabeth streicht ihr über den Rücken. »Der Tobi ist ja hier in Tübingen in der Klinik, da sind wir nie weit weg«, tröstet sie die enttäuschten Mädchen.

»Dann können wir Tobi immer nach der Schule besuchen«, überlegt Hetty. »Naja, vielleicht nicht jeden Tag«, sage ich vorsichtig. Es tut mir leid, dass ich ihren Enthusiasmus dämpfen muss. »Tobis Behandlung wird ganz schön anstrengend für ihn, da kann es sein, dass ›jeden Tag‹ ein bisschen viel wird.«

»Aber alle zwei Tage vielleicht«, feilscht meine Tochter weiter. Ich bin froh, dass die Mädchen ein neues Ziel haben und sich wenigstens auf die Besuche freuen können.

»Aber ich kann dann nicht mehr in die Schule gehen!«, fällt es Tobi plötzlich ein und sein Gesicht wird lang. »Dabei hab ich mich doch so aufs neue Schuljahr gefreut …«

Ich versuche, ihm ein bisschen Mut zu machen. »Du bekommst bestimmt einen Lehrer, der ins Krankenhaus kommt.«

»Dann kann ich da ja auch ganz viel Neues lernen«, überlegt er etwas erleichterter.

»Und der die Zellen für Tobi spendet, ist das ein Mann oder eine Frau? Kennt ihr den?«, will Hetty wissen.

»Puh, das dürfen die uns nicht sagen. Das darf man erst wissen, wenn die Behandlung lange rum ist und gut geklappt hat und wenn der Spender und wir das auch wollen«, erklärt Elisabeth.

»Aber warum?« Hetty runzelt die Stirn.

»Das ist, weil die Ärzte erst nach zwei Jahren wissen, ob Tobi wirklich gesund geworden ist«, erkläre ich. »Auf diese Weise sollen alle Beteiligten geschützt werden.«

Bevor die Kinder aus dem Zimmer gehen, schaue ich Tobias noch einmal an. »Machst du dir noch Gedanken?«, frage ich ihn.

Er zuckt mit den Achseln. »Ein bisschen«, murmelt er. »Aber wenn du sagst, dass das besser für mich ist, dann ist es okay, wenn wir das machen.«

»Komm mal her«, sage ich liebevoll und hebe ihn auf meinen Schoß. Dann drücke ich ihm einen langen Kuss auf die Stirn. Er schlingt seine Arme um meinen Hals und legt seinen Kopf an meine Schulter. So sitzen wir eine Weile da. »Besser?«, frage ich ihn schließlich. Tobi nickt. Während ich seinen kleinen Körper im Arm halte, hoffe ich so sehr, dass ich recht habe und ihm die Therapie wirklich hilft.

Am letzten Tag vor dem Krankenhausaufenthalt wollen wir als Familie noch einmal richtig feiern. So viele schöne Momente wie nur möglich gemeinsam erleben. Tobi liebt unsere Obstwiese, er hilft mir immer beim Mähen und Beschneiden der Bäume, so gut er kann. Deshalb beschließen wir, den Tag alle gemeinsam dort zu verbringen.

Es ist Samstag und trotz des beginnenden Herbstes warm und sonnig. Elisabeth hat ein Picknick vorbereitet, das wir nun mit auf die Obstwiese nehmen. Steaks und Brötchen, Gemüse aus dem Garten, Süßigkeiten und als ganz besonderes Schmankerl Limonade. Als wir ankommen, machen wir ein Feuer. Der Holzschnitt vom letzten Jahr konnte den ganzen Sommer über trocknen und fängt schnell

Feuer. Schon bald züngeln die Flammen über die trockenen Äste, die knistern und rot zu glühen beginnen.

Die Kinder finden schnell eine neue Beschäftigung: Ich habe nämlich gestern die Wiese gemäht und das Gras zum Trocknen liegen lassen. »Kommt, wir bauen eine Hütte!«, ruft Hetty ausgelassen. Die Kinder fangen an, aus dem Gras den Grundriss eines Häuschens zu legen. Die Haufen schichten sie höher und höher zu Wänden auf.

»Wir essen hier drin«, verkündet Tobi und die anderen kichern. Wenn sie sich hinsetzen und klein machen, sind sie von außen kaum zu sehen. Nach einem ausgiebigen Mittagessen spielen die Kinder noch ein wenig Frisbee und Fußball. Dann überlegen wir gemeinsam, wie wir die Obstwiese umgestalten könnten. Wir planen, noch ein paar Apfelbäume zu setzen und für die Kinder eine Hütte aus Holz zu bauen. Tobi und die Mädchen sollen in der kommenden schwierigen Zeit etwas haben, auf das sie sich freuen können.

Am späten Nachmittag machen wir uns wieder auf den Heimweg. »Ich muss noch zu Oma Elisabeth!«, ruft Tobi, nachdem wir angekommen sind. Schnell läuft er in sein Zimmer und holt eine kleine Schaffigur von *Shaun das Schaf*, deren Ohr er mit einem Pflaster umwickelt hat. »Das bringe ich Oma«, sagt er ernsthaft. »Komm, Papa!«

Ich gehe mit ihm ins Nachbarhaus zu meiner Mutter. Die freut sich sichtlich über den spontanen Besuch. »Oma, das Schaf ist für dich!« sagt Tobi mit einem spitzbübischen Grinsen und setzt es in eine der Orchideen, die das Esszimmerfenster zieren. »Das Pflaster darfst du erst abmachen, wenn ich wieder aus dem Krankenhaus nach Hause komme und gesund bin.« Er strahlt sie an.

»Mein süßer Schatz, da passe ich gut drauf auf!«, entgegnet meine Mutter gerührt. Wir bleiben noch ein paar Minuten, dann verabschieden wir uns und gehen nach Hause. Schließlich haben wir morgen viel vor.

Als mein Sohn nach diesem langen und ereignisreichen Tag im Bett liegt, schläft er schnell ein. Die frische Luft macht müde. Ich liege wach und betrachte sein fein geschnittenes Gesicht, als wollte ich mir seine Züge noch tiefer ins Gedächtnis einprägen. Morgen beginnt die Therapie, schießt es mir ständig durch den Kopf. War die Entscheidung richtig? Haben wir alles bedacht? Machen wir einen Fehler? Ich versuche, die Gedanken auszublenden und die Augen zu schließen. Aber die Nacht wird kurz, das ist mir jetzt schon klar.

Am nächsten Morgen packen wir die letzten Dinge fürs Krankenhaus zusammen. Tobis Teddy Kranki muss auf jeden Fall mit – er begleitet ihn immer. Gestern haben wir bereits sein Schäfchen, die Schäfchen-Uhr, seine Bibel, Spielsachen, Spiele, Schulhefte, Mäppchen, Medikamente, Bücher, DVDs, den Laptop, Bücher, Kleidung und Schuhe eingepackt. Die Schuhe müssen abwaschbar sein, deshalb haben wir ihm rote Gummiclogs geschenkt mit einem Auto vorne drauf, das sogar blinken kann. Heute kommen noch Medikamente, Spezialnahrung und die Zahnbürste dazu. Es sieht fast so aus, als wolle unser Jüngster umziehen, so viel Gepäck lade ich ins Auto.

Die Mädchen haben Tobi jeweils etwas ganz Besonderes geschenkt. Hetty hat ein kleines Plakat gestaltet. Neben *Gute Besserung* hat sie ein Foto von sich aufgeklebt, damit sie auch im Krankenhaus immer bei ihrem Bruder sein kann. Lotte hat eine Girlande aus Papier gebastelt. Bunte Herbstmotive reihen sich aneinander und werden das Krankenzimmer sicherlich fröhlicher machen.

Zum Abschied umarmen sie ihren Bruder lange und wollen ihn kaum loslassen. »Wir kommen dich ganz oft besuchen«, sagt Hetty bestimmt.

»Versprochen«, fügt Lotte hinzu. Ich bin froh, dass sie ihn im Krankenhaus besuchen dürfen. Der Trennungsschmerz wird dadurch hoffentlich weniger schlimm.

Als wir endlich alles eingeladen haben, fahren wir los. Tobias ist ein bisschen aufgeregt, aber Angst hat er nicht. Dafür war er einfach schon zu oft im Krankenhaus – es ist quasi sein zweites Zuhause. Und er vertraut mir, dass ihm die Transplantation helfen wird. Dort angekommen, schnappen wir uns die Taschen und Rucksäcke und gehen voll beladen in Richtung Rezeption.

»Familie Roller? Sie können hoch zur Station 16«, sagt mir die dunkelhaarige Frau an der Rezeption. Wir stapfen weiter.

Vor Station 16 müssen wir in einer Schleuse warten. Dort stehen eine Reihe abschließbarer Schränke – einer für jedes Zimmer – und ein Regal mit Boxen. Wir ziehen unsere Schuhe aus und packen sie in je eine Box. Dann desinfizieren wir unsere Hände. Dieses Prozedere steht uns ab jetzt bei jedem Besuch bevor. Tobi wird in ein Isolierzimmer kommen, da muss alles keimfrei sein.

Danach dürfen wir in Tobis Zimmer gehen. Im Vorraum laden wir das Gepäck ab. Durch eine Scheibe können wir sein Bett sehen. Auch hier gibt es einen großen Schrank. Die linke Seite ist für die »unreinen« Sachen, die rechte für gewaschene oder desinfizierte. Zuerst aber wird Tobi selbst von Kopf bis Fuß gewaschen und in saubere Kleider gesteckt. Er darf schon mal in sein Zimmer gehen und erkundet den kleinen Raum. Probeweise setzt er sich auf das Bett, das an der Scheibe zum Vorraum steht. Neben dem Bett ist ein kleiner Tisch mit einem Stuhl, den sich unser Sohn zurechtrückt. Nun kann er in den Vorraum und den Flur schauen und hat alles im Blick.

Elisabeth und ich ziehen uns ebenfalls um und beginnen, das mitgebrachte Gepäck Stück für Stück zu desinfizieren. Spielzeug, Schulsachen, Schuhe – einfach alles. Ein Teil kommt in Tobis Zimmer, der

Rest in den Schrank. Es fühlt sich eigenartig an, unseren gesund wirkenden, lebhaften Sohn im Krankenhaus einzuquartieren.

Eine Schwester kommt herein und begrüßt uns. »Und du bist bestimmt der Tobias«, sagt sie fröhlich und lächelt ihn an. »Gleich kommt der Arzt und begrüßt dich. Sonst machen wir heute noch nicht viel. Es ist ja schließlich Sonntag, da ist bei uns auch nicht so viel los.« Der Arzt, der kurz darauf das Zimmer betritt, erklärt uns, dass die Untersuchungen erst morgen losgehen werden. Bis dahin muss Tobi auch keine Infusionen bekommen. Ich bin froh, dass er noch ein wenig rumlaufen und sein kleines bisschen Freiheit genießen darf. Lediglich die Ernährungspumpe wird nachher schon angeschlossen werden.

Während es draußen relativ schnell dunkel wird, machen wir das Krankenzimmer etwas wohnlicher. Wir hängen die gebastelten Geschenke der Mädchen auf und spielen *Ubongo* mit Tobias. Dass der Tag für ihn ziemlich anstrengend war, merken wir trotzdem. Unserem Sohn fallen nämlich bald schon die Augen zu und er schläft ein.

Elisabeth bleibt die erste Nacht bei Tobi, damit ich am nächsten Morgen einigermaßen ausgeruht zur Arbeit gehen kann. Trotzdem schlafe ich schlecht. Statt Tobi liegen meine Mädchen mit im Elternbett. Man merkt ihnen an, wie aufgeregt und stolz sie sind, auch mal im Mittelpunkt zu stehen.

»Papa, gehst du auch früh ins Bett, bevor wir einschlafen?«, fragen sie immer wieder. Als ich mich zu ihnen lege, kuscheln sie sich ganz nah an mich. Ich freue mich so, dass sie bei mir sind und ich ihnen wenigstens so ein bisschen ungeteilte Aufmerksamkeit zuwenden kann. Trotzdem fehlt mein Sohn dabei. Die Nacht ist außergewöhnlich still. Kein Brummen der Ernährungspumpe, kein Piepen, keine lauten Träume. Und doch schlafe ich nicht durch.

Am nächsten Morgen bin ich müde und nervös. Ich mache den Mädchen Schulbrote und verabschiede sie, bevor ich zur Arbeit fahre. Die Zeit vergeht langsam. Ich bin froh, als ich zu Tobi ins Krankenhaus fahren kann. Vorher mache ich noch den Umweg über zu Hause, dusche schnell und packe saubere Sachen ein, die ich in der Schleuse zur Isolierstation anziehe.

Als ich den Vorraum zu Tobis Zimmer betrete, sieht er mich sofort. »Papa!«, ruft er begeistert. Ich lächle ihn an. Mein Sohn rutscht von seinem Stuhl und fällt mir um den Hals, als ich mich zu ihm beuge. Elisabeth, die neben dem Tisch steht, kommt zu mir herüber und küsst mich auf die Wange. Ein winziger intimer Moment in der kühlen Geschäftigkeit des Krankenhauses.

»Tobi hat dir ganz schön viel zu erzählen.« Sie streicht mir über den Arm. »Ich lasse euch beide dann mal alleine und schaue nach Hetty und Lotte. Tschüss Tobi! Ich bin morgen früh wieder hier«, sagt sie und zieht unseren Sohn an sich. Tobi umarmt sie lange, bevor Elisabeth sich mit einem Kuss verabschiedet. Ich werde montags bis donnerstags im Krankenhaus übernachten, meine Frau freitags bis sonntags. Wieder ein geteiltes Leben. Wenigstens werden die Mädchen immer wieder zu Besuch kommen können und ihren Bruder sehen.

»Papa, heute war Frau Ebinger da«, erzählt mein Jüngster, nachdem Elisabeth aus der Tür gegangen ist. Frau Ebinger ist die Kliniklehrerin und eine gute Bekannte von uns. Tobi kennt sie aus der Tagesklinik sowie unserer Kirchengemeinde, in die sie auch geht, und mag sie sehr gerne. »Sie hat mir gesagt, was wir alles lernen wollen und was wir im Unterricht so machen.« Tobi klingt enthusiastisch. Ich freue mich, dass er trotz Krankenhaus so viel Spaß hat.

»Ich kann ganz viel weiterlernen, obwohl ich im Krankenhaus bin«, fährt er fort. »Und Papa!« Seine Augen werden größer. »Wir haben ein Ping-Pong-Heft!«

»Was ist das denn?«, frage ich neugierig und leicht ratlos. »Das ist ein Heft, das zu meiner Klasse gebracht wird und dann wieder zurück zu mir. So können wir uns gegenseitig Sachen schreiben und malen und so.«

»Das ist ja eine tolle Idee«, staune ich. »Dann kannst du dir mit deinen Freunden schreiben, bis du sie wiedersiehst.«

Tobias erzählt weiter von seinem Tag. Wie er beim Blutabnehmen geholfen hat, dass er heute Antikörper gespritzt bekommen hat und wie toll die Krankenschwestern sind. »Ich bekomme einen Maltherapeuten und eine Basteltherapeutin und einen Musiktherapeuten«, zählt er auf. Dann fällt ihm etwas ein: »Heute ist Tag ›Minus neun‹. In neun Tagen bekomme ich die Stammzellen«, sagt er nachdenklich.

Der Arzt hat uns ebenfalls in das kryptische Zählsystem der Stammzellentherapie eingeweiht. Die Tage vom Therapiebeginn bis zur ersten Stammzellengabe werden rückwärts gezählt. Am Tag Null werden die Stammzellen gespritzt. Danach läuft die Zeit wieder vorwärts bis Tag hundert. Je nachdem, wie die Therapie anschlägt, müssen die Stammzellen dann gegebenenfalls aufgefrischt werden. Es ist schier unglaublich, wie gut mein Siebenjähriger das alles immer wieder versteht.

»Papa, können wir was aus der Bibel hören?«, fragt Tobi mich aus heiterem Himmel und kuschelt sich an mich.

»Was möchtest du denn hören?«, erkundige ich mich. Tobi entscheidet sich für *Durch das Dach*. Die Geschichte handelt von einem Gelähmten, der von Jesus geheilt wurde. Seine Freunde hatten ihn durchs Dach in das Haus hinuntergelassen, in dem Jesus war. Weil so viele Menschen dort waren, wären sie sonst nicht bis zu Jesus durchgekommen.

Ich ziehe mein Mobiltelefon aus der Tasche, öffne die Bibel-App und wir hören gemeinsam die Geschichte an, die uns vorgelesen wird, während auf dem Bildschirm ein Zeichentrickfilm dazu abläuft. Es ist schön, nicht nur, weil Tobi die Geschichte so mag. Sie gibt auch mir Hoffnung in dieser hoffnungslos schwierigen Zeit.

9

Liebevolle Gesten und qualvolle Therapie

Am 26. September 2016 beginnt die Chemotherapie, Tag »Minus sechs«. Davor bin ich nervöser als Tobias. Ich habe einfach schon so viel von Patienten gehört, die sie nicht gut vertragen haben, die Schmerzen oder Übelkeit oder andere Probleme hatten. Die rote Spritze mit der klaren Flüssigkeit wird über eine Infusionspumpe an Tobis Hickman-Katheter angeschlossen und ihr Inhalt so in seine Blutbahn gepumpt. Davor und danach wird der Zugang gespült. Mein Sohn muss währenddessen im Bett liegen bleiben. Die Krankenschwestern – auf Tobis Station sind das nur Frauen – überwachen derweil sein Blut, den Puls und die Sauerstoffsättigung. Währenddessen fragt er sie aus.

»Warum ist die Spritze rot und nicht durchsichtig?« hakt er wissbegierig nach.

»Die Spritze ist rot, damit sie nicht verwechselt werden kann«, erklärt die Krankenschwester geduldig. »Sonst könnte es vielleicht passieren, dass sie aus Versehen einfach angeschlossen wird und dann würde der Patient nicht so sorgfältig überwacht werden, wie wir das jetzt machen. Bei einer roten Spritze wissen wir alle, dass wir ganz besonders aufmerksam sein müssen. Und wenn die Spritze rot ist, kann es auch nicht passieren, dass das falsche Kind sie versehentlich bekommt. Die Medikamente werden nämlich für alle Kinder gleichzeitig vorbereitet.«

Damit ist Tobis Wissensdurst natürlich noch nicht gestillt und er fragt interessiert weiter. Wofür die Geräte da sind, an die er angeschlossen ist. Warum die Leitungen so und nicht anders verlegt sind. Was die Chemo in seinem Körper macht. »Dann kann ich schauen, ob ich da was von merke und ob das bei mir auch so ist«, erklärt er altklug. Schließlich ist das Ganze für heute vorbei. Ich bin überrascht und erleichtert, dass er alles ganz ohne Übelkeit verträgt.

Unser Sohn bekommt an fünf aufeinanderfolgenden Tagen Chemotherapie. Dann folgt einmal Bestrahlung. Als er zurück in sein Zimmer kommt, erschrecke ich. Tobi weint bitterlich. »Mein Kopf tut so weh!«, stößt er immer wieder zwischen den Schluchzern hervor. »Papa, mir ist so schwindlig.«

Ich fühle mich so hilflos. Vorsichtig streichle ich sein Haar und nehme seine Hand, doch er lässt sich nicht beruhigen. Er weint und weint. Panisch schaue ich mich um, als einer der Ärzte an Tobis Bett tritt. »Ich gebe ihm nur ein leichtes Schlafmittel«, sagt er an mich gewandt.

Kurz darauf werden Tobis Schluchzer langsam leiser. »Papa«, murmelt er und greift nach meiner Hand. »Alles gut, Tobi-Schatz, ich bin bei dir«, sage ich beruhigend und küsse seine schweißnasse Stirn.

Nach einiger Zeit lassen Tobis Kopfschmerzen ein wenig nach. Ich versuche, ihn abzulenken, und pfeife ihm *What a friend we have in Jesus* vor. Er mag das Lied sehr und es erinnert uns an England. Langsam schläft er ein.

Als er zwei Stunden später wieder aufwacht, ist er immer noch sehr benommen, dafür geht es ihm aber wieder besser. Mit leiser Stimme beginne ich zu erzählen: von zu Hause, von meiner Arbeit, von Oma Elisabeth und, und, und. Zwischendurch versucht er ein bisschen an meinem Mobiltelefon zu spielen, aber sein Kopf ist so schwer, dass er ihn nicht aufrecht halten kann, und die Konzentration dementsprechend schwach. Schließlich gibt Tobias für heute auf – er ist einfach zu müde.

»Papa, machst du mich fertig, dass ich schlafen kann?«, fragt er mit undeutlicher Stimme. Ich streiche ihm über den Kopf und helfe ihm dabei, bettfertig zu werden. Ich gebe ihm seine Medikamente, inhaliere mit ihm, putze seine Zähne, ziehe ihm einen frischen Schlafanzug an und schüttle sein Kopfkissen und die Decke auf. Müde sinkt er in das frisch gemachte Bett. Dann gebe ich ihm sein Plüschschäfchen und seinen Bären Kranki in den Arm. Während Tobi sich in die Decke kuschelt, räume ich noch ein bisschen seinen Nachttisch auf. Er mag es sehr ordentlich, die Struktur hilft ihm.

Dann knipse ich das Licht aus und setze mich wieder an sein Bett. Durch die Scheibe zum Vorraum fällt ein breiter Lichtstrahl auf die Decke und teilt sie in zwei Blöcke. Ich schaue auf das müde Gesicht meines Sohnes und fühle mich schwer. Normalerweise betet Tobi jeden Abend selbst, aber heute schaut er mich bittend an. »Papa, heute sollst du beten!«

Nun weiß ich, wie schlecht es ihm wirklich geht. Wenn ihm die Krankheit richtig zusetzt, er Schmerzen hat oder der Tag ihn sehr mitgenommen hat, dann ist Tobi nie böse auf Gott. Er würde auch nie auf das abendliche Gebet verzichten, egal, wie es ihm geht. Doch wenn er selbst nichts Schönes zu sagen weiß, fragt er immer mich, ob ich für ihn bete. Es berührt mich tief, dass ich ihm damit eine Freude machen und helfen kann. Meinem kleinen Schatz, meinem Gottesgeschenk.

Ich fange an, für ihn zu beten. Es dauert nicht lange und seine Atmung wird langsamer und tiefer. Bevor ich »Amen« sage, ist er schon eingeschlafen.

An diesem Abend sitze ich noch lange wach an Tobis Bett, bevor ich mich selbst hinlege. Neben dem Bett steht die Elternliege, auf der wahlweise Elisabeth oder ich die Nächte verbringen. So sind wir immer nah an Tobias, der bisher noch nie alleine schlafen musste. Und wenn er aus dem Bett nach unserer Hand greift, wenn er schlecht träumt oder unsere Anwesenheit spüren möchte, dann sind wir da.

Die morgige Stammzellentransplantation ist nicht nur für Tobi ein großer Schritt. Er hofft ganz doll, dass er dadurch gesund wird, aber manchmal bin ich mir nicht sicher, inwiefern er die Tragweite seiner Krankheit überblickt. Natürlich erklären wir ihm alles so gut wie möglich, doch die Dramatik der Situation halten wir, so gut es geht, von ihm fern. Ich hoffe daher vielleicht noch mehr als er, dass die Therapie anschlägt. Denn ich weiß, wie die Konsequenzen aussehen könnten.

Wie so oft halte ich Zwiesprache mit Gott. Er ist mein Vater im Himmel, dieses Wissen hält mich aufrecht. Seine Liebe umfängt mich und ich spüre, dass er da ist, selbst wenn ich nicht weiterweiß. Es ist tröstlich, dass ich die schweren Entscheidungen nicht alleine treffen und tragen muss.

Natürlich sprechen Elisabeth und ich uns vorher ab, wenn wir etwas beschließen müssen. Doch die letzte Entscheidung liegt bei mir, so haben wir uns geeinigt. Elisabeth trägt zu Hause jeden Tag so viel Verantwortung für die Kinder, dass ich sie damit ein Stück weit entlasten kann. Sie weiß, ich würde nicht gegen ihren Willen entscheiden. Und ich weiß, dass ich stark genug bin, diese Last zu tragen. Für Tobias. Für Elisabeth.

Trotzdem gibt es Momente, in denen mich die Verantwortung fast erdrückt. Diese Bürde muss irgendjemand auf sich nehmen, das steht außer Frage. Doch gerade die schweren Momente lassen mich auch immer wieder spüren, wie abhängig ich von Gott und seiner Fürsorge bin.

Wenn ich weiß, dass mir durch Jesus Christus alles vergeben ist, was in meinem Leben schiefgelaufen ist, jede Fehlentscheidung, jede Verletzung, die ich anderen zugefügt habe, auch wenn ich es nicht wollte – wenn ich das weiß, kann ich mit einer anderen Grundhaltung durchs Leben gehen. Schwere Entscheidungen im Vertrauen auf Gott treffen, weil ich sicher bin, dass er es gutmachen kann. Das macht zwar die Entscheidungen nicht leichter, mich aber ruhiger.

Wenn ich darüber nachdenke, glaube ich gar nicht so anders als Tobias. Ich glaube der Bibel, glaube daran, dass Gott seinen Sohn für uns auf die Erde geschickt hat. Ich denke, wir verstehen heute vieles noch nicht, was Gott uns im Himmel zeigen und erklären wird.

Es gibt nur eine einzige Frage, über die ich immer wieder grüble und auf die ich bisher keine Antwort gefunden habe. Warum hat Gott, der alles kann, der Allmächtige, Menschen geschaffen, die nicht vollkommen sind? Er hat in meinem Leben schon so viele Wunder getan, kleine und große. Wieso gibt es Menschen, die andere foltern, in Kriegen ermorden, in Gefängnissen quälen? Menschen, die andere wegen ihres Glaubens verfolgen und umbringen?

Wenn ich etwas konstruiere oder bastle, versuche ich es immer so perfekt wie möglich zu machen. Warum sind die Menschen nicht perfekt? Warum haben sich die ersten Menschen gegen Gott gewandt und damit die Sünde in die Welt gebracht, die Trennung von ihm? Es hätte doch so schön sein können! Die Erde, die Pflanzen, die Tiere, alles ist schließlich wundervoll.

Andererseits macht mir dieses Ringen um Antworten immer wieder klar, dass ich noch nicht alles wissen kann. Das muss ich auch nicht – an meinem Glauben ändert das nichts. Im Johannesevangelium steht ein Vers, der mich sehr ermutigt. Jesus spricht davon, was sein wird, wenn er wiederkommt. »An jenem Tage werdet ihr mich nichts mehr fragen«, sagt Jesus dort (Johannes 16,23, LUT). Dann können wir Gott, unseren Vater, um alles bitten. Und all meine Fragen werden beantwortet. Auf diesen Tag bin ich jetzt schon unglaublich gespannt.

Der nächste Tag ist der Tag der Stammzellentransplantation. Gleich am Morgen darf Tobias einen kleinen Streich spielen – ein guter Start, der ihm blendende Laune beschert. Schwester Ramona, eine von Tobis Krankenschwestern, die ihn immer liebevoll »mein Herzblättle« nennt, hilft ihm, einen Schlauch vom Bett bis über den Türrahmen zu legen. An den Schlauch wird eine wassergefüllte Spritze angeschlossen. Die nimmt mein Sohn in die Hand und wartet gespannt. Die Minuten vergehen.

Immer, wenn Schritte oder Stimmen vom Gang zu hören sind, richtet sich Tobi ein bisschen auf und späht durch die Scheibe nach draußen. Schließlich nähern sich Stimmen dem Krankenzimmer und ein Mann erscheint im Türrahmen. Tobi drückt die Spritze durch. Der Mann zuckt zusammen und gibt ein erschrockenes Geräusch von sich. Der Wasserstrahl hat ihn genau zwischen Kragen und Hals getroffen, wo sich langsam ein kleiner feuchter Fleck ausbreitet. Tobi kringelt sich vor Lachen, er hat den Mann nämlich sofort erkannt: Es ist sein behandelnder Professor. Der schaut sich zuerst etwas erstaunt um, entdeckt aber schnell die Falle oberhalb der Tür und zählt eins und eins zusammen. Dann muss auch er lachen. »Na, du bist mir ja einer«, sagt er – glücklicherweise kein bisschen ärgerlich – zu Tobi.

Schließlich wird alles für die Stammzellentransplantation vorbereitet. Dank der vorangegangenen Gespräche sind wir gut informiert. Der Professor hat uns jeden einzelnen Schritt erklärt, die weitere Behandlung und die möglichen Nebenwirkungen. Tobias durfte bei den Vorgesprächen so viel fragen, wie er wollte – alles wurde geduldig und immer wieder aufs Neue beantwortet.

Wo die Stammzellen herkommen und wie sie aussehen, wie sie in seinen Körper kommen – also mit einer Spritze über die Magensonde oder durch den Hickman direkt ins Blut –, ob ihm davon übel oder schwindlig wird wie bei der Bestrahlung, ob er Kopfschmerzen davon bekommt – Tobi fragte und fragte. Die Antworten merkte er sich sehr gut.

»Bin ich danach gesund?«, wollte er schließlich wissen.

»Wenn alles so klappt, wie wir uns das vorstellen, dann bist du danach vielleicht wieder gesund«, bestätigte der Professor diplomatisch.

Nun also ist es so weit. Die Stunden schleichen träge voran und scheinen überhaupt nicht zu vergehen. »Wann geht es denn los?«, will Tobi gefühlt jede Viertelstunde wissen.

»Heute Nachmittag«, ist die immer gleiche Antwort.

Unseren Sohn stellt das nicht zufrieden. »Aber um wieviel Uhr?«, hakt er beharrlich nach. Er ist ein unglaublich pünktliches Kind und würde sich am liebsten auf eine Zeit festlegen. Leider können weder die Krankenschwestern noch wir ihm das beantworten. Nachmittag – so viel wissen wir, das war's aber auch schon. Sobald der Professor am Nachmittag Zeit hat, geht es los.

Dem Spender sind, wie wir erfahren, erst wenige Tage zuvor die Stammzellen entnommen und im Labor aufbereitet worden. Da sie nicht lange liegen bleiben, sondern frisch weiterverwendet werden sollten, muss alles schnell gehen.

Während der Transplantation dürfen wir Eltern bei unserem Sohn bleiben. Davon abgesehen ist sein Besuch sehr eingeschränkt. Und da Tobis Immunsystem durch Chemotherapie und Bestrahlung auf ein sehr geringes Maß heruntergefahren worden ist, darf er sein Zimmer auf gar keinen Fall verlassen. Wir müssen, genau wie die Krankenschwestern und Ärzte, die höchste Sicherheitsstufe einhalten, damit er keinen Infekt bekommt. Das wäre lebensgefährlich für unseren Sohn.

Deshalb wird alles besonders steril gehalten und wir achten noch sorgfältiger als sonst darauf, dass kein Keim eine Chance hat. Selbst das Essen wird kalt angeliefert und darf nicht warmgehalten werden. Es wird nur einmal erhitzt und muss dann sofort gegessen werden.

Dann ist es endlich so weit. Der Professor und eine junge Assistenzärztin kommen in Tobis Zimmer und begrüßen erst ihn und dann uns. »Na Tobias, jetzt geht's los«, sagt der Professor in munterem Ton. Unser Jüngster nickt aufgeregt.

»Kriegt man von der Stammzellentransplantation Kopfschmerzen?«, fragt er ein wenig besorgt. »Oder wird mir davon schlecht und ich muss spucken?«

»Keine Sorge«, beruhigt ihn der Professor. »Das ist nicht so schlimm. Du merkst es wahrscheinlich kaum, das ist wie bei der Chemo.« Während des Gesprächs verkabelt er ihn mit diversen Geräten, die Werte wie Puls, Sauerstoffsättigung und Blutdruck messen.

»Und mir wird wirklich nicht schlecht davon?«, fragt Tobias noch einmal. Der Professor schüttelt beruhigend den Kopf.

»Hallo Tobi, deine Unterstützung ist da!« Die fröhliche Stimme schallt aus dem Durchgang ins Zimmer und gleich darauf betritt eine von Tobis Krankenschwestern den Raum. Sie bleibt nicht die einzige. Alle Krankenschwestern, die gerade etwas Zeit haben, finden sich nach und nach ein, um Tobi Mut zu machen.

Wir sind sehr gerührt über die liebe Geste und unser Sohn freut sich sichtlich. »Du musst ab jetzt erst einmal im Bett liegenbleiben«, erklärt der Professor ihm, als er den Beutel mit den Stammzellen am Infusionsständer befestigt. Tobi schaut fasziniert zu. Die Stammzellen sehen aus wie eine Bluttransfusion und werden wie die Chemotherapie auch über seinen Hickman ins Blut geleitet. Das ist also nichts Unbekanntes.

Während der Inhalt des Beutels langsam in Tobis Körper rinnt, schaut er neugierig zu. »Ich dachte, da passiert irgendwie mehr«, sagt er nach einer Weile nachdenklich und mit einem Hauch Enttäuschung in der Stimme. Doch dann lächelt er. »Aber es geht mir gar nicht schlecht, nicht so wie nach der Bestrahlung!« Der Beutel wird dünner und dünner, bis er schließlich ganz leer ist. Eine der Krankenschwestern nimmt ihn ab, reinigt ihn und gibt ihn unserem Sohn.

»Den kannst du behalten, weil du so tapfer warst!«, sagt sie.

Tobi nimmt den Beutel stolz entgegen. »Papa, den müssen wir gut aufheben«, sagt er ernst und ich nicke bestätigend.

Die Tage, die folgen, sind hart für uns alle. Tobias ist ständig müde und schläft viel, was wir durch die Vorgespräche mit seinen Ärzten schon ein Stück weit erwartet haben. Eine schlimme Überraschung ist dagegen, dass sich die Haut in seinem Mund abzulösen beginnt. Er, der sowieso schon so schmal ist, kann kaum noch essen. »Papa, mein Mund tut weh«, klagt er, als er es versucht. Er tut mir so leid und ich kann nichts tun, um ihm zu helfen – das ist das Schlimmste.

Die Ärzte verordnen Lasertherapie, damit die Schleimhaut im Mund wieder heilt. Dabei werden Tobis Wangen mit Laserlicht bestrahlt. Er muss ganz still liegen bleiben und eine Schutzbrille tragen. Mein tapferer Sohn! Auch wenn die Bestrahlung selbst nicht wehtut, ist das lange Liegen für ihn doch eine kleine Herausforderung, die er mit Bravour meistert. Ich weiß nicht, ob ich so etwas aushalten würde.

Ein Wermutstropfen ist, dass Tobis Schwestern ihn die ersten beiden Wochen nach der Stammzellentransplantation nicht mehr besuchen dürfen. In dieser sensiblen Phase wäre das einfach zu gefährlich. Anfangs winken sie ihm aus dem Gebäude gegenüber zu. Das Gangfenster dort bietet einen guten Blick auf Tobis Zimmer und auch er kann sie sehen und sich über sie freuen.

Ein Freund aus meiner Jugendzeit ermöglicht ihnen dann einen besonderen Moment. Er arbeitet bei der Betriebsfeuerwehr der Klinik und nimmt meine Mädchen mit auf die Nachbarstation. Eines der Zimmer dort ist dem von Tobias recht nahe und sie winken aufgeregt, als sie ihn am Fenster sehen. Auch wenn sie noch durch zwei Fensterscheiben getrennt sind, ist es immerhin fast wie ein richtiger Besuch.

Meine beiden Großen sind in dieser Zeit sehr unglücklich. Sie schreiben ihrem Bruder zwar Briefe, telefonieren jeden Tag mit ihm und schicken kleine Basteleien, über die er sich immer freut. Aber das ist einfach nicht dasselbe wie mit ihm zu spielen oder seine Hand zu halten. Die Zeit kriecht wie eine Schnecke und will einfach nicht vergehen. Gerade meiner Ältesten merkt man an, dass sie sich gerne um Tobi gekümmert hätte. Charlotte vertreibt sich die Zeit in ihrer eigenen Welt, liest viel und bastelt – aber auch dabei vermisst sie ihren kleinen Bruder sehr, das spüre ich.

»Papa, schau mal«, sagt Tobi eines Morgens zu mir und schaut dabei entsetzt auf sein Kopfkissen. »Meine Haare fallen aus!« Und wirklich: Auf dem Kissen liegen schon seit Tagen immer mehr dunkelblonde Haare. Nun hat Tobi es gemerkt. »Mein Kopf juckt!«, stellt er unglücklich fest. Ich bespreche mich kurz draußen mit einer Ärztin.

»Die Haare werden Ihrem Jungen immer mehr ausgehen«, bestätigt sie mir. »Am besten schneiden Sie sie ganz ab – das ist einerseits oft leichter für die Kinder, auf der anderen Seite juckt das Ganze dann nicht so.«

»Du, Tobi«, sage ich vorsichtig, als ich zurück in sein Zimmer gehe. »Was hältst du davon, wenn wir Glatze schneiden spielen?«

Er schaut mich skeptisch an. »Glatze schneiden?«

»Weißt du, deine Haare fallen durch die Behandlung immer mehr aus. Das juckt ganz doll. Aber wir könnten doch Friseur spielen und sie dir kurz schneiden und dann ganz abrasieren. Dann stören sie dich nicht.« Tobias überlegt.

2009

Tobias und seine Schwestern kurz nach seiner Geburt – zu diesem Zeitpunkt schien die Welt noch in Ordnung.

2010

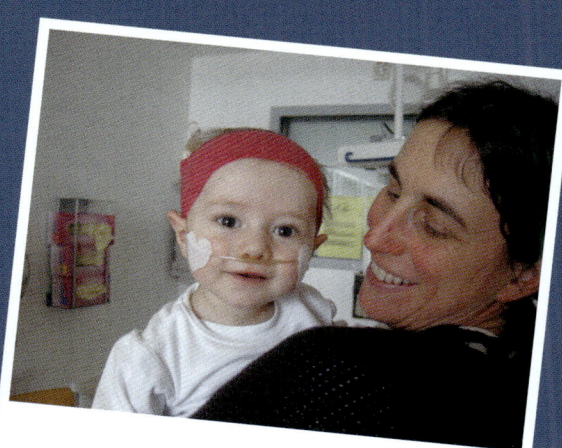

Tobias und Mama Elisabeth in der Klinik in Tübingen

2010

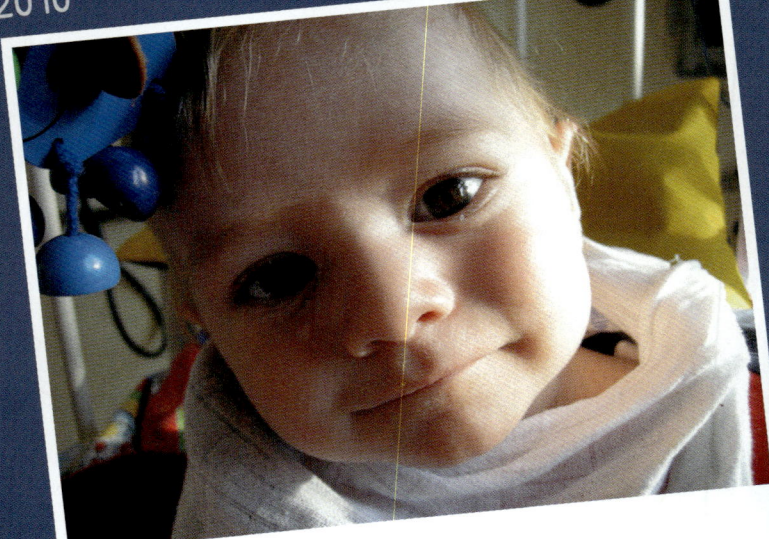

Tränen sind schnell vergessen – Tobias ist ein fröhliches Kind.

Entdecker mit Hindernissen: Beim Laufenlernen hat sich Tobi das Bein gebrochen.

2011

Ostern – die Familie genießt das schöne Wetter im Garten.

Zurück vom Familienausflug zum Pfingstjugendtreffen in Aidlingen – auch Kranki ist schon mit dabei.

2011

Mit mir beim Rasenmähen – der Zweijährige ist gern überall dabei.

2012

Erster Urlaub an der Nordsee: Tobi ist bis zur Hüfte in einen Plastiksack eingepackt, damit kein Sand in seinen Gips geraten kann – er hat sich beim Trampolinspringen das Bein gebrochen.

2013

Stolzer Kaufladenbesitzer: Tobias an Weihnachten

2014

»Papa, bitte zahlen!« – Tobias hat sich selbst das Schreiben beigebracht.

2015

Spaß beim Schneemannbauen

Tobi, Hetty und Lotte
spielen Kinderkirche

Bei einer der »Dreamnights« in der Wilhelma

Einschulung – die Schultüte ist leer, damit Tobias sie halten kann.

2016

Zugführer Tobias –
endlich mit eigener Eisenbahn

Auch bei kurzen Urlauben wie hier
in der Schweiz, nehmen die
Medikamente großen Raum ein.

Mit Superman in Dünkirchen

Gentleman Tobias scherzt mit Oma Elisabeth.

2016

Auf der »Tower Bridge«

Tobias auf der »Isle of Wight«

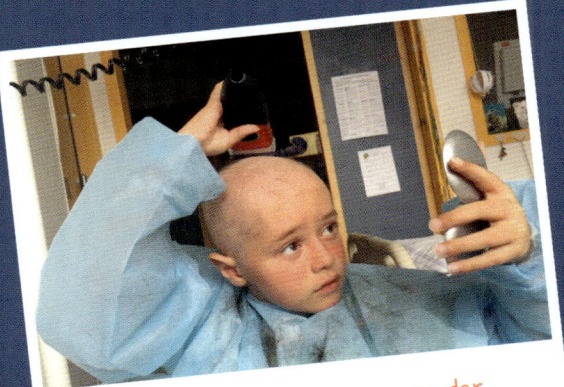

Beim Friseurspielen – wegen der Chemotherapie fallen Tobi die Haare aus.

Ein Traum wird wahr: Tobi darf einen Hubschrauber ganz aus der Nähe sehen.

2017

9 Spritzen zum Frühstück – Tobi gibt sich seine Medikamente selbst.

Tobis großer Osterwunsch – ein zweiter Kranki

Ganz schön kreativ – Tobi schreibt sein eigenes Kochbuch.

Ein toller Geburtstag – Tobias wird 8 Jahre alt. Auf dem Geburtstagstisch steht eines seiner selbstgebastelten Pappmaché-Schweinchen.

Nach der Entscheidung gegen eine weitere Stammzellentherapie steht ein großer doppelter Regenbogen über Tübingen.

2017

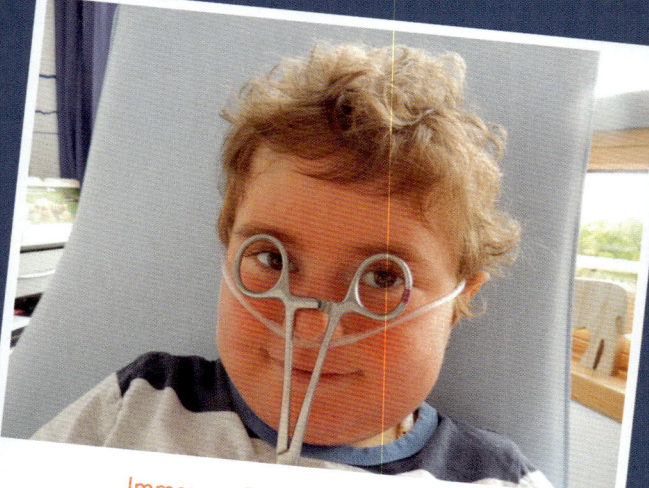

Immer zu Scherzen aufgelegt –
Tobi macht das Beste aus seiner Zeit.

Besuch von den Klinikclowns Plümo und Pepina
(Clowns im Dienst e.V.)

Lieber Tobi! 24.7.2017

Heute habe ich keine guten Nachrichten von Deinem Vater bekommen: Es geht Dir sehr schlecht und Du bist müde und mutlos... Wie sehr kann ich das verstehen!!! Dein Weg ist so unfassbar schwer!!! Aber ich habe doch noch so viel mit Dir vor... Wenn ich zaubern könnte, würde ich Dich in einen tiefen Schlaf zaubern, der so lange dauern würde wie die Chemo und die neue Stammzellentransplantation... Wenn Du aufwachst, bist Du ganz neu und alles ist gut! Das wäre schön!!! Wir denken immer an Dich und schicken Dir die ♥lichsten Grüße!
Deine Lehrerin B. Hgs ☺

Ich wünsche dir mehr als viel Glück!! Dein Julius

Du bist der tapferste Junge, den ich in meinem Leben kenne. Dein Tom

Den letzten Eintrag in Tobis »Ping-Pong-Buch«, das er mit seinen Klassenkameraden führte, konnte Tobi leider nicht mehr lesen.

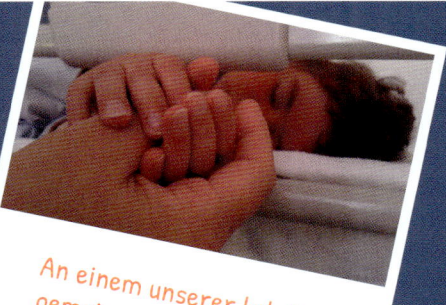

An einem unserer letzten gemeinsamen Tage: Beim Schlafen hält Tobi meine Hand.

2017

Abschied von Tobi: Auf dem Sarg stehen Tobias' erste Schuhe und sein neuer Kranki. Sein alter Bär liegt mit ihm im Sarg.

Unser erstes Weihnachten ohne Tobias – doch auf dem Bild und in unseren Herzen ist er dabei.

»Na gut«, sagt er schließlich und trotz seiner festen Stimme merke ich, dass ihm dabei etwas mulmig zumute ist.

Als ich Elisabeth das nächste Mal ablöse, habe ich meinen Rasierer und eine Schere im Gepäck. Tobi setzt sich vor seinem Waschbecken auf einen Stuhl, wie beim Friseur. Dann fange ich an, ihm die Haare zu schneiden. Das habe ich früher schon immer gemacht. Wenn ich zum Friseur gegangen bin, habe ich Tobi im Anschluss auch die Haare geschnitten. Das fand er jedes Mal super. Jetzt bekommt er einfach so einen Haarschnitt und ich wünschte, es wäre anders.

Ich fange an, die Haare ein kleines bisschen kürzer zu schneiden. Dann wird es noch ein wenig kürzer. Zwischendurch versuche ich, die Situation mit lustigen Kommentaren zu entschärfen. Nachdem wir die Haare rundherum kurz geschnitten haben, frotzle ich ein bisschen mit ihm.

»Tobi, du hast ein Kopfplateau. Da gibt es einige Indianerstämme und Eingeborene in weit entfernten Ländern, da gilt das als besonders schön und modisch.« Er schaut zweifelnd.

»Du siehst toll aus!«, setze ich aufmunternd nach.

»Papa, das stimmt nicht, dass ich jetzt toll aussehe«, erwidert er ungläubig lächelnd.

Ich schnipple weiter an seinen Haaren und versuche, die fröhliche Stimmung aufrechtzuerhalten. Mein Sohn soll nicht merken, dass mir die Prozedur nahegeht. Wie schwer es mir fällt, seine schönen dunkelblonden Haare fallen zu sehen. Bei jeder Strähne, die wir abschneiden, wächst der Kloß in meinem Hals und es kostet mich viel Kraft, ihn herunterzuschlucken. Tobias darf nicht merken, dass mich das traurig macht. Ich will stark sein für ihn.

»Ich will aussehen wie Jérôme, machst du mir so eine Frisur?«, schlägt Tobi plötzlich vor. Jerome Boateng mit seinem Irokesenschnitt kennt mein Sohn noch von der letzten WM, doch ich bin überrascht, dass er jetzt ausgerechnet auf ihn kommt.

»Na klar«, sage ich und setze die Schere an. Ich schneide seine Seiten raspelkurz und lasse nur in der Mitte einen breiten Streifen stehen.

»Das ist ja super!« Tobi fängt an zu lachen. »Wie Boateng!« Auch ich muss lachen, so drollig sieht er aus.

»Komm, das halten wir auf Film fest«, sage ich verschwörerisch und Tobi nickt grinsend. Also zücke ich die Kamera und filme, während Tobi seine Frisur kommentiert. »Wenn du so eine Frisur hast, kannst du später vielleicht genauso gut Fußball spielen«, zwinkere ich ihm zu.

»Das wäre toll!« Tobi schaut schwärmerisch. »Wenn ich aus dem Krankenhaus komme, dann spiele ich ganz viel Fußball, wie der Boateng. Und wenn ich ganz viel spiele, dann werde ich genauso gut wie der Boateng!«

Dann schneiden wir weiter. Aus dem breiten Irokesenschnitt wird ein schmaler. Anschließend steht nur noch ein runder Kreis Haare auf Tobis Hinterkopf. »Schau mal, das sieht aus wie eine Kippa«, rufe ich.

»Cool!«, kichert Tobi. Dann schneide ich die restlichen Haare kurz. »Jetzt müssen wir das aber noch ein bisschen ordentlicher machen«, sage ich und zücke den Rasierer.

»Darf ich das machen? Bitte Papa!« Tobi schaut mich mit großen Augen an.

»Aber sicher.« Ich gebe ihm den Rasierapparat, nachdem ich ihn auf die passende Länge eingestellt habe. Konzentriert fängt Tobias an, seine Haare kurz zu rasieren. Ich filme immer wieder einige Momente und er kommentiert in seiner gewohnt charmanten Weise. Immer wieder kichern und lachen wir und ich verspüre eine riesige Erleichterung, dass er das Ganze so locker zu nehmen scheint.

Als wir fertig sind, streiche ich meinem Sohn über seinen kurz geschorenen Kopf und küsse ihn. »Jetzt siehst du aus wie ein buddhistischer Mönch. Die haben schon als kleine Buben so eine Frisur. Und sie tragen ganz lange orange Gewänder.«

»Aber Papa!« Tobi schaut mich zweifelnd an. »Ich bin doch kein Buddhist. Ich bin doch Christ.«

»Na klar bist du das. Aber die Frisur sieht trotzdem toll aus. Komm, wir suchen mal nach Bildern von Leuten, die so aussehen wie du!«, schlage ich vor.

Wir klappen den Laptop auf und suchen im Internet nach verschiedenen Personen, die die vorhin beschriebenen Frisuren tragen. Immer wieder müssen wir lachen. »Möchtest du eine Mütze?«, frage ich ihn schließlich, überzeugt davon, dass er zustimmen und seine Glatze verstecken wird.

»Nö, warum denn?« Tobi schaut mich fragend an. »Meine Frisur ist doch gut so.« Ich bin so stolz auf ihn.

Heute Nachmittag kommen unsere Töchter mit Elisabeth zu Besuch. Sie dürfen zwar nur in den Vorraum, aber das ist viel besser, als vom Fenster aus zu winken. Als sie vor den Durchgang zum Überdruckzimmer treten, strahlen sie mit Tobias um die Wette. Ich habe sie extra vorgewarnt, damit sie nicht über Tobis Glatze erschrecken oder aus Verlegenheit anfangen zu lachen. Auch Tobi hat im Endeffekt einige Tage gebraucht, bis er sich wirklich damit abgefunden hat.

»Wie sollen wir uns denn verhalten?«, fragte Henriette mich unsicher.

»Am besten ignoriert ihr die Glatze und sprecht wie sonst auch mit Tobi. Ganz normal«, erwiderte ich.

Ich kann mir vorstellen, was sie das kostet – ich selbst erschrecke innerlich immer noch, wenn ich seine Glatze sehe, auch wenn ich mich langsam daran gewöhne. Sie lässt die Situation ernster und bedrohlicher erscheinen, weil man sieht, dass etwas nicht stimmt.

Nun stehen sie also vor ihm und verhalten sich ziemlich so, als wäre Tobis haarloser Kopf das Normalste der Welt. »Du siehst ja toll aus mit der Frisur«, beginnt Hetty in begeistertem Ton das Gespräch, während sich Lotte schüchtern hinter ihrer Schwester hält und abwartet. Sie ist ihrem Bruder vom Wesen her sehr ähnlich, ebenso strukturiert und sachlich wie er, schießt es mir durch den Kopf. Deshalb wartet sie erst einmal ab, um die Situation besser einschätzen zu können. Tobi grinst. Ich atme auf – das Eis ist gebrochen.

Die Kinder haben sich viel zu erzählen, auch wenn sie vorher immer wieder miteinander telefoniert haben. Charlotte berichtet, dass eine ihrer Klassenkameradinnen von ihr mit dem Fuß umgeknickt ist und jetzt auch Schmerzen hat, genau wie Tobi. Henriette erzählt lachend, dass ein Junge in ihrer Klasse den Mathelehrer reingelegt hat. Er hatte die Tafel vor dem Unterricht mit Seife eingerieben und nun konnte der Lehrer einfach nicht darauf schreiben, egal, was er versuchte. Ihre Geschwister lachen laut auf, als sie die Situation so plastisch beschreibt.

»Was macht denn die Lissy?«, will Tobi wissen.

»Der geht's gut«, erzählt Lotte. »Wir haben gestern mit ihr gespielt, die ist so lieb! Und süß!«

Lissy ist unser Hase, ein Hasen-Mädchen, mit dem die Kinder gerne spielen und kuscheln. Einmal im Jahr bekommt sie Junge und die Hasenbabys sind immer ein besonderes Highlight.

»Und wir haben noch ein paar Karotten geerntet«, ergänzt Hetty.

»Mein Beet ist jetzt bestimmt ganz leer und braun«, seufzt Tobias. »Wenn ich wieder gesund bin und zu Hause und wenn es wieder Frühling ist, dann kommt in mein Beet eine Kartoffel. Und Zinnien. Und Ackersalat!«

Jedes unserer Kinder hat in seinem kleinen Beet im Garten zwei Erdbeerpflanzen, Schnittlauch, Salat und Blumen. Henriette hat zusätzlich Basilikum, Tulpen, Osterglocken und Zwiebeln. Charlotte hat jedes Jahr eine Sonnenblume, die immer so richtig schön groß wird – größer als ich, darauf ist sie besonders stolz.

Tobias hat in seinem Stückchen Land einen Haselnussstrauch gepflanzt. Den hat er im letzten Frühjahr als kleine keimende Haselnuss im Sandkasten entdeckt. Vermutlich hat ein Eichhörnchen sie von Oma Elisabeths Haselnussbaum dort für den Winter versteckt und dann vergessen. Die kleine Nuss hat unser Sohn dann in sein Gärtchen gesetzt und liebevoll gegossen. Die Haselnüsse von Oma sind sehr groß und lecker und werden jedes Jahr mit Begeisterung von den Kindern gesammelt – auch deshalb freut sich Tobi schon auf seinen eigenen Strauch, der inzwischen immerhin 25 Zentimeter hoch ist.

»Wie geht es eigentlich meiner Nuss?« fragt er da auch schon, denn wenn es um den Garten geht, ist seine Nuss ihm sehr wichtig. »Habt ihr die auch gegossen?«

»Na klar«, antwortet Lotte. »Die gießen wir immer, damit sie ganz groß wird.« Tobias nickt zufrieden.

Eine knappe Woche, bevor Tobi in die Klinik kam, hatten wir eine besonders niedliche Situation mit unserem Garten. Die Wohnung unter uns ist an drei Studentinnen und einen Studenten vermietet. Tobi spricht immer mit ihnen, wenn er sie sieht, und umgekehrt. Als er an diesem Tag draußen spielte, kamen die drei Frauen gerade nach Hause.

»Hallo Tobi«, begrüßten sie ihn.

»Hallo«, strahlte Tobi. »Soll ich euch unseren Garten zeigen?« Die drei jungen Frauen sahen einander an. »Gerne«, stimmten sie zu und folgten meinem Sohn, der gleich mit ihnen hinters Haus stapfte. Zuerst führte der Weg ins Gewächshaus. Er zeigte ihnen die Tomatenstöcke und erklärte, dass man mit Basilikum lecker Tomate und Mozzarella abwechselnd in Scheiben auf eine Platte legen könne. Rote Beete sei lecker als Salat, die Zwiebeln könne man für vieles verwenden, sogar in der Pfanne anbraten für Spätzle mit Käse. Tobi liebt nämlich Käsespätzle, so wie alles mit Käse. Dann zeigte er die großen Bohnenstangen, die fast zweieinhalbmal so hoch sind wie er und aus deren Schoten Tobi gerne seinen selbsterfundenen Joghurt-Bohnen-Dip macht.

Kopfsalat, Eissalat, Batavia und Rucola, die Radieschen, Brokkoli und Blumenkohl, Rhabarber, rote, weiße und schwarze Johannisbeeren – Tobis Gefolgschaft kam aus dem Staunen nicht heraus. Er zeigte ihnen auch die Kräuter wie Salbei, Melisse, Minze und Dill und arbeitete sich so mit den beeindruckten Frauen im Schlepptau durch unseren kompletten Garten. Bei fast allen Pflanzen erklärte er, für was man sie verwenden könne, wie man sie zubereiten, einmachen oder einfrieren müsse.

»Das sind meine eigenen Heidelbeeren! Die tragen sogar zweimal im Jahr! Die von Mama und Papa tragen nur einmal im Jahr.« Er deutete auf drei Sträucher. »Die sind superlecker im Joghurt und auf dem Kuchen. Und das hier«, er machte eine ausholende Geste Richtung Komposthaufen, »ist der Kompost. Da kommen Gemüsereste und Pflanzen drauf, die verrotten dann und werden zu Erde. Und dann wird die gesiebt und kommt wieder auf die Beete.«

»Was du alles weißt!«, staunten die drei Studentinnen. Sie machten noch ein Handyfoto zur Erinnerung und kamen im Anschluss direkt zu uns, um uns davon zu erzählen. »Er hat das so toll erklärt!«, schwärmten sie. »Es ist echt unglaublich, was er schon alles weiß.

Und er ist so süß, wenn er einen mit seinen großen dunklen Augen und den langen Wimpern anstrahlt.«

Das Foto haben sie uns anschließend aufs Mobiltelefon geschickt. Die Nachricht dazu war genauso goldig wie die ganze Situation: »Dein Fanklub wohnt eine Etage unter dir! Über einen Besuch von dir und deinen Schwestern freuen wir uns immer! Liebe Grüße Laura, Verena und Vivienne.«

Tobis helle Stimme reißt mich aus meinen Gedanken. »Auf meine Heidelbeeren freu ich mich ganz doll«, sagt er gerade.

Mich freut ganz besonders, dass Tobi schon wieder kleine Pläne für die Zukunft schmiedet. Es holt ein bisschen Normalität ins Krankenzimmer und macht Hoffnung. »Apropos essen«, fällt Elisabeth ein, »wir haben dir wieder was mitgebracht.« Sie holt eingepackten Käsekuchen aus der kleinen Kühltasche, mit der sie immer Tobis Essen transportiert.

»Super!«, ruft unser Jüngster.

»Den Rest habe ich wieder in der Elternküche eingefroren«, fährt meine Frau fort.

Die Elternküche macht uns das Leben auf der Station ein bisschen einfacher. Im Gefrierschrank dort lagert Elisabeth stets selbst gekochte Mahlzeiten ein, die wir für Tobi portionsweise auftauen und warm machen. Das immer gleich schmeckende Krankenhausessen mag unser Sohn nämlich gar nicht mehr. Auch das Brot kann mit Elisabeths selbst gebackenem nicht mithalten und so versorgt sie ihn wie zu Hause mit allem, was er mag.

10

Genesung und Nebenwirkungen

Tobias geht es Stück für Stück immer besser. Er macht dabei schneller Fortschritte, als wir erwartet haben. Sein Mund heilt ab, das Essen wird wieder leichter für ihn. Die Stammzellentherapie scheint zumindest nicht schlecht verlaufen zu sein.

Tagsüber macht es sich mein Jüngster gerne in seinem hellblauen Liegesessel bequem und liest. Oder er bastelt, spielt und lernt am Tisch. Wenn die Lehrerin oder die Basteltherapeutin kommt, sitzt er auf jeden Fall am Tisch, etwas anderes kommt für ihn gar nicht infrage. Tobi ist generell sehr ordentlich und will die Dinge immer so tun, wie sie »richtig« sind. Unterricht im Bett ist für ihn deshalb keine Option.

Trotz allem bleibt der Klinikalltag für unseren Jungen abwechslungsreich. Der 31. Oktober ist wieder einmal so ein kleines Highlight. Als die Schwestern der Frühschicht morgens ins Zimmer kommen, ist erst einmal alles wie immer. Dann fällt ihnen der Beutel mit Flüssignahrung ins Auge, der am Ständer hängt. Der Nahrungsbrei ist leuchtend grün. Verwirrt schauen sie sich an und fangen an, in den Unterlagen zu blättern.

»Hat der Arzt dir heute Nacht ein neues Medikament verschrieben?«, fragt eine der Schwestern Tobi, der unschuldig schaut.

»Nö«, antwortet er und dreht das Gesicht weg, damit sie sein Grinsen nicht sehen können.

»Ich frag mal vorne nach«, sagt sie schließlich. Als sie zurückkommt, schüttelt sie ratlos den Kopf.

Da hält Tobi es nicht mehr aus und platzt laut lachend heraus. »Das ist Wackelpudding!«, stößt er japsend hervor. Die Schwestern schauen sich an, dann müssen auch sie grinsen. Tobi hat ein ansteckendes Lachen, von dem sie schnell mitgerissen werden. Bald kichern alle um die Wette – ein guter Start in den Tag.

Nun klärt sich auch alles auf. Die Schwestern der Nachtschicht haben sich einen Halloween-Scherz erlaubt und den Beutel mit Tobis Nahrungsbrei kurz vor Schichtwechsel gegen einen anderen getauscht, in den sie grünen Wackelpudding gefüllt hatten. Dann haben sie die Leitung, die normalerweise in Tobis Magensonde gegangen wäre, unter seiner Bettdecke versteckt. Die Geschichte von der grünen Spezial-Infusion macht schnell die Runde und sorgt für Heiterkeit auf der ganzen Station. Einen Grund zum Lachen können hier alle gebrauchen und wenn mal etwas Lustiges passiert, spürt man für kurze Zeit Erleichterung wie eine Welle durch die Zimmer schwappen.

»Da kommt wieder einer!« Tobias klettert von seinem Stuhl und läuft zum Fenster. Seit er hier im Krankenhaus ist, haben es ihm die Hubschrauber angetan, die in unregelmäßigen Abständen auf dem Klinikdach landen. Unser Jüngster kann alles genau beobachten, denn sie müssen an seinem Fenster vorbeifliegen, bevor sie hinter einem Teil des Hauses verschwinden.

Er erkennt die startenden und landenden Helikopter schon bald an ihren Kombinationen. D-HDRL, D-HDRB, D-HJJJ. Jedes Mal, wenn einer angeflogen kommt, überlegen wir gespannt, ob er wohl auf dem Dach der Uniklinik oder dem Landeplatz der Berufsgenossenschaftlichen Unfallklinik landen wird, die etwas oberhalb liegt. Wenn sie auf dem Klinikdach landen, hat Tobi viel mehr davon, dann sind sie nämlich deutlich länger zu sehen.

»Der ist gelb!«, ruft mein Sohn aufgeregt. Ich spähe aus dem Fenster. »Stimmt, Tobi. Der ist vom ADAC.« »ADAC?« Tobias schaut mich fragend an. »Das ist eigentlich ein Autoklub – die schleppen zum Beispiel Leute ab, die mit dem Auto liegen bleiben –, aber die haben auch Hubschrauber«, erkläre ich ihm. »Die fliegen dann genauso Verletzte ins Krankenhaus wie die anderen Rettungshubschrauber.« Fasziniert schaut er dem Hubschrauber nach, der kurz darauf hinter dem Gebäude verschwunden ist.

Die kleinen Abwechslungen machen das Ganze spannender für ihn. Meistens kommen die »normalen« rot-weißen Rettungshubschrauber. Doch neulich kam einer von der Bundeswehr – tarnfarben und mit orangen Türen. Das war so aufregend, dass Tobi sich fast die Nase an der Scheibe platt gedrückt hat.

»Papa, ich will auch mal fliegen«, sagt mein Sohn mit einem sehnsüchtigen Blick nach draußen. »Vielleicht geht das ja, wenn ich größer bin.« Er ist klug, das weiß ich. Aber wie klug und umsichtig er ist, merke ich immer wieder, wenn er so vernünftig und erwachsen redet. Statt darauf zu bestehen, jetzt zu fliegen oder bald, vertröstet er sich selbst. »Bestimmt geht das«, stimme ich ihm zu. Tobi schaut noch ein bisschen aus dem Fenster.

»Papa, wie schafft es der Hubschrauber eigentlich, dass er in der Luft bleibt, wo er doch so schwer ist?«, fragt er schließlich.

»Puh«, überlege ich kurz. »Der Rotor, das ist der Propeller oben, drückt ganz viel Luft nach unten weg. Und dadurch wird der Helikopter nach oben geschoben.«

»Und wie kann er so still in der Luft stehen bleiben? Und wie lenkt der Pilot? Und wie funktioniert der Antrieb?« Das weiß ich auf Anhieb allerdings auch nicht alles.

»Dann schauen wir im Internet. Komm Papa«, sagt Tobi bestimmt und setzt sich an den Laptop. Mit beachtlicher Sicherheit tippt er »Wie funktioniert ein Hubschrauber« und liest sich die Seiten durch, die er angezeigt bekommt. Wir lernen, dass der Hubschrauber gesteuert wird, indem der Pilot den Winkel verstellt, in dem die Rotorblätter geneigt sind. Außerdem lesen wir von verschiedenen Helikopter-Arten wie Hochgeschwindigkeitshubschraubern, die schneller als 450 Stundenkilometer fliegen, und Volocoptern, die elektrisch angetrieben sind. Tobi saugt das Wissen auf wie ein Schwamm. Ich weiß genau, dass er mir in einer Woche alles über Hubschrauber erzählen kann, was er irgendwie herausfinden konnte. Er ist wirklich ein besonderes Kind.

»Mirjam und Hanna helfen mir nachher wieder, alles zu putzen.« Elisabeth dreht sich in der Tür nach draußen auf den Krankenhausflur noch einmal um. »Dann ist bald alles bereit für Tobi!« Mein Jüngster strahlt uns abwechselnd an. Wir haben die Erlaubnis der Ärzte, dass er nach Hause darf. Die Mädchen sind schon ganz aufgeregt, und – wie ich zugeben muss – wir auch. Allerdings haben wir einige Auflagen bekommen, an die wir uns halten müssen. Dazu gehört auch, dass das Haus absolut keimfrei sein muss. Elisabeth, die unser Haus sowieso immer blitzsauber hält, hat sich deshalb der Unterstützung ihrer beiden Schwestern versichert.

Während Elisabeth auf dem Nachhauseweg ist, schmieden Tobi und ich Pläne, wie die Zeit nach dem Krankenhaus wird. Er freut sich schon darauf, wenn er wieder in die Schule gehen kann. Durch das Ping-Pong-Buch, das zwischen seiner Klasse und ihm hin- und hergeht, ist er bestens informiert, was seine Freunde machen und wie es ihnen geht.

»Und dann können wir Fußball spielen!«, sagt er, während er auf seinem Trampolin auf und ab hüpft. »Wenn es wieder wärmer ist«, setzt er nach einer kurzen Pause hinzu. Das Trampolin hat ihm sein

Physiotherapeut gebracht, damit er üben und Ausdauer aufbauen kann. Es klappt gut. Tobi springt regelmäßig darauf herum und hält immer länger durch. Auch jetzt sind seine geröteten Wangen und die blitzenden Augen die eines vergnügten Kindes auf dem Weg der Besserung.

»Aber erst mal ist es Winter«, erinnere ich ihn.

»Jaaa, Winter!«, jubelt er hüpfend. »Dann kann ich Kaufladen spielen und Puppenhaus mit Hetty und Lotte! Und wir fahren Ski.« Er springt noch ein bisschen höher. Dankbar schaue ich ihm zu. Es sieht so aus, als hätte Gott unser Schicksal gewendet. Tobias geht es täglich besser – er wirkt stärker, gesünder. Vielleicht ist das der Wendepunkt. Heilung. Hoffnung. Wie in Tobis Taufspruch: Wir haben Gott unsere Wege befohlen und auf ihn gehofft, und nun sieht es so aus, als würde er es wohlmachen.

Meine Frau und ihre beiden Schwestern vollbringen derweil Höchstleistungen, das sehe ich am Ende dieser Woche zu Hause. Sie haben sämtliche Teppichböden mit Reiniger behandelt, der extra lange einwirken durfte, bevor sie alles abgesaugt haben. Die drei haben die Vorhänge gewaschen, die Fenster geputzt und sämtliche Schränke und Türen abgewischt. Bei einem Fünf-Personen-Haushalt keine Kleinigkeit. Aber das war bei Weitem nicht alles. Das komplette Spielzeug von Tobi und seinen Schwestern glänzt nun sauber und keimfrei und die kompletten Kleidungsstücke unserer Familie sind ebenfalls frisch gewaschen und porentief rein.

Am schwierigsten ist für Elisabeth, dass Pflanzen und Blumen eine Gefahr für unseren Sohn darstellen. Sie ist Floristmeisterin und liebt ihre Blumen. Besonders die Orchideen, die in unserem Westfenster stehen und prächtig blühen, liegen ihr am Herzen. Nun steht keine einzige Pflanze mehr in unserer Wohnung. Kein Topf, keine Vase, nichts. Elisabeth hat sie alle verschenkt oder weggeworfen. Nur die Orchideen stehen ein Stockwerk höher. Die potenzielle

Infektionsgefahr geht von Pilzen oder Bakterien in der Blumenerde aus, da hilft auch abwischen nichts. Als ihr Blick auf eine der leeren Fensterbänke fällt, sehe ich einen leisen Schmerz in ihren Augen. Das Opfer für sie war nicht klein, das weiß ich. Aber für Tobi und seine Sicherheit würde sie alles tun.

Schließlich ist der lang ersehnte Tag da. Tobi darf nach Hause. Wir packen alles ein, bis das Isolierzimmer völlig leer ist. Die Schulsachen und Spiele, die Kuscheltiere, der Laptop, Filme und Bücher, Kleidung – alles wandert in Taschen und Koffer. Dann stehen wir in dem leeren Raum, der für zwei Monate Tobis Zuhause war. Er schaut sich noch einmal um, bevor wir auf den Flur hinaustreten.

»Jetzt muss ich aber noch den Schwestern Tschüss sagen!«, überlegt er laut, bevor er aus dem Raum hüpft. Er verschwindet im Durchgang zur Stationsüberwachung, wo gerade zwei der Krankenschwestern sitzen, die ihn in den letzten Wochen betreut haben. Der Abschied wird ein bisschen emotional, ich merke den Schwestern an, wie sehr sie Tobi ins Herz geschlossen haben.

Überhaupt sind alle hier meinem Jungen mit so viel Zuneigung begegnet, dass es mich immer wieder gerührt hat. Alle diensthabenden Krankenschwestern schauten täglich bei ihm vorbei, unterhielten sich und scherzten mit ihm. Meistens waren auch alle Stationsärzte mindestens einmal am Tag bei ihm. Wenn dann der Professor kam und Tobi fragte, welcher Arzt heute für ihn verantwortlich war, konnte er das deshalb manchmal gar nicht beantworten.

Ein besonderer Besucher war Dr. Fode. Er leitet eine der Stationen in der Tübinger Klinik. Jeden Freitag nach seinem Dienst sah er zuerst im Computer nach, wie es Tobi gerade ging, und schaute dann bei ihm vorbei. Mein Sohn hat sich immer sehr gefreut, wenn er kam. Dass sich ein Arzt, der gar nicht auf seiner Station arbeitet, die Mühe machte, extra nach ihm zu sehen, war für ihn auf jeden Fall großartig. Und nicht nur das: Dr. Fode betet regelmäßig für Tobias, schon seit der früher bei ihm ab und zu auf der Station lag. Wir fühlen uns dadurch immer auf ganz besondere Weise mit ihm verbunden.

Nun können wir die Klinik also verlassen. Wir beladen das Auto und fahren los. Tobi schaut immer wieder aus dem Fenster und ich merke ihm an, dass er es kaum erwarten kann. Als wir zu Hause ankommen und ich die Haustür aufschließe, stürmt mein Sohn gleich nach oben. »Alles ist genauso, wie es war, als ich gegangen bin!«, stellt er zufrieden fest. »Aber es ist noch sauberer, genau wie du gesagt hast. Sogar die schönen Blumen sind weg«, setzt er überrascht an seine Mutter gewandt hinzu. »Hauptsache, du bleibst gesund«, lächelt Elisabeth ihn an.

Unsere Freude dauert leider nur genau zehn Tage, dann muss Tobias zurück in die Klinik. Seine Haut hat angefangen, sich zu röten. Er bekommt Ausschlag, wird immer müder. Zurück im Krankenhaus erfahren wir, dass das eine der möglichen Nebenwirkungen der Stammzellentransplantation ist: die *Graft-versus-Host-Disease* oder Spender-gegen-Empfänger-Reaktion. Tobis neue Stammzellen haben angefangen, seinen Körper anzugreifen.

Wir sind niedergeschmettert und können es doch kaum glauben. Gerade noch war alles gut, jetzt schon wieder so ein Rückschlag! Klein und müde liegt er in seinem Krankenbett, das genaue Gegenteil des kraftvollen Jungen, der vor der Entlassung auf seinem Trampolin herumhüpfte. Jedes Mal, wenn ich ihn dort liegen sehe, spüre ich eine kaum zu bändigende Unruhe in mir hochkriechen. Warum passiert das jetzt schon wieder? Er wirkt so schlapp, dass es mit ihm eher bergab als bergauf zu gehen scheint.

Wieder wechseln wir uns an Tobis Seite ab. Es geht ihm nur langsam besser, auch wenn die Ärzte seinen Zustand mehr und mehr in den Griff bekommen. Die meiste Zeit schläft er. Doch bald gibt es den ersten Lichtblick: Wenn Tobi zwischendurch mal wach ist, spannt er die Krankenschwestern und Therapeuten bald wieder für seine Ideen ein.

Wir versuchen, ihm – und uns – die Zeit zu verkürzen, vor allem weil der Dezember und damit die Adventszeit begonnen hat. Die Station ist mit künstlichen Tannenzweigen und selbst gebastelten Sternen dekoriert, damit es die Kinder ein bisschen weihnachtlich haben. Einige der Sterne hat Tobi mit seiner Basteltherapeutin angefertigt.

Am ersten Advent bringe ich meine Trompete mit in die Klinik und spiele Weihnachtslieder für meinen Sohn. Der Sonntag soll etwas Vertrautes haben, ein bisschen wie zu Hause sein. Abends kommt der Rest der Familie dazu und wir feiern so richtig Advent. Elisabeth hat einen künstlichen Tannenzweig mit Lichterkette dabei und legt ihn auf Tobis Nachttisch. Echte Kerzen sind nicht erlaubt, aber immerhin wird es so ein wenig feierlicher.

Dann werden die Päckchen aus den Adventskalendern aufgebaut. Die Mädchen haben extra gewartet, um ihre Geschenke gemeinsam mit Tobi auszupacken. Den ganzen Abend über herrscht eine fröhliche, beschwingte Stimmung. Wir singen Adventslieder, erzählen miteinander und genießen die Zeit zusammen. Jeder von uns weiß, wie kostbar diese Zeit ist – die ganze Familie in einem Raum.

Am Nikolaustag ist es dann so weit. Tobi darf nun endgültig nach Hause. Bei allen netten und schönen Begegnungen auf der Station sind wir sehr froh, dieses bisschen Normalität zurückzuhaben. Bevor wir entlassen werden, kommt aber noch der Nikolaus – Tobis Mathelehrer – mit Knecht Ruprecht und einigen Engeln. Vor allem den kleinen Kindern merkt man ihre Ehrfurcht deutlich an. Jedes Kind darf an die Linie treten, die die Grenze seines Überdruckzimmers markiert, und ein Geschenk in Empfang nehmen. Conni, die Basteltherapeutin, hat sie ausgesucht, da sie mit am besten weiß, woran jedes Kind Freude hat. Tobis Geschenk ist ein Kaleidoskop zum Selberbasteln und nicht nur an seinen leuchtenden Augen und den roten Ohren sehe ich, wie sehr er sich freut.

»Weißt du was?«, sage ich zu meinem Sohn. »Zu Hause hat Lotte auch noch eine riesige Überraschung für dich.«

»Echt?« Tobi beginnt zu strahlen. »Eine Überraschung für mich, wie cool!«

Als wir mit Tobi zu Hause ankommen, wartet Charlotte schon mit dem angekündigten Geschenk. Sie hat gemeinsam mit unserer Nachbarin Kathrin einen Adventskalender für ihren Bruder gebastelt, den sie jetzt auf dem Kindertisch im Wohnzimmer aufgebaut hat. Der Kalender ist ein Weihnachtsdorf mit 24 verschiedenen Häuschen, in jedem davon ein Geschenk. Stunden über Stunden hat sie ausgeschnitten, geklebt, Watteschnee auf den Dächern drapiert.

»Tobi, ich hab was ganz Tolles für dich gebastelt«, strahlt sie ihn an, als die Tür aufgeht. Mein Sohn läuft langsam mit nach unten gezogenen Mundwinkeln und verschränkten Armen zum Adventsdorf. Irgendetwas stimmt nicht, das merke ich sofort. Er senkt den Blick und sagt kein Wort.

»Schau, in jedem Haus ist ein Geschenk für dich«, versucht Lotte ihrem missmutigen Bruder zu erklären. »Und weil du die ersten Tage verpasst hast, fängst du einfach heute mit dem ersten Haus an, dann reicht der Kalender bis nach Weihnachten. Du darfst jetzt die Nummer 1 suchen und das Häuschen aufmachen.« Tobias reagiert nicht und starrt weiter nach unten. »Tobi, willst du es nicht suchen?« Charlottes Stimme ist traurig.

»Lass mich!«, fährt ihr Bruder sie an. Ich sehe, wie sich ihre Augen mit Tränen füllen.

Ich versuche, ihr zu helfen. »Lotte, dein Bruder meint es nicht böse. Weißt du, er bekommt wieder Kortison und das hat ihn so verändert.« Sie hat Verständnis dafür und gleichzeitig ist sie tieftraurig. Mein armes Kind! Meine armen Kinder! Ich weiß, dass Tobi seiner Schwester nicht wehtun will, und trotzdem macht er es. Diese bescheuerten Medikamente! Und das, wo die Mädchen beide sowieso immer wieder zu kurz kommen. Da macht Lotte sich so viel Mühe, um Tobi eine Freude zu bereiten, und dann das.

Wir reden noch eine Zeit lang aufmunternd auf unseren Jüngsten ein, bevor er sich breitschlagen lässt und das erste Häuschen sucht. Er öffnet es, nimmt das Geschenk heraus und legt dann alles ohne Kommentar auf den Tisch, bevor er das Wohnzimmer verlässt. Den Rest des Tages habe ich zwei traurige Kinder – Lotte und Tobi. Ich denke noch einige Zeit über die Situation nach. Was ist nur los? In der Klinik noch hat Tobi sich so auf seine Überraschung gefreut. Und nun dieser Absturz! Ist er überfordert mit der Situation, dem Wechsel von der Klinik nach zu Hause? Ist es wieder das Kortison? Oder hat er Sorge, dass der Aufenthalt zu Hause wieder nicht von Dauer ist, und zeigt seine Angst auf diese Weise? Ich weiß es nicht, aber es lässt mich mit einem Knoten im Magen zurück.

Insgesamt ist es dennoch schön, Tobias wieder bei uns zu haben. Das Kortison macht ihn zwar launisch und unberechenbar – aber im Anschluss tut ihm das immer von Herzen leid. Er kann es nicht steuern und in seinen guten Phasen ist er immer noch ein kleiner Sonnenschein. Und die Kinder können endlich wieder gemeinsam spielen.

Allerdings hat sich der Aufwand zu Hause für uns alle deutlich erhöht: Elisabeth wischt die Wohnung jeden Tag feucht durch. Tobi darf Besteck, Gläser und Teller nur einmal benutzen und wir müssen alle ganz genau aufpassen, damit niemand versehentlich aus seinem Glas trinkt. Wenn die Kinder aus der Schule kommen oder einer von uns draußen war, müssen wir uns umziehen und die Hände desinfizieren, bevor wir zu Tobi dürfen.

Tobias darf natürlich auch nicht nach draußen, außer, um in die Klinik zu Untersuchungen gefahren zu werden. Wenn er wiederkommt, ist die Wohnungstür die Schleuse in den Reinraum. Vor der Tür zieht er, auf einem Handtuch stehend, seine getragenen Sachen aus, macht einen Schritt auf ein sauberes Handtuch in der Wohnung und zieht hinter der Tür saubere Kleidung an. Und wenn die Familie etwas unternehmen möchte, bleibt einer von uns wie gewohnt mit ihm zu Hause. Unser geteiltes Leben geht weiter.

Auch die Adventszeit ist anders als sonst. Statt echtem Tannengrün zieren Kunststoffzweige die heimische Wohnung. LED-Teelichter ersetzen die echten Kerzen. Die Stimmung, die sonst immer feierlich und ein bisschen geheimnisvoll war, wirkt dadurch irgendwie steriler, mehr wie im Krankenhaus – ich kann es selbst kaum erklären. Aber wie ich es immer wieder sage: Für Tobi tun wir alles, was möglich ist.

11

Heiligabend und Hausarrest

Schließlich naht das lange erwartete Fest. Zwei Tage vor Heiligabend hängen wir das Wohnzimmer ab. Sobald die Kinder im Bett liegen, beginnen die Vorbereitungen. Ich hole die Kaufläden und das Puppenhaus aus dem Haus meiner Mutter, wo sie das Jahr über auf ihren Einsatz warten. Leise trage ich alles nacheinander ins Wohnzimmer, damit die Kinder nichts mitbekommen. Die Kaufläden baue ich nebeneinander in einer Reihe auf, eine kleine Einkaufsstraße. Dann schließe ich sie an und teste die Lichter. Jeder Kaufladen hat eine eigene Lichtanlage, die natürlich funktionieren soll. Das Puppenhaus wird vor der Eisenbahn aufgebaut, mit der Tobi das ganze Jahr über spielt – sie wird an Weihnachten nicht die große Rolle spielen, die anderen Sachen sind einfach spannender.

Als ich alles aufgestellt habe, ist es schon spät geworden. Zufrieden schaue ich mich um. Unsere Kinder haben sich ein schönes, sorgloses Weihnachtsfest mehr als verdient.

Am nächsten Tag ertappe ich die drei beim Versuch, einen Blick ins Weihnachtszimmer zu werfen. Ich sage nichts, sondern beobachte sie nur, wie sie um die Tür zum Wohnzimmer stehen und versuchen, durchs Schlüsselloch irgendetwas zu erkennen. Allerdings kann man von der Tür aus weder die Kaufläden noch das Puppenhaus sehen. Nach einigen Minuten Verrenkungen und Um-die-Ecke-Schielen geben sie schließlich auf.

Nun versuchen sie auf andere Weise herauszubekommen, welche Puppenmöbel sie vielleicht zu Weihnachten bekommen.

»Ich hab das Kinderzimmer und das Wohnzimmer. Weißt du noch, welche Zimmer dir gehören?«, fragt Lotte schließlich ihre große Schwester.

Hetty überlegt kurz. »Mir gehören das Elternschlafzimmer und das Bad«, sagt sie schließlich.

»Ich hab die Küche!«, ruft Tobi. »Und das Arbeitszimmer.«

»Okay, dann müssen wir nur noch rausfinden, welche Möbel wir schon haben. Und dann kriegen wir vielleicht raus, welche uns noch fehlen und welche wir vielleicht bekommen.« Die Kinder beginnen zu überlegen und haben schon bald eine beachtliche Liste zusammen.

»Papa, was kriegen wir denn zu Weihnachten?«, fragt Lotte nach einigem Überlegen mit einem schelmischen Lächeln.

»Du wolltest doch ein Skateboard, oder?«, frage ich zurück.

»Papa! Das hab ich mir aber gar nicht gewünscht!«, ruft meine Tochter etwas empört. »Du schwindelst doch!« Sie springt auf und holt ihren Wunschzettel. »Steht das Geschenk da drauf?« Ich zucke mit den Achseln und schaue unschuldig. »Papa, du könntest doch drei Wünsche ankreuzen, und der richtige ist dann dabei«, schlägt Hetty vor.

»Ei, Möpschen, ich schweig lieber still, denn du bist der, der's wissen will«, sage ich kryptisch. Meine Älteste seufzt theatralisch.

Die Kinder schreiben sehr bescheidene Wunschzettel und bekommen daher fast alles, was sie sich wünschen. Oft steht einfach nur »etwas Neues für die Puppenstube« drauf. Dieses Jahr kommen bei Hetty ein Monopoly-Spiel und ein Sandwichtoaster, bei Lotte ein Pullover und bei Tobi Schlunz-Filme dazu. Wir haben schon alles besorgt und eingepackt.

»Das Christkind hat dir doch bestimmt gesagt, was wir kriegen«, versucht Lotte es noch einmal.

»Vielleicht hat sich das Christkind ja das Bein gebrochen und kann deshalb nicht kommen«, sage ich mit ernster Miene.

»Papa, es gibt bestimmt gar kein Christkind, das die Geschenke bringt«, stellt Tobi fest. Die Trennung zwischen dem echten Jesus Christus und dem Geschenke bringenden Christkind ist für ihn und die Mädchen gar kein Problem.

»Aber vielleicht war ja auch alles ausverkauft, was ihr euch gewünscht habt«, kontere ich. So frotzeln wir noch ein bisschen weiter und ich merke, wie die Kinder immer gespannter werden. Trotzdem bekommen sie nicht mehr aus uns Eltern heraus.

»Ich geh malen«, verkündet Lotte schließlich.

»Ich bastle was«, schließt Tobi sich an.

»Ich auch.« Hetty folgt den beiden.

Ich muss schmunzeln. Die Zeit bis Heiligabend ist schon ganz besonders lang, wenn man ein Kind ist und so gespannt darauf wartet.

Glücklicherweise sind die Kinder kreativ und auch Tobi geht es relativ gut. Eine Zeit lang ist es ruhig, dann höre ich Weihnachtslieder aus dem Kinderzimmer. Als ich einen Blick hineinwerfe, bietet sich mir ein interessantes Bild. Jeder hat sich irgendeinen Gegenstand geschnappt und ihn zum Instrument umfunktioniert. Das Kinderbügelbrett ist nun ein Keyboard, der Besen eine Gitarre. Zwischendurch wird getauscht und wer kein Instrument hat, ist der Notenständer. Dazu singen die Kinder laut die unterschiedlichsten Weihnachtslieder. Ich höre eine kleine Weile zu, bevor ich sie allein lasse. Wir können das schaffen, denke ich. Wir können das schaffen!

Am nächsten Abend stelle ich den Weihnachtsbaum auf. Sonst hatten wir immer eine schöne große Nordmanntanne, die mit roten Kugeln, Strohsternen, Basteleien der Kinder und silbernen Tannenzapfen geschmückt war. Auf den Zweigen sorgten echte Kerzen für festliches Licht. Aber Nordmanntanne geht bei Tobis Gesundheitszustand nicht.

Also mache ich mich zum ersten Mal in meinem Leben daran, einen Plastikbaum zusammenzustecken. Ich habe extra einen etwas kleineren Baum gekauft, damit ich ihn auf der Kommode aufstellen kann. Das Ganze erweist sich als nicht allzu schwierig. Nachdem das Bäumchen steht, schmücke ich es mit einer Lichterkette – ebenfalls ein erstes Mal – und betrachte dann leicht skeptisch mein Werk. Diesmal hängen nur kleine rote Glaskugeln an den dünnen Ästen, die nichts Schwereres aushalten würden. Zumindest sieht es so nicht ganz so trostlos aus. Auf die Spitze stecke ich noch einen Strohstern. Die Kunststofftanne ist einfach nicht dasselbe wie ein echter Baum und gefällt mir trotz meiner Mühe nicht wirklich, aber es wird schon gehen. Hauptsache, Tobi freut sich.

Auf dem Klavier im Esszimmer baue ich die Weihnachtskrippe auf. Links die Olivenholzfiguren aus Israel, rechts Tiere und Häuser aus dem heimischen Wald. Die kleine geschnitzte Jesusfigur liegt in der Futterkrippe und scheint zum Himmel zu schauen. Mein Blick geht ebenfalls nach oben. »Vater, du machst ihn doch gesund?«, bete ich stumm. »Du meinst es immer gut mit uns, deshalb hast du uns doch Jesus geschickt. Bitte mach es doch auch gut mit Tobi.« Ich räuspere mich und werfe einen letzten Blick in den Raum. Dann knipse ich das Licht aus und gehe ins Elternschlafzimmer, in dem die Ernährungspumpe gerade anspringt.

Am Heiligabend sind die Kinder den ganzen Tag über aufgeregt. Allerdings bleibt ihnen am Vormittag wenig Zeit für Muße. Sie müssen ihre Zimmer und Schreibtische aufräumen, den Müll rausbringen, bei den Vorbereitungen fürs Essen helfen. Als sie mit allem fertig sind, dürfen sie auf dem Laptop *Weihnachten mit Astrid Lindgren* schauen. Gebannt sitzen sie vor dem kleinen Bildschirm und sind mucksmäuschenstill. Wir haben keinen Fernseher, deshalb ist ein Film auf dem Laptop schon etwas Besonderes für jedes unserer Kinder.

Nach einem einfachen Mittagessen – Nudelsuppe – wird es langsam aufregend für unsere Töchter. Beide Mädchen haben Rollen beim Krippenspiel. Charlotte spielt Maria, Henriette Josef. Außerdem hat Hettys Puppe quasi die Hauptrolle ergattert, sie »spielt« das Jesuskind. Die Generalprobe fängt bald an und meine Mutter, die Mädchen und ich machen uns auf den Weg nach Lustnau in die Kirche. Elisabeth trifft währenddessen noch alle Vorbereitungen für unser Weihnachtsessen. Sie wird mit Tobias zu Hause bleiben.

Unser Jüngster steht traurig dabei, als wir die Jacken anziehen. Er hätte so gerne auch mitgespielt. Aber dass er nicht mal zuschauen darf, das trifft ihn hart. »Dann sehe ich den Gottesdienst gar nicht. Dabei ist der an Weihnachten immer total cool!«, seufzt er.

»Pass auf, Tobi«, versuche ich ihn aufzumuntern, »ich drehe einen Film vom Krippenspiel. Dann kannst du ihn morgen anschauen, was hältst du davon?« Seine betrübte Miene hellt sich ein wenig auf. »Außerdem willst du doch gesund werden«, setze ich nach.

»Natürlich will ich das! Deshalb bleib ich ja mit Mama hier, bis ihr wieder da seid. Ich will nämlich auf jeden Fall mit Hetty und Lotte im Weihnachtszimmer spielen und nicht ins Krankenhaus!«

Auf dem Weg zur Kirche sind die Mädchen sehr still. »Jetzt sieht Mama uns gar nicht spielen. Wo wir doch die Hauptrollen haben ...«, sagt Henriette leise zu Oma Elisabeth. Doch dann fängt sie sich wieder und bemüht sich um ein fröhlicheres Gesicht. »Aber du bist da, Oma, das ist toll!« Oma Elisabeth nimmt meine Große in den Arm.

Als wir die Kirche betreten, sind einige der anderen Kinder und Eltern schon da. Die Generalprobe fängt an und Hetty und Lotte tauchen in ihre Weihnachtswelt ab. Ich bin erleichtert: Ich hatte befürchtet, dass vor allem Hetty mit dem Kopf bei Tobias ist und sich nicht auf das Stück konzentrieren kann. Doch als sie es jetzt spielen, sind sie voll bei der Sache und machen das Ganze richtig gut!

Nach der Kirche gehen wir, wie jedes Jahr an Weihnachten, zum Friedhof. Mein Vater und meine Großeltern liegen hier beerdigt, außerdem die Schwester meiner Mutter, die mit zwei Jahren an Kinderlähmung gestorben ist. Seit Tobi auf der Welt ist, kann ich mir vorstellen, was ihr Tod für meine Großeltern bedeutet hat. Das eigene Kind möglicherweise zu verlieren, ist ein dauerhafter Stress und zehrt an uns. Aber es wirklich beerdigen zu müssen, das ist eine Situation, die ich mir gar nicht vorstellen will.

Wir zünden eine Kerze an und stehen noch eine kleine Weile vor den Gräbern. Mein Vater starb, als ich gerade fünf war. Ich habe kaum Erinnerungen an ihn. In seinen letzten Momenten und danach wurden wir Kinder von ihm ferngehalten und durften uns auch nicht am Sarg von ihm verabschieden. Die Erwachsenen meinten es nur gut, das weiß ich, aber ich bin bis heute traurig, dass ich ihn nicht noch einmal sehen konnte.

Ich frage mich oft, wie es wohl gewesen wäre, ihn in meinem Leben zu haben. Alle sagen, dass ich ihm wie aus dem Gesicht geschnitten sei. Manchmal sprechen mich wildfremde Menschen an, ob ich Roller heißen würde, weil ich ihrem ehemaligen Professor so ähnlich sähe. Wenn ich dann bestätige, dass ihr früherer Professor mein verstorbener Vater ist, erlebe ich oft große Freude und Wertschätzung. Mein Vater muss ein beliebter Mensch gewesen sein. Umso mehr schmerzt es mich, dass ich ihn nie richtig kennenlernen konnte und er von meinem Leben außer meiner Taufe und meiner frühen Kindheit nichts mitbekommen hat.

Jedes Jahr an Heiligabend erinnere ich mich ganz besonders an die vielen Begegnungen und Erzählungen, die mit meinem Vater in Zusammenhang stehen. Dann denke ich auch immer an Tobi. Sein zweiter Vorname ist der Vorname meines Vaters, Heinz. In den letzten Jahren habe ich mich immer gefragt: Wie lange hält er wohl noch durch? Liegt er hier auch bald und dann stehe ich auf dem Friedhof vor den Gräbern meines Vaters und meines Sohnes?

Ich habe immer versucht, diese Gedanken auszuhalten. Es bringt ja nichts, wenn ich meine schlimmsten Befürchtungen verdränge und dann treffen sie plötzlich doch ein und überrollen mich unvorbereitet. Und es ist ja auch nicht so, dass die Befürchtung aus der Luft gegriffen war. Nun stehe ich zum ersten Mal vor Vaters Grab und denke mir: Tobi wird uns bleiben. Bestimmt wird er uns noch viele Jahre bleiben. Und irgendwann steht er hier an meinem Grab und denkt an mich zurück.

Als wir zurückkommen, wartet Tobi bereits sehnsüchtig. »Das Essen ist fertig!«, ruft er aufgeregt, als er uns kommen hört. Wir gehen ins Esszimmer, wo Elisabeth den Tisch schon reich gedeckt hat, wenn auch ohne weihnachtliches Kerzenlicht. Die Kinder dürfen das Zimmer heute zum ersten Mal betreten und laufen sofort zur Krippe. Jedes Jahr kommen Tiere, Figuren oder Landschaftsteile dazu und jedes Jahr ist es wieder spannend für sie, was Neues aufgestellt wurde.

»Da ist ein Wolf!«, ruft Charlotte plötzlich. »Eine Wolfsmama mit drei Babywölfen!« Jetzt sehen die anderen beiden auch die kleine Wolfsfamilie, die ganz vorne auf dem Klavier Stellung bezogen hat.

»Und da hinten ist ein Dachs!«, ergänzt Tobi, nachdem er noch eine Weile intensiv auf die Krippenfiguren gestarrt hat. »Wie in England beim Nachtspaziergang!« Dort waren uns zwei Dachse über den Weg gelaufen – die Kinder waren noch Stunden später ganz verzückt. So was hatten sie in Deutschland bisher noch nicht gesehen. Als ich dann die Dachsfigur entdeckte, war ganz klar, dass sie mit zur Krippe gehört.

Nachdem sie alles inspiziert haben, sehe ich, wie die Augen der Kinder immer wieder zu dem blickdichten Vorhang wandern, mit dem das Wohnzimmer abgehängt ist. Sie können es kaum erwarten und ich freue mich schon auf den Moment, in dem sie ihre Geschenke entdecken. Aber erst wird gegessen.

»Dann setzt euch mal zum Essen«, sage ich in die Runde. Mit Gekicher huscht jeder auf seinen Platz. Es gibt Putenschnitzel, Pommes und Ackersalat, wie der Feldsalat bei uns in Schwaben heißt. Das mögen die Kinder besonders gerne. Außerdem haben wir zur Feier des Tages neben Saft ausnahmsweise auch Fanta, Sprite und Spezi gekauft – das gibt es bei uns sonst eher nicht. Nach dem Tischgebet langen alle kräftig zu.

»Wie war das Krippenspiel? Haben viele Menschen zugeschaut?«, will unser Jüngster von seinen Schwestern wissen. Wir erzählen ihm und Elisabeth alles vom großen Auftritt der Mädchen.

»Und was habt ihr gemacht?«, frage ich schließlich zurück. »Wir haben einen Weihnachtskindergottesdienst geschaut. Der war auch mit Krippenspiel!«, erzählt Tobias. »Das war toll!« Ich freue mich, dass er trotz allem Spaß hatte und ein bisschen festliche Weihnachtsstimmung aus der Kirche mitbekommen hat.

Es ist ein schönes, friedliches Essen. Tobi hat heute wenig Probleme durch das Kortison. Außerdem mag er das Essen und stellt sich nicht mäkelig an. Es liegt jetzt schon ein ganz besonderer Zauber über dem Abend: kein Streit, keine Meinungsverschiedenheiten, kein Schmollen – einfach nur eine gute Zeit. Ich glaube, wir alle haben das Gefühl, dass es jetzt bergauf geht. Und Tobi ist über sein Weihnachtsfest zu Hause so glücklich, dass er uns mit seiner strahlenden Freude ansteckt.

Als alle fertig sind, räumen wir gemeinsam ab, dann warten die Kinder im Gang, während wir im Wohnzimmer den Vorhang abnehmen. Als alles vorbereitet ist, klingle ich mit unserem Weihnachtsglöckchen und nur eine Sekunde später – so kommt es mir zumindest vor – stürmen drei aufgeregte Kinder ins Wohnzimmer und stoppen gerade rechtzeitig vor ihren Kaufläden.

»Spaghetti-Eis! Und ein kleiner Laptop!«, ruft Hetty begeistert. Wir haben einiges besorgt, vom Mini-iPhone bis zum kleinen Metall-Bobbycar.

»Schaut mal, ich hab gar nicht mehr gewusst, dass ich so eine süße Mundharmonika habe, auf der ich spielen kann«, freut sich Lotte, als sie ihren Kaufladen inspiziert. Die Kinder räumen die neuen Sachen gleich ein und beginnen, sich gegenseitig ihre Schätze zu zeigen.

»Wollen wir ein bisschen singen?«, schlägt Elisabeth nach einiger Zeit vor.

»Au ja«, strahlt Tobi.

Henriette setzt sich ans Klavier – sie spielt schon sehr gut und hat Spaß daran, uns zu begleiten – und ich nehme meine Trompete, die ich schon bereitgelegt habe.

Gemeinsam singen wir Weihnachtslieder. Immer wieder höre ich Tobis helle Stimme aus unserem kleinen Chor heraus. Wer weiß, vielleicht wird er später mal im Chor singen. Wenn er gesund ist, wird er alles tun können, was er will. Fußball spielen, singen, werkeln, schwimmen – einfach alles. Und so gut, wie es ihm gerade geht, ist all das in greifbare Nähe gerückt.

Nach einigen Liedern lese ich die Weihnachtsgeschichte aus dem Lukasevangelium vor. Tobi findet sie immer wieder spannend. Elisabeths Seite der Familie hat Landwirtschaft, Futterkrippen kann er sich deshalb sehr gut vorstellen. Auch die Hirten und Schafe haben es ihm angetan, denn Schafe liebt er über alles. Überhaupt: Dass Gottes Sohn wie er als Baby auf die Welt gekommen ist, dass Jesus als Kind bestimmt auch mal Hunger hatte, fror oder krank war – dadurch fühlt sich Tobi ganz besonders mit ihm verbunden.

Wir beten noch zusammen, danken Gott für unser schönes Fest, dafür, dass wir alle zusammen sind und Jesu Geburtstag feiern können. Dann werden die Geschenke ausgepackt – sie sorgen für große Begeisterung.

»Und jetzt eure Geschenke!«, kündigt Hetty an. Wir staunen nicht schlecht, wie sich die Kinder – auch Tobi – ins Zeug gelegt haben. Sie haben Orangen-Hokkaido-Marmelade gekocht und in hübsch verzierte Gläser gefüllt, Spitzbuben gebacken und eine Halterung für Meisenknödel gebaut, die wie ein Häuschen aussieht und bunt angemalt ist.

Die Kinder spielen ein bisschen mit ihren neuen Sachen, als Tobi plötzlich innehält. »Papa, den anderen Kindern auf meiner Station geht es nicht so gut wie mir«, sagt er mit nachdenklicher Miene. »Da können ganz viele an Weihnachten nicht nach Hause wie ich. Das tut mir so leid für sie!«

Ich bin gerührt. Auch jetzt, wo er sich nur darüber freuen könnte, dass es ihm so gut geht, denkt er an die anderen. An die, die es schwerer haben. »Besonders an Hugo muss ich denken«, fährt er fort. »Der ist noch so klein und es geht ihm ganz schlecht.«

Hugo ist noch keine zwei Jahre alt und schwer krank. Tobi hat ihn ganz besonders ins Herz geschlossen. Vielleicht sieht er sich selbst in dem kleinen Kerl, vielleicht ist es aber auch einfach sein großes, weites Herz. »Wir können ja nachher auch für die anderen Kinder beten, wenn du ins Bett gehst«, schlage ich vor.

»Das wäre gut«, sagt Tobi ein bisschen munterer. »Dann kümmert sich Gott auch um sie.«

Bei der ganzen Aufregung, dem Spielen und Plätzchenessen werden die Kinder langsam doch müde. »Ihr Lieben, ich gehe nach Hause«, verkündet auch Oma Elisabeth, bevor sie jedem der Kinder einen Kuss aufdrückt und sich auf den Weg ins Nachbarhaus macht.

Ich bringe Tobi ins Bett, der von den ganzen Eindrücken heute völlig erschöpft ist, schließe die Ernährungspumpe an und gebe ihm seine Medikamente. Wir beten noch gemeinsam. Dann bleibe ich bei ihm, bis er eingeschlafen ist. Während ich auf seinen ruhigen Atem höre, überlege ich, wie es wohl sein wird, wenn er gesund ist. Wird er sich daran gewöhnen, in seinem eigenen Bett zu schlafen? Und wie wird es für mich und für Elisabeth sein, wenn das Elternschlafzimmer wirklich wieder das Elternschlafzimmer ist? Wie lange werde ich brauchen, bis ich nicht mehr ständig aufwache? Ich kann es mir kaum vorstellen, nicht müde zu sein, und doch rückt es nun in greifbare Nähe. Fast wie ein Traum, denke ich mit einem letzten Blick auf meinen schlafenden Sohn. Dann stehe ich leise auf und gehe zurück ins Wohnzimmer.

Elisabeth hat inzwischen die Mädchen ins Bett gebracht und setzt sich zu mir aufs Sofa. Sie legt den Kopf auf meine Schulter und fasst meine Hand. »Das war doch ein richtig schönes Weihnachtsfest«, seufzt sie glücklich und ein wenig müde. »Es ist so schön, dass wir alle zusammen feiern können und dass unser Tobi wieder bei uns ist.«

»Und es geht ihm ziemlich gut«, füge ich hinzu. »Wir haben allen Grund zur Dankbarkeit.«

»Kinder brauchen eigentlich gar nicht viel zum Glücklichsein«, sagt Elisabeth nach einem kurzen Moment der Stille. »Die Geschenke waren überhaupt nicht teuer und sie haben sich so darüber gefreut.«

»Und sie haben so schön mit ihrem Puppenhaus gespielt. Dass sie trotz allem, was sie in den letzten Jahren erlebt haben, einfach Kinder sein können – das ist ein echtes Geschenk.«

»Aber jetzt sieht es ja doch so aus, als ob Tobi es geschafft hat. Nach dem Rückschlag hat er sich so gut gemacht! Das gibt Hoffnung, finde ich«, denkt Elisabeth laut. Dann muss sie herzhaft gähnen.

»Ich glaube, wir gehen auch besser ins Bett«, sage ich mit einem Blick auf die Uhr.

»Ja, ich bin auch schon müde«, stimmt Elisabeth mit einem Seufzen zu. »Außerdem musst du morgen um Viertel vor neun in der Kirche sein.« Stimmt – ich spiele im Posaunenchor mit und der wird morgen im Gottesdienst spielen. Wir stehen auf und küssen uns, dann geht jeder für sich alleine ins Bett. Elisabeth zu den Mädchen, ich zu Tobi. So wird es wohl noch eine Weile bleiben – aber die Aussichten sind gut, dass sich alles zum Besten wendet.

Zwischen den Jahren ist eine ruhige Zeit. Die Kinder spielen viel zusammen im Weihnachtszimmer. Tobi geht es stetig etwas besser und Stück für Stück fällt die Sorge von uns ab.

Schließlich kommt der Silvesterabend, ein guter Start ins neue Jahr liegt vor uns. Das alte Jahr 2016 war so ereignisreich, es ist so viel passiert. Tobias hat so viel erlebt und tun können, was wir nie für möglich gehalten hätten. Er ist mit dem Roller zur Schule gefahren, ist Rad gefahren und hat Fußball mit seinen Freunden gespielt. Überhaupt ist er das ganze Jahr über immer fitter und kräftiger geworden. Bei allen Schwierigkeiten wie seiner wiederkehrenden Übelkeit war er selbstständig wie nie. Und selbst den schweren Eingriff, den die Stammzellentransplantation darstellte, hat er erstaunlich gut weggesteckt.

Beschwingt gehe ich ins Schlafzimmer, um mich umzuziehen. Die Kinder sind auch schon fertig und gemeinsam machen wir uns auf zum Jahresabschlussgottesdienst. Tobi bleibt wieder mit Elisabeth zu Hause und trägt es mit Fassung, dass er nicht mitdarf. Als wir endlich wieder zurückkommen, werden wir schon sehnsüchtig erwartet.

Der gemeinsame Abend vergeht wie im Flug. Nach dem Abendessen – ganz traditionelles Raclette – spielen die Kinder wieder mit ihren Geschenken. Die Zeit, bis Puppenhaus und Kaufläden wieder weggeräumt werden, wollen sie so gut wie möglich nutzen. Nach einiger Zeit kommt Hetty zu uns. »Wir haben was vorbereitet«, sagt sie geheimnisvoll. Die Überraschung ist niedlich: Sie haben ein Puppentheater vorbereitet, das sie für uns aufführen. Kasperle will sein Zimmer nicht aufräumen und wird schließlich von der Polizei abgeführt. Wir müssen sehr lachen, es ist einfach zu goldig. Danach gibt es Gesellschaftsspiele und wir zünden einige Raketen auf der Straße. Henriette, Charlotte und selbst Tobias halten bis Mitternacht die Augen offen, um das große Feuerwerk zu sehen.

Punkt Mitternacht gehen wir auf den Balkon und bewundern die Lichter über Tübingen. »Gesegnetes und frohes neues Jahr für euch alle«, sage ich. Ich sehe meine Familie an. Auch wenn wir es nicht einfach hatten in den vergangenen Jahren, so haben wir doch immer zusammengehalten. Was ich ohne Elisabeth tun würde, weiß ich nicht. Wenn sich im neuen Jahr endlich alles normalisiert … – ich schiebe den Gedanken erst mal weg. Zu viel ist noch unsicher. Aber ich hoffe endlich wieder, dass alles gut wird. Dann kann ich auch an den Mädchen gutmachen, was ich all die Jahre versäumt habe. Meine drei Kinder sind die besten, finde ich – auch wenn ich weiß, dass das die meisten Eltern von ihren Kindern denken!

Die Mädchen umarmen Tobi und wünschen ihm ein gesegnetes neues Jahr und wir tun es ihnen gleich. Dann schaue ich in die Nacht. Wir können nicht nur Tübingen überblicken, sondern auch über Lustnau bis auf den benachbarten Herrlesberg sehen, eine spektakuläre Aussicht. Sobald die bunten Lichter und das Krachen nachlassen, bringe ich den immer müder werdenden Tobi ins Bett. Auf ein gutes neues Jahr.

TEIL 3

ER WIRD'S WOHLMACHEN

Geburtstagsfeiern und schlechte Blutwerte

So gut, wie das neue Jahr angefangen hat, geht es leider nicht weiter. Tobis Zustand, der eben noch stabil war, beginnt sich zu verschlechtern. Er bekommt immer wieder Fieber und als wir mit ihm in die Klinik fahren, stellen die Ärzte fest, dass seine Leukozyten weniger werden. Wir sind irritiert und leicht besorgt. »Wir müssen abwarten, wie die neuen Zellen mit Tobias' Körper fertig werden«, erklären sie uns. Abwarten können wir nach all diesen Jahren ja schon recht gut.

»Wir sollten meinen Geburtstag absagen«, wende ich mich in einer ruhigen Minute an Elisabeth. Sie schaut mich an und ich sehe, dass sie das Gleiche denkt wie ich. Meinen fünfzigsten Geburtstag planen wir schon etwas länger. Wir haben extra das Gemeindehaus reserviert, dem Posaunenchor Bescheid gegeben und überhaupt alles vorbereitet. Doch in Tobis momentanem Zustand, der sich langsam, aber stetig verschlechtert, hat Feiern einfach keinen Sinn. Er darf nicht mit fremden Menschen in Kontakt kommen. Einer müsste immer bei ihm bleiben. Und wenn ich weiß, dass er krank zu Hause sitzt oder sogar in der Klinik ist, kann ich mich an der Feier auch nicht freuen. Es wäre nicht dasselbe ohne meinen Sohn.

»Ist schon besser so«, stimmt Elisabeth mir zu. »Wie gut, dass wir noch keine Einladungen verschickt haben. Aber weißt du was? Wir machen es dir hier zu Hause richtig schön. Da sind die Kinder dabei und deine Mutter – das ist doch die Hauptsache.« Ich nicke. Vielleicht geht es Tobi ja auch wieder besser, denke ich. Aber den Knoten in meinem Magen werde ich irgendwie nicht los.

Zwischendurch sind wir immer wieder mit unserem Sohn zur Kontrolle und Behandlung in der Klinik. Die Ärzte sind bei jedem neuen Test, bei jeder Untersuchung weniger begeistert. Es geht ihm schlechter statt besser – dabei müsste es jetzt endlich aufwärtsgehen.

Als mein großer Tag näher rückt, geht es Tobi nicht gut. Trotzdem hilft er seinen Schwestern, jede Menge Girlanden zu basteln, mit denen sie das Wohn- und Esszimmer bunt dekorieren. Ein riesiger Schriftzug aus Papier begrüßt mich mit *PAPA – HAPPY BIRTHDAY*. Ich bin gerührt und gleichzeitig tut es weh. Das Auf und Ab der Gefühle, mit dem ich in den letzten Wochen und Monaten zu kämpfen habe, fordert langsam seinen Tribut. Ich bin müde, besorgt, aufgeregt und unkonzentriert, alles auf einmal. Vor allem aber versuche ich, mir nichts davon anmerken zu lassen. Mein Sohn soll nicht merken, dass ich mir Sorgen um ihn mache, auch wenn mir das schwerfällt. Er würde sich schlecht fühlen und vielleicht sogar selbst Angst bekommen. Und das will, nein, das muss ich auf jeden Fall verhindern. Er soll sich keine Sorgen machen. Ich will, dass er seine Kindheit genießt, so gut es geht.

Mein Geburtstag wird trotz meiner Sorgen und ein bisschen auch wider Erwarten schön, was vor allem an meiner Familie und ein paar Überraschungen liegt. Der Posaunenchor kommt und spielt vor unserem Haus. Tobias muss zwar vom Küchenfenster aus zuschauen, weil er das Haus nicht mehr verlassen darf, aber er winkt von oben. Wir anderen stehen auf dem Bürgersteig und hören zu. Ich spüre die Wertschätzung und Verbundenheit. Elisabeth hat alkoholfreien Punsch und Pizzabrötchen für alle vorbereitet, sodass wir fast schon ein kleines Straßenfest feiern können. Anschließend verabschieden wir uns und feiern oben in unserer Wohnung in ganz kleiner Runde weiter, nur Elisabeth, die Kinder, meine Mutter und ich.

Tobi ist schnell müde, man merkt ihm die Anstrengung an. Es ist einfach zu viel für ihn in seiner jetzigen Situation. Aber er hält sich tapfer und will so lange wie möglich aufbleiben. Ich freue mich, dass er heute alles miterleben konnte. Als ich ihn ins Bett bringe, ist es erst gegen acht, aber er schläft schnell ein. Ich küsse ihn noch sacht auf die Stirn, bevor ich zu unserer kleinen Feier zurückkehre. Hoffentlich geht es bald wieder bergauf.

Tobis Haare wachsen langsam nach, dunkler und ein wenig lockiger als zuvor. Doch sonst ändert sich nicht viel. Er wartet voller Spannung darauf, dass es ihm gut genug für die Schule geht, aber es wird einfach nicht besser.

Als wir ihm sagen, dass er einen Hauslehrer bekommen wird, freut er sich riesig. Bei seinem Wissensdurst wird es langsam ziemlich langweilig für ihn. Außerdem gibt es außer den Besuchen in der Klinik keinerlei Abwechslung. Besuch darf keiner kommen, nicht mal zu den Mädchen, und sonst passiert leider nicht viel Spannendes, das ihn ein wenig ablenken würde.

Der Hauslehrer Herr Mühleisen ist ein junger Mann Anfang dreißig mit dunklen Haaren und freundlichen Augen. Er und Tobi verstehen sich auf Anhieb. Er nimmt sich wirklich Zeit für unseren Sohn und seine Interessen. Tobi seinerseits bereitet seinen Platz im Wohnzimmer immer schon vor, bevor der Lehrer kommt. Er hat extra einen Ablagekorb eingerichtet, in den er seine Schulmaterialien legt, und stellt seinen Ranzen zurecht. Für Herrn Mühleisen steht außerdem immer ein Paar Hausschuhe an der Wohnungstür – auch er muss sich jedes Mal umziehen, wenn er die Wohnung betritt, und wir sind froh, dass er sich auf all das einlässt.

Tobias macht das Beste aus seiner Situation. Er bereitet sich immer gerne auf den Unterricht vor. Manchmal genügt ein Stichwort und all das angesammelte Wissen sprudelt aus dem Siebenjährigen heraus. »Heute hätte ich mich gar nicht auf den Unterricht vorbereiten müssen«, sagt Herr Mühleisen einmal beim Gehen zu Elisabeth. »Ich habe einfach nur gesagt, dass wir heute über das Thema ›Post‹ sprechen, und er hat die ganze Stunde erzählt, was er über Postkarten, Briefe, Pakete, Sortierung und so weiter weiß. Das ist wirklich beeindruckend.« Doch nicht nur Tobis Wissensdurst wird gestillt. Manchmal setzt sein Lehrer sich auch ans Klavier und singt mit ihm. Unser Sohn holt dann seine Cajón, eine Kistentrommel, und begleitet das Stück.

Wenn keine Schule ist, versucht unser Junge, sich irgendwie zu beschäftigen. Er schaut gerne aus dem Fenster und beobachtet, was in der Welt vor sich geht, an der er momentan nicht mehr teilhaben kann. Von unserer Wohnung aus sieht man den Österberg und mit ihm – je nach Jahreszeit und Wetterlage – Schafe, Wanderer, Rodler oder Familien, die Drachen steigen lassen. Auch der Garten ist einigermaßen spannend, trotz der Tatsache, dass es jetzt im Winter nicht übermäßig viel zu sehen gibt. In letzter Zeit schneit es häufiger und Tobias schaut dann, ob er irgendwelche Tierspuren entdeckt oder den Vögeln im Futterhäuschen beim Fressen zusehen kann.

»Tobi, willst du mir beim Fotoalbum helfen?«, sage ich eines Nachmittags zu meinem Sohn.

Er bekommt leuchtende Augen. »Au ja!«, freut er sich. Wir beschließen, alle Bilder seit Elisabeths und meiner Verlobung bis zum vergangenen Silvester durchzuschauen, die schönsten auszusuchen und online in einem Fotoalbum zusammenzustellen. Dann werden wir es als Buch drucken lassen. Da Blau Tobis und meine Lieblingsfarbe ist, wird es einen blauen Einband bekommen.

Für unseren Jüngsten ist das alles total spannend. Seine Mama und ich bei unserer Hochzeit, alle Verwandten als jüngere Ausgaben ihrer selbst, Henriettes und Charlottes Geburt. Dann kommen wir zu den Bildern, auf denen er mit drauf ist. »Das Bild ist sooo cool!«, sagt er plötzlich und deutet auf ein Foto, das wir nur einige Tage nach seiner Geburt aufgenommen hatten, als Tobi frisch zu Hause angekommen war.

Damals wollten wir ein Foto von Tobias und seinen Schwestern machen. Beide Mädchen waren ganz begeistert von »ihrem« Baby. Seine zarten Finger, die winzigen Fingernägel – alles war spannend. So saßen sie nebeneinander auf einem Sessel, Tobi auf ihrem Schoß. Und sie hielten keine Minute still. Keine Ermahnung half. Schließlich knipsten wir die drei in einer so drolligen Pose, dass wir kaum ernst bleiben konnten. Die Mädchen tuschelten miteinander und Tobi hatte eine Hand auf seine Stirn gelegt, als wollte er sagen: »Wo bin ich hier nur hineingeraten!«

»Papa, das Bild muss unbedingt mit ins Album«, sagt Tobi bestimmt.

Ich muss lachen. »Aber auf jeden Fall muss das mit rein!«

Wir suchen weiter. Langsam kommen die Klinikfotos: Tobi im Krankenhaus. Tobi mit Schläuchen in Gesicht und Armen. Plötzlich atmet mein Sohn neben mir geräuschvoll ein: »Papa, da fehlen ja alle Bilder von mir in München!«

»Aber das kann doch gar nicht sein.« Ich blättere weiter. Dann erschrecke ich. Er hat recht! Kein einziges Bild aus dieser Zeit ist vorhanden, kein Video, nichts. Das ist mir bei dieser Bildermenge bisher überhaupt nicht aufgefallen!

Ich durchsuche fieberhaft den kompletten Computer. Die externe Festplatte. Nichts – unauffindbar. Dann fällt es mir siedend heiß ein: Wegen eines Problems mit dem Betriebssystem hatte ich meinen Laptop zur Reparatur gebracht und dort wurde dann die Festplatte formatiert. Doch ich hatte offenbar vergessen, die Münchner Bilder zu sichern.

»Ich fürchte, die Bilder sind weg«, sage ich tieftraurig. München war so eine prägende Zeit, in der wir nicht nur schlechte, sondern auch einige sehr schöne Momente erlebt hatten. Niedliche Bilder von meinem strahlenden Sohn. Die Klinikclowns, die ihn immer zum Lachen brachten. Ich hatte beispielsweise einen Film von Tobias gemacht, wie er sich einen Film mit sich und den Klinikclowns ansah und die ganze Zeit lachte – auch der war weg.

Tobi schaut mich enttäuscht an, er sieht so aus, wie ich mich fühle. »Wollen wir für heute Schluss machen mit dem Fotoalbum?«, frage ich, und er nickt betrübt. Ich räume den Laptop beiseite. Tobi sucht sich missmutig eine andere Beschäftigung – das Fotoprojekt macht ihm gewaltig Spaß und dass ausgerechnet seine Münchner Bilder fehlen, versetzt seiner Stimmung doch einen argen Knick.

Glücklicherweise hält die Enttäuschung bei meinem Sohn nicht zu lange an. Einige Zeit später verschwindet er mit einem defekten Radio in seinem Zimmer. Er liebt es, alte Geräte auseinanderzubauen, um zu schauen, wie sie funktionieren. Damit ist er für die nächsten Stunden gut beschäftigt.

Einige Tage später erzähle ich einem Bekannten von unserer traurigen Entdeckung. »Weißt du was? Bring mir deinen Laptop mal vorbei. Ich schaue, was ich tun kann«, schlägt er vor. Es dauert nicht mal eine Woche, dann meldet er sich wieder.

»Ich habe eine gute Nachricht für euch«, sagt er fröhlich. Er hat es tatsächlich geschafft, fast alle Bilder und Filme wiederherzustellen! Mir fällt ein riesiger Stein vom Herzen. Eigentlich ist es doch verrückt, denke ich. Da habe ich schon um das Leben meines Sohnes gekämpft und dann ziehen mich ein paar verschwundene Bilder so runter. Und jetzt, wo sie wieder da sind, fühle ich mich so glücklich, als wäre wer weiß was passiert. Aber vielleicht ist das ja auch ein gutes Zeichen: Wenn man sich über Kleinigkeiten so freuen kann, hat das einen Hauch von Normalität.

Als ich Tobi die gute Nachricht überbringe, jubelt er vor Freude. »Dann müssen wir heute gleich weitermachen mit dem Fotoalbum«, schlägt er vor. Da bin ich doch dabei!

»Mama, der Taxifahrer ist schon sieben Minuten zu spät!« Tobi steht fertig angezogen vor der Wohnungstür und wartet. Empört runzelt er die Stirn. Für ein so organisiertes Kind wie ihn geht Zuspätkommen gar nicht. Reingehen darf er jetzt auch nicht mehr, dann müsste er sich wieder umziehen. Aber der bestellte Taxifahrer lässt sich nicht blicken.

»Bis heute Mittag, ihr drei«, verabschiede ich mich von Tobias, Elisabeth und Charlotte. Wenn der Krankenhaustermin so früh ist wie heute, fährt Lotte ein Stück des Weges mit. Ihre Schule liegt an der Strecke, dann muss sie nicht laufen. Tobi findet es großartig, seine Schwester zu chauffieren. Nun warten also alle darauf, dass das Taxi endlich kommt, das meine Frau und unseren Jüngsten wie bei jedem Untersuchungstermin in die Klinik fährt und abholt.

»Da kommt er!«, höre ich Tobi rufen, als ich unten die Tür öffne. »Heute ist der Mercedes da!« Es ist immer wieder eine Überraschung für ihn, mit welchem Auto der Taxifahrer kommt. Besonders liebt mein Junge den großen schwarzen oder den beigen Mercedes, der so typisch nach Taxi aussieht. Manchmal kommt auch ein kleiner silberner Caddy, von dem ist Tobi aber nicht so angetan. Einen Caddy haben wir schließlich selbst. Dann tröstet ihn aber der Umstand, dass der Fahrer ganz besonders nett ist.

Heute geht es also mit dem Mercedes in die Klinik. Etwas Besonderes halt. Überhaupt sind neben dem Hausunterricht die Fahrten zur

Klinik fast schon ein Abenteuer für sich. Da Tobias in der Klinik wie ein kleiner König empfangen wird und sich alle nicht nur sehr freuen, ihn zu sehen, sondern ihm das auch zeigen, geht er gerne dorthin. Dafür erträgt er dann auch tapfer alle Untersuchungen, Blutabnahmen und sonstigen Behandlungen.

Der Ablauf ist immer ziemlich gleich. Wenn Elisabeth mit Tobi im Krankenhaus ankommt, wird er zuerst gewogen. Dann kommt die Blutuntersuchung, die gleich ausgewertet wird. Je nachdem, wie gut oder schlecht die Werte der Leukozyten sind, also der weißen Blutkörperchen, darf er ins Spielzimmer oder muss alleine in einem Extra-Zimmer warten. In dieser Zeit kommt auch Frau Ebinger zu ihm, seine Kliniklehrerin, und sie machen ein bisschen Unterricht.

Wenn die Werte unseres Jungen nicht gut sind, bekommt er oft einen Beutel mit Antibiotika an seinen Port angeschlossen. Schwieriger ist es immer, wenn die Thrombozyten in zu geringer Zahl vorhanden sind – die müssen dann nämlich in der Blutbank bestellt werden, bevor sie Tobi als Infusion verabreicht werden können. Die Infusion selbst dauert dann auch noch einmal zwei bis drei Stunden, für einen Siebenjährigen eine ganz schön lange Zeit.

Als ich heute zum Mittagessen nach Hause komme, erwartet mich Tobi schon in der Tür und streckt mir einen Marienkäfer aus Plüsch entgegen. »Schau mal, Papa, den hab ich heute bekommen!«, erklärt er und fängt schon zwischen Tür und Angel an, mir von seinem Tag zu erzählen. Ich erfahre, dass Tobias heute in der Augenklinik war, weil sich ein Tränenkanal irgendwie zugesetzt hatte. Der sollte dort freigemacht werden, was im Endeffekt bedeutete, dass die Ärztin mit einer langen Nadel in den Kanal stechen musste. Mein Sohn hatte zwar vorher eine örtliche Betäubung bekommen, das änderte aber leider nicht viel daran, dass es trotzdem sehr schmerzhaft war.

Als Tobis Ärztin in der Tagesklinik fragte, wie es war, klagte er ihr sein Leid. »Und dann hat sie mir den Marienkäfer geschenkt und gesagt, ich soll mir bis nächste Woche überlegen, wie er heißen soll. Und wenn ich ihn dann mitbringe, taufen wir ihn zusammen in der Klinik«, schließt er seinen Bericht.

»Hast du denn schon einen Namen?«, frage ich neugierig.

»Na, Pünktchen!«, ruft Tobi lachend. Logisch – der rote Käfer mit dem blauen Bauch hat ja auch einige schwarze und blaue Punkte auf dem Rücken und den Flügeln.

Als Tobi sich umdreht und mit seinem Käfer unterm Arm ins Wohnzimmer läuft, sehe ich ihm nach. Wie gut, dass er die schweren und schmerzhaften Momente so schnell hinter sich lassen kann. Obwohl er frustriert ist, weil seine Blutwerte immer noch so schlecht sind, hat er – im Rahmen seiner Möglichkeiten – Spaß zu Hause. Und seit wir vor Kurzem das Kortison absetzen konnten, geht es ihm auch körperlich und seelisch besser. Er wird langsam wieder schmaler, seine Stimmung ist stabiler und viel heller. Wenn jetzt noch das Immunsystem mitspielt, bin ich glücklich.

Inzwischen ist es März geworden. Während draußen immer häufiger die Sonne scheint, sind unsere Gefühle durchwachsen. Elisabeth und ich schwanken zwischen Hoffen und Bangen. Unsere jahrelangen Gebete, die Gebete unserer Freunde und Bekannten, unser Flehen, die Müdigkeit, die Verzweiflung – all das schien Gott gesehen und erhört zu haben, als es Tobias im Dezember so gut ging. Doch seit es ihm schlechter geht, bröckelt unsere Freude und Zuversicht immer mehr. Ich will Vertrauen haben, dass Gott es gutmacht, und habe manchmal doch einfach nur Angst. Zur gleichen Zeit bin ich fest davon überzeugt, dass Gott uns liebt – dass er Tobi liebt. Diese Spannung ist manchmal nur schwer auszuhalten.

Auch die Mädchen schlagen sich mehr als tapfer. Besuch von Freundinnen dürfen sie nur bekommen, wenn sie sich draußen im Garten treffen. Dass das im Winter nicht wirklich oft Spaß macht, kann sich wahrscheinlich jeder vorstellen. Aber sie ertragen es, wie sie in den letzten Jahren alles ertragen haben.

Tobi macht auch weiterhin das Beste aus seinem erzwungenen Hausarrest. Er hat ein elektronisches Schachbrett von einem meiner Freunde geschenkt bekommen und bringt sich nun Schach bei. Gegen mich spielt er allerdings lieber als gegen den Computer, da verliert er nämlich nicht so schnell. Mein Mobiltelefon mag er ebenfalls gerne. Er schreibt oft WhatsApp-Nachrichten an seine Cousins und Cousinen, seine Lehrer und die Schwestern und Therapeuten aus der Klinik, von denen uns viele ihre Telefonnummern gegeben haben. Außerdem surft er oft im Internet und spielt das ein oder andere Spiel, das ich für ihn als App heruntergeladen habe.

Und noch eine Idee für ein neues, spannendes Hobby ist schnell gefunden: ein Mikroskop. Mein Sohn recherchiert dafür tagelang im Internet. Wie gut er sich da zurechtfindet, begeistert mich immer wieder. Er findet einfach alles! Nun also das Mikroskop. Nach einigen Tagen kennt er sich so gut aus, dass er genau weiß, wie Mikroskope funktionieren, was sie machen und welche es gibt.

An einem Abend setzen wir uns zusammen hin und suchen ein Mikroskop aus, das ich bestelle. Wir warten und warten. Als es nach einigen Tagen nicht da ist, rufe ich beim Händler an. »Das ist bald bei Ihnen«, vertröstet der mich am Telefon. Ich warte weiter. Nach zwei Wochen storniere ich die Bestellung und ordere das gleiche Mikroskop bei einem anderen Händler. Tobi steht derweil unter Hochspannung. Er hat sich schon genau überlegt, was er alles mikroskopieren möchte. Doch die Lieferung kommt und kommt einfach nicht an.

Ende März hat Charlotte Geburtstag und wir beschließen, dass bei schönem Wetter der größte Teil der Feier mit ihren Schulfreundinnen im Garten stattfinden wird. Falls es regnet, können wir immer noch in die Waschküche ausweichen. Den Familiengeburtstag mit allen Verwandten mussten wir aus Hygienegründen und mangels eines geeigneten Raumes schon ausfallen lassen. Lotte war deswegen ziemlich enttäuscht und traurig. Es tut mir so leid, dass sie schon wieder zurückstecken muss. Gerade deshalb wollen Elisabeth und ich ihr dieses Fest unbedingt ermöglichen.

Als ihr großer Tag kommt, scheint die Sonne wirklich schön, es ist mild und frühlingshaft. Schon am Vormittag springen Hetty und Lotte aufgeregt durch den Garten und bereiten alles vor. Nur Tobis Gesicht wird länger und länger. Als die Mädchen am Nachmittag dann mit Lottes Gästen draußen sind, sitzt er im Wohnzimmer am Fenster und weint bitterlich. »Alle können … im Garten spielen … und ich darf nicht mitmachen«, stößt er schluchzend hervor. Jedes Klingeln an der Tür und jeder neue Gast sind wie ein Stich für ihn, so sehr er seiner Schwester die Freude gönnt.

Als es um kurz nach zwei wieder klingelt, rechnen alle mit dem nächsten Besucher. Umso größer ist die Überraschung, als ein Paketbote vor der Tür steht. Das Mikroskop! Dankbar nehme ich den Karton entgegen und trage ihn ins Wohnzimmer. »Tobi, ich glaube, dieses Mal ist es für dich«, sage ich bewusst fröhlich. Tobias, der immer noch aus dem Fenster geschaut hat, dreht sich um und schaut mich betrübt an. Ich halte den Karton hoch. »Dein Mikroskop ist da!« Er schaut einen Moment lang ein bisschen ungläubig, bevor ein helles Strahlen das tränenverschmierte Gesicht zum Leuchten bringt. »Mein Mikroskop!« Der Geburtstag ist genauso schnell vergessen wie das Paket ausgepackt.

Tobi baut das Mikroskop zusammen und fängt gleich an, den Objektträger zu präparieren und alle möglichen kleinen Dinge zu vergrößern. Einige Präparate sind schon im Paket enthalten. Andere sucht er selbst: Zwiebelhaut, Regenwasser, ein Haar und das Blatt einer Pflanze wandern nacheinander unter die Linsen. Ich muss an einen Vers aus der Bibel denken, wo Gott sagt: »Ich habe dein Gebet gehört und deine Tränen gesehen« (2. Könige 20,5). Dass das Mikroskop in der für Tobi dunkelsten Stunde dieses Wochenendes angekommen ist, empfinde ich als ein kleines Wunder.

»Schaut mal her!« Als wir die Stimme von der Wohnzimmertür her hören, schaue ich auf.

Henriette stolziert in Elisabeths Brautkleid und mit Schleier ins Wohnzimmer, gefolgt von Charlotte. Tobi, der gerade am Tisch ein Bild malt, prustet laut los.

»Wen willst du denn heiraten?«, scherze ich. Auch Elisabeth kommt dazu und muss lachen. Hetty ist noch ein ganzes Stück kleiner als sie und das Kleid bauscht sich auf dem Boden ziemlich stark. Nachdem unsere Älteste ein bisschen vor uns auf und ab gelaufen ist und dabei posiert hat, darf Lotte das Kleid anziehen. Sie versinkt noch ein bisschen mehr darin, und wir amüsieren uns köstlich.

»Jetzt du, Mama!«, ruft Tobi.

»Ach nein«, wehrt Elisabeth ab. »Das passt garantiert nicht mehr.«

»Och Mama …« Unser Jüngster schaut seine Mutter mit Kulleraugen an und bettelt, unterstützt von seinen Schwestern, bis sie nachgibt.

Als Elisabeth in ihrem Kleid zurückkommt, sind die Kinder hin und weg. »Du siehst so schön aus!«, staunt Tobi.

»Das passt ja noch super«, staune ich.

»Na ja, fast«, lacht Elisabeth und dreht sich um. »Der Reißverschluss geht nicht mehr zu.«

Tobi bricht in lautes Gelächter aus und kriegt sich kaum noch ein. Nach einer Weile sagt er japsend: »Wie bei meinen Hosen, wenn ich durch das Kortison wieder dicker geworden bin!« Das setzt ihm immer ziemlich zu. Aber dass er jetzt so darüber lachen kann, tut nicht nur ihm gut.

Leider bleibt die Stimmung nicht lange so ausgelassen. Tobis Werte schwanken immer stärker. Wir hatten überlegt, dass er einen Tag lang seine alte Klasse besuchen darf, wenn es ihm besser geht, aber davon ist nun keine Rede mehr. Er ist so enttäuscht. Auch dass er gar nicht mehr rausgehen und einfach so spielen kann, fehlt ihm sehr.

Das Schlimmste ist, dass wir das Gefühl haben, es fehlt nur ein ganz kleines Bisschen zum Gesundwerden. Tobis altes Immunsystem setzt sich immer wieder gegen das neue durch. Es ist, als wäre die Lösung zum Greifen nahe und doch erreichen wir sie nicht. Das Ganze zermürbt uns mehr und mehr.

Dann kommt der 29. März 2017. Elisabeth ist heute wie immer mit Tobias zur Kontrolle in die Tagesklinik gefahren. Ich bin auf der Arbeit, als mich ihr Anruf erreicht. »Johannes, ich bin gerade mit Tobi in der Klinik. Seine Werte sind so schlecht geworden, dass sie ihn hierbehalten wollen.«

Ich bin wie vor den Kopf gestoßen. Natürlich war uns klar, dass Tobias bei seinen aktuellen Schwankungen vermutlich wieder für eine Zeit ins Krankenhaus muss. Doch dass es so schnell gehen würde, damit hätte keiner von uns gerechnet. Elisabeth erzählt mir noch schnell, was bisher passiert ist.

Der Klinikbesuch begann wie immer. Tobis Blut wurde untersucht und er bekam eine Granulozyten-Infusion. Doch als die Blutwerte schließlich da waren, kam einer der Ärzte mit besorgter Miene ins Zimmer.

»Die Leukozyten sind leider nur bei 380«, erklärte er Elisabeth. Normal sind Werte zwischen 4 000 und 9 000, das wissen wir aus unzähligen Untersuchungen. Dann wandte sich der Arzt Tobi zu. »Tobias, du darfst heute leider nicht nach Hause gehen. Wir müssen dich gleich hierbehalten, damit wir deine Werte im Auge haben und dich behandeln können. Wir schauen mal, ob auf Station 14 oder 16 ein Bett frei ist.«

Tobi machte ein langes Gesicht. »Muss ich auf Station 14?«, fragte er besorgt. Auf Station 14 war er einmal über Nacht, um den Hickman für die Stammzellentransplantation implantiert zu bekommen, aber so richtig kannte er da niemanden. »Seine Station« war einfach Station 16. Inzwischen war einer der Assistenzärzte ins Zimmer gekommen, der uns und Tobias kannte, und hatte die Frage gehört. Er ging zu meinem Sohn und legte den Arm um ihn.

»Tobi, bei uns auf Station 16 ist ein Zimmer mit Fernblick zum Österberg frei, das bekommst du!«, sagte er aufmunternd.

»Danke schön!«, strahlte Tobi. Dann bekam er auch schon sein Zimmer gezeigt. Und dort steht Elisabeth jetzt mit ihm und telefoniert mit mir.

»Ich komme, so schnell es geht«, verabschiede ich mich von meiner Frau. Dann hole ich mir von meinem Chef die Erlaubnis, früher zu gehen, die er mir unter den gegebenen Umständen gerne gibt. Ich eile nach Hause. Die Mädchen sind inzwischen aus der Schule gekommen und, weil keiner zu Hause war, zu Oma Elisabeth gegangen. Wir essen zusammen und ich erkläre ihnen alles. Sie sind besorgt, das merke ich. Und ich versuche, ihnen die Sorgen zu nehmen und ihnen zu sagen, dass alles wieder in Ordnung kommt. Ich hoffe, sie merken meiner Stimme nicht an, wie unsicher ich selbst bin. Dann mache ich mich auf den Weg ins Krankenhaus.

Als ich das Krankenzimmer betrete, macht sich Elisabeth auf den Heimweg, um Tobis Sachen zu holen. Nachdem sie gegangen ist, schaut Tobi mich unglücklich an. Ich setze mich zu ihm und nehme seine Hand.

»Papa«, fragt er nach einer Weile bedrückt, »wie lange muss ich im Krankenhaus bleiben?«

Ich erschrecke kurz: Bei allen Krankenhausaufenthalten, die Tobias in seinem kurzen Leben schon hatte, hat er nie diese Frage gestellt. Bisher war immer klar, dass er nach Hause kann, sobald es ihm wieder irgendwie besser geht. Die Zeit im Krankenhaus hat er eigentlich immer gut rumgekriegt, es war ja quasi sein zweites Zuhause. Dass er das jetzt fragt, macht mich irgendwie unruhig.

Ich versuche, es ihm zu erklären: »Tobi, das ist so wie bei einer Grippe. Bei dem einen dauert es eine Woche, bis er wieder gesund ist, bei dem anderen zwei Wochen. Deshalb kann ich dir nicht sagen, wie lange es dauert. Sobald du gesund bist, darfst du wieder nach Hause.«

Er schweigt eine Weile. »Okay«, sagt er dann leise. Er fragt nicht weiter nach. Als Tobi heute Nacht schlafen geht, hält er meine Hand, bis er eingeschlafen ist.

Oskar-Fridolin Knöly-Clown und große Schmerzen

Es ist fast schon ein wenig eigenartig, wie das Krankenhaus von einer Minute zur nächsten wieder unsere Realität geworden ist. Tobias findet sich mit der Situation erstaunlich schnell ab, zumindest macht er nach außen den Eindruck. Er freut sich, alle seine Bekannten von Station 16 wieder zu treffen, die ihn mit großem Hallo begrüßen. Trotzdem merkt man ihm an, dass er nicht mit der gleichen Unbekümmertheit wie sonst davon überzeugt ist, dass wieder alles gut wird. Ich merke, dass er langsam skeptischer wird, und bin doch hilflos.

Der Klinikalltag geht weiter, wie er im Dezember aufgehört hat. Die Kliniklehrerin kommt, die Basteltherapeutin, der Physiotherapeut, der Musiktherapeut, die Krankenschwestern, die Ärztinnen und Ärzte. Es gibt Untersuchungen und Infusionen, Visiten und Patientenakteneinträge. Und Tobi mittendrin. Trotz allem hoffend. Strahlend. Wie ein kleiner Sonnenscheinmagnet, der alle Umstehenden an diesem Leuchten teilhaben lässt.

»Papa, der Tobias hat bald Geburtstag und feiert auch noch seine Hochzeit nachträglich«, sagt Tobi eines Nachmittags zu mir. Tobias ist sein Physiotherapeut – ein fröhlicher junger Mann, den mein Sohn gleich ins Herz geschlossen hat, und das nicht nur, weil er genauso heißt wie er.

»Willst du ihm etwas schenken?«, frage ich und denke an die Bilder, die Tobi gerne für andere malt. Er malt wirklich schön, das muss man ihm lassen.

»Ich will ein Sparschwein basteln, er wünscht sich nämlich Geld. Und der Schlitz im Rücken von dem Schwein wird so groß, dass alle ihre Karten mit dem Geld dort reinwerfen können! Papa, hilfst du mir?«

Wie könnte ich ihm irgendetwas abschlagen – vor allem etwas, das uns beiden Spaß machen wird? Ich lächle ihn liebevoll an: »Na klar! Wir suchen alles raus, was du brauchst. Conni hilft dir bestimmt beim Fertigbasteln.« Unser Sohn schafft es wie immer, sich und andere mit seinen Ideen und Plänen zu beschäftigen.

Wir beschließen, ein großes Schwein aus Pappmaschee zu basteln. Das kann Tobi dann anmalen und richtig schön gestalten. Als Conni von dem Schweinchen-Plan erfährt, ist sie auch sofort dabei. Ich besorge deshalb vor der nächsten Basteltherapie einen Luftballon und Kleister. Als Papier verwenden wir die Einmalhandtücher aus dem Plastikspender, der neben dem Waschbecken an der Wand hängt. Dann bereiten wir alles vor. Tobis kleiner Tisch ist glücklicherweise groß genug für eine Bastelrunde.

Tobi beginnt, den aufgeblasenen Luftballon mit Kleister einzustreichen und mit den Papierhandtüchern zu bekleben. Schicht für Schicht wächst das Schwein. Als er fertig ist, betrachtet Tobi stolz den großen Pappmaschee-Ballon. Doch irgendwie scheint er nicht richtig zugebunden zu sein oder der Kleister greift ihn an, ich weiß es nicht. Langsam und unmerklich entweicht immer mehr Luft, bis die Papierschicht schrumpelig und voller Dellen ist.

Tobi kommen die Tränen, als er das sieht. »Das Schwein!«, ruft er entsetzt. »Das Schwein ist total kaputt!« Dabei hat er sich beim Basteln so viel Mühe gegeben. Es tut mir so leid, ihn enttäuscht zu sehen.

»Sei nicht traurig über das Schrumpelschwein, Tobi«, tröste ich ihn. »Wir machen ein neues und das wird noch besser.« Nach einer kleinen Weile lässt er sich beruhigen, und den Begriff »Schrumpelschwein« findet er schon irgendwie witzig.

Ich puste einen neuen Ballon auf, riesengroß muss er sein. Dann geht das Ganze von vorne los. Einkleistern, aufkleben, einkleistern, aufkleben, Schicht für Schicht. Tobi ist mit voller Konzentration dabei. Schließlich sind wir fertig und überzeugt davon, dass es diesmal klappt. Doch – oh Schreck! Auch dieser Ballon beginnt zu schrumpfen.

»Papa! Papa, du musst was machen!« Tobi klingt fast schon verzweifelt. Da habe ich eine Idee. Ich öffne den Knoten und schiebe einen neuen Ballon in die schrumpelige Hülle. Den puste ich dann auf, sodass er den Schweinekörper von innen wieder in Form bringt. Den Knoten mache ich mit besonderer Sorgfalt. Und es klappt – Tobi ist begeistert! Und ich freue mich, wenn ich meinen gewitzten Sohn mal mit einer Idee beeindrucken kann.

Als das Pappmaschee schließlich getrocknet ist, sehen wir erleichtert, dass alles gut gegangen ist. Ein zweites Schrumpelschwein wäre einfach zu deprimierend gewesen. »Jetzt male ich es an«, verkündet Tobi, nachdem Ohren, Beine, Schnauze und Ringelschwanz angebracht sind und der Schlitz für die Briefe in den Rücken gesägt ist. »Rosa, weil es ein Schweinchen ist. Aber mit grünen Punkten.«

Es ist ein Meisterwerk – ich bin richtig stolz. Aber damit lässt es unser kreatives Kind noch nicht bewenden. Zusammen mit seinem Musiktherapeuten Patrick macht Tobi ein Lied zum Schwein: »Das rosarote grüngefleckte Sparschwein Klaus.« Und er fiebert schon der Geschenkübergabe entgegen. Bis dahin versteckt er das Schwein auf seinem Schrank.

Bei der nächsten Physiotherapie-Sitzung stellt Tobi das Schwein mitten auf den Tisch. Als sein Physiotherapeut Tobias dann mit dem Ergometer ins Zimmer kommt, verfolgt unser Sohn jede Bewegung und jede Regung seines Physiotherapeuten. Der erblickt das Schwein sofort.

»Ist das für mich?«, fragt er mit leuchtenden Augen.

Sein kleiner Namensvetter nickt. »Das ist ein Sparschwein für deinen Geburtstag. Den Schlitz am Rücken hab ich extra groß gemacht, damit da auch Umschläge reinpassen. Weil du dir doch Geld gewünscht hast. Und ich hab dir noch ein Bild gemalt und einen Brief geschrieben. Und ein Lied!« Er reicht ihm einen Umschlag.

»Das ist ja super! Tobi, das tolle Sparschwein werde ich mein Leben lang aufheben. Und immer, wenn ich es sehe, erinnert es mich an dich!«, sagt der Physiotherapeut gerührt.

Tobi freut sich riesig, dass sein Geschenk so gut angekommen ist. Vor allem aber ist er glücklich, dass er seinem Physiotherapeuten eine Freude gemacht hat. Als er abends im Bett liegt und betet, dankt er Gott noch einmal ganz besonders dafür. Dieser Wunsch, andere glücklich zu machen, ist bei ihm stark ausgeprägt. In Situationen wie dieser merke ich immer wieder, wie empathisch mein Sohn ist. Vielleicht weiß er auch durch seine Krankheit, wie besonders wichtig es ist, sich immer wieder zu freuen.

Tobias besteht auf seinem geregelten Tagesablauf. So ordentlich, wie er zu Hause und in der Schule ist, so ordentlich ist er auch in der Klinik. Selbst wenn es ihm schlecht geht und er sich schwach fühlt, geht er auf die Campingtoilette neben seinem Bett, statt eine Bettpfanne in Anspruch zu nehmen. Auch wenn er Schulunterricht oder Therapien hat, bleibt er nicht im Bett. Der »richtige« Platz dafür ist sein kleiner Tisch mit dem Stuhl davor, und dort sitzt er jedes Mal, wenn die Lehrerin oder die Therapeuten kommen.

Der Klinikunterricht ist sehr gut, aber für unseren aufgeweckten Sohn könnte er noch viel länger dauern. Also beschäftigt sich Tobi einfach selbst. Er schaut sich gerne Sendungen im Internet an, in denen erklärt wird, wie Dinge funktionieren: Wie wird Fensterglas hergestellt? Wie werden Motoren gebaut? Wie entstehen Streichhölzer? Warum regnet es?

Genauso spannend sind Filme, die Basteleien und kleine Experimente erklären. Wenn er diese Filme schaut, hält er sie immer an, um die einzelnen Schritte mitzuschreiben. Dann schreibt er eine »Einkaufsliste« für seine Basteltherapeutin – und anschließend wird losgebastelt und -gebaut. Sein neuestes Projekt ist ein Vulkan aus einer leeren Plastikflasche und Pappmaschee, den Tobi rot und gelb anmalt. In die Flasche kommt eine Mischung aus Essig und Wasser. Zum Schluss kippt mein Sohn einen Beutel Backpulver hinein. Durch die chemische Reaktion soll die Mischung eigentlich sprudeln und über die Ränder des Vulkans fließen, sodass es durch die Farbe so aussieht, als wäre es wirklich Lava.

Beim ersten Versuch will es noch nicht so richtig funktionieren, doch Tobias lässt sich nicht unterkriegen. Er schüttet noch ein bisschen mehr Backpulver in den Vulkan, bis es endlich klappt. Die ganze Station hat Tobis Bastelprojekt mitbekommen und als der Vulkan losprudelt, kommt sogar einer der Ärzte dazu, um zu schauen, wie er funktioniert.

Kurz vor Ostern gestaltet Tobi mit der Klinikpfarrerin eine Osterkerze. Echtes Feuer ist auf der Station zwar nicht erlaubt, aber schließlich gibt es ja mittlerweile LED-Kerzen. Ich staune, wie filigran er die ganze Geschichte von Ostern auf der einen Kerze unterbringt. Er klebt einen Hügel mit den drei Kreuzen auf. Dann ein offenes Grab mit weggerolltem Stein und einer Sonne, die hell darauf scheint. Seitlich formen zierliche Buchstaben die Worte »Frohe Ostern«.

Als sie fertig sind, schaut Tobi die Klinikpfarrerin fragend an. »Kann ich noch mehr Kerzen haben? Ich brauche ganz viele, damit ich eine für jedes Kind basteln kann.« Die Pfarrerin ist gerührt. Und so gestaltet mein Jüngster eine ganze Reihe Osterkerzen, eine für jedes Kind auf seiner und der Kinderintensivstation.

»Weißt du, Papa, dann können alle Kinder davon hören, dass Jesus an Ostern auferstanden ist. Und dann können sie sich darüber freuen«, sagt er zufrieden. Ich bin gerührt von seinem weisen Gedanken. Denn was macht mehr Mut, als zu wissen, dass es nicht das Ende sein muss, wenn man stirbt. Und diese Hoffnung will Tobi an die anderen Kinder weitergeben. Er ist wirklich ein außergewöhnlicher kleiner Junge.

»Was wünschst du dir denn zu Ostern?«, frage ich Tobi in einer ruhigen Minute.

»Einen zweiten Kranki!«, antwortet er wie aus der Pistole geschossen. »Bei meinem sind die Verbände schon ganz schön kaputt!« Kranki ist Tobis Teddy. Er hat ein Pflaster am Kopf und den linken Arm verbunden in einer Schlinge – der perfekte Begleiter für ein krankes Kind. In der Klinik, in der ich arbeite, haben wir diese Teddys extra als Trost für Kinder, die frisch operiert sind und Schmerzen haben.

»Aber Tobi, eigentlich bekommt jedes Kind nur einen Kranki! Wenn du ihn jetzt bekommst, hat ein anderes Kind vielleicht keinen.«

Er schaut mich enttäuscht an. »Aber ich brauche doch einen zweiten Kranki, wenn meiner kaputtgeht. Zum Trösten.«

Ich überlege kurz. »Dann musst du mich aber überzeugen, dass du wirklich einen zweiten Kranki brauchst.«

Tobi schaut gleich viel fröhlicher. »Das schaffe ich!«, sagt er überzeugt.

Unser Jüngster hält Wort. Er malt Bilder von seinem Teddy und schreibt Geschichten über dessen Erlebnisse. Er sägt in der Basteltherapie einen Bären aus Holz aus. Als ich einmal ins Krankenhaus komme, hat er aus Draht einen Kranki gebogen. Ich bin ganz schön beeindruckt von seiner Kreativität und seinem starken Willen. Wenn er sich etwas in den Kopf gesetzt hat, arbeitet er stetig darauf hin und lässt sich nicht davon abbringen. Vielleicht hilft ihm das auch, so gut mit seiner Krankheit umzugehen. Er versucht alles, um gesund zu werden. Unsere Liebe und Unterstützung sind dabei sicherlich genauso wichtig für ihn wie seine innere Stärke.

Bei so viel Hingabe und Engagement kann ich einfach nicht anders: Ich muss ihm den Kranki besorgen. Als Ostern schließlich da ist, gebe ich ihn seinen Schwestern zusammen mit den anderen Geschenken, Eiern und Süßigkeiten. Während Tobias den Kopf in seinem Kissen versteckt, damit er nichts sieht, verstecken sie alles in seinem Isolierzimmer. Dann darf er lossuchen. Als er den neuen Kranki schließlich zusammen mit dem alten auf seinem Sessel entdeckt, strahlt er übers ganze Gesicht. Hetty zieht die Folie ab, die darübergestülpt ist, und er darf ihn in die Arme schließen. Kurze Zeit ist er ganz still und streicht glücklich über seinen Bären. Er drückt ihn fest an sich und schaut versonnen.

Dann fällt er mir begeistert um den Hals und drückt mich fest. »Ich wusste, dass du mir einen zweiten Kranki schenkst, auch wenn du immer gesagt hast, dass ich keinen bekommen kann. Den hattest du bestimmt im Wäscheschrank zu Hause versteckt.« Die Süßigkeiten und alles andere hat er danach schnell gefunden. Kein Kunststück, wenn man bedenkt, wie klein das Krankenzimmer ist. Die Schokolade und die Bücher sind im Bett versteckt und zwischen den Schulsachen, im Nachttisch, am Waschbecken und am Infusionsständer. Aber jede Menge Spaß hat er trotzdem!

Zwischendurch winken uns immer wieder die Eltern der anderen Kinder von Station 16. Die Osterkerzen, die Tobi ihren Kindern geschickt hat, haben ihnen sichtbar Freude gemacht. Jedes Mal, wenn jemand kommt, um sich zu bedanken, strahlt Tobias über's ganze Gesicht. Als er abends nach diesem aufregenden Tag ins Bett geht, hat er seinen neuen Teddy fest im Arm. »Das war ein schönes Ostern«, murmelt er glücklich, bevor er einschläft.

Elisabeth und ich machen uns trotz dieser schönen Erlebnisse Sorgen. Tobias hat schon einen Boost bekommen, also eine erneute Stammzellendosis. Trotzdem schlägt die Therapie nicht an. Wir wissen einfach nicht, was los ist. Die Mädchen fragen immer wieder nach, wie es ihrem Bruder geht und wann er endlich wieder nach Hause kommt. Wir versuchen, positiv zu klingen und so ihre Sorgen zu zerstreuen. Aber es ist oft ziemlich schwer, sich nichts anmerken zu lassen, und es wird immer schwerer.

Die Klinikclowns Plümo und Pepina sind zu Besuch. Tobi hat die beiden Frauen sehr ins Herz geschlossen: zum einen, weil er Clowns sehr mag, zum anderen, weil sie ihn immer wieder zum Lachen bringen und vom Klinikalltag und seinen wachsenden Sorgen ablenken. Sie haben bei jedem Besuch eine kleine Soundmaschine dabei, mit der sie die verschiedensten Geräusche zu ihren Scherzen machen: Gläserklirren, Explosionen, ein lauter Pups und noch viel mehr. Als sie das erste Mal mit diesem Gerät rumgeblödelt haben, hat Tobias es mit meinem Mobiltelefon im Internet gefunden und gleich begeistert bestellt.

Seit mein Sohn auf der Welt ist, habe ich die Arbeit der Klinik-Clowns immer mehr schätzen gelernt. Kranken Kindern eine Freude zu machen ist so eine wichtige Aufgabe. Ich glaube, ohne Clowns wären die Stationen, auf denen schwer kranke Kinder liegen, traurigere Orte. Auch ich freue mich jedes Mal, wenn ich die beiden tollpatschigen Gestalten sehe, und muss über ihre Scherze lachen.

Einmal hat Plümo versucht, einen Luftballon durch ein Stück Schlauch aufzupusten, was ihr natürlich nicht gelang. Pepina hat ihr geholfen, indem sie in einen Schlauch pustete, der in Plümos Ohr endete. Es sah wirklich so aus, als würde sie den Luftballon durch Plümos Kopf hindurch aufblasen, und war einfach nur total lustig. Und natürlich verstehen die Clowns immer alles falsch, was die Kinder ihnen erzählen, nehmen Dinge übertrieben wörtlich oder wissen über alle Therapien Bescheid. Ihr Besuch ist jedes Mal ein Highlight.

Heute haben sie besonders viel Spaß mit Tobi. Sie haben nämlich gemeinsam mit den Krankenschwestern beschlossen, dass mein Sohn einen neuen Namen braucht. »Ich hab's«, ruft eine der Schwestern schließlich, nachdem sie eine Weile hin und her überlegt und einige Vorschläge schon wieder verworfen haben. »Du heißt ab jetzt Oskar-Fridolin Knöly-Clown!« Tobi quietscht vor Vergnügen.

»Au ja! Das ist super-cool!«, ruft er vergnügt. »Jetzt hab ich einen Clownsnamen!«

»Dann machen wir das doch offiziell«, lacht sie. Sie holt einen Stift aus ihrer Kitteltasche und geht zur Tür. Jedes Kind hat an seiner Zimmertür ein Namensschild hängen. Sorgfältig wischt sie den Namen »Tobias« mit einem der Papierhandtücher ab. Dann schreibt sie – so offiziell, als würde ein neuer Patient aufgenommen – *Oskar-Fridolin* auf das Türschild.

»So, fertig«, grinst sie Tobi zu. »Jetzt weiß jeder deinen neuen Namen.«

Am nächsten Morgen sorgt der Namenswechsel dann doch noch einmal für Verwirrung. Als die Visite an Tobis Zimmer ankommt, schauen sich die Ärzte irritiert an. »Nanu, über diesen Neuzugang haben wir ja noch gar nichts hier«, höre ich einen von ihnen sagen. Dann dreht er sich zu zwei Schwestern um, die hinter ihm stehen. »Was ist denn mit Tobias? Ist der verlegt worden? Und wer ist Oskar-Fridolin?«

Die Schwestern beginnen zu lachen. »Das ist der Tobi. Wir haben ihm gestern einen neuen Namen gegeben. Aber sonst ist er noch der Alte.« Gelächter macht sich breit, die Stimmung vor dem Krankenzimmer wird fröhlich und gelöst. Nach einer Weile beruhigen sich alle wieder.

»Aber dann schreiben Sie wenigstens noch ›Tobi‹ dazu, sonst stehen hier jeden Tag Leute mit Fragezeichen im Gesicht«, sagt der Arzt gut gelaunt, bevor er das Zimmer betritt. »Na, Oskar-Fridolin, wie geht's dir denn heute?«, fragt er mit gespieltem Ernst. Tobi fängt ebenfalls an zu lachen und auch ich muss grinsen. Der Tag fängt gut an!

Diese kleinen Sonnenstrahlen im Krankenhausalltag tun allen merklich gut. Vor allem für mich sind es die Momente, in denen ich aus meinem Gedankenkarussell ausbrechen kann. Und das brauche ich mehr denn je. Denn mit jedem Tag, der vergeht, sinkt mein Mut ein wenig mehr. Tobi geht es nicht besser, egal, was die Ärzte versuchen. Ob er je wieder gesund werden wird? Ich weiß es nicht. Und das liegt mir schwer wie ein Stein auf dem Herzen und wird von Tag zu Tag schwerer.

»Au, das tut so weh!«, klagt Tobi und es fährt mir wie ein Stich durch den Magen. Wenn er Schmerzen hat, leide ich immer mit. Es ist aber auch wirklich schlimm. Elisabeth versorgt Tobis empfindliche Haut auch im Krankenhaus. Sie wäscht ihn jeden Morgen und reibt ihn anschließend mit einem speziellen Haut-Öl ein. Trotzdem haben sich an seinem Po tiefe Wunden gebildet, die einfach nicht heilen wollen und unserem Sohn große Schmerzen bereiten. Erschöpft schaut er mich an, die Augen wie Schlitze in seinem aufgedunsenen Gesicht. Die Medikamente haben ihn stark zunehmen lassen und machen ihm auch sonst zu schaffen, doch ohne geht es natürlich nicht. Wenn ich mit ihm tauschen und ihm so alles Leid nehmen könnte, würde ich es auf der Stelle tun.

Jeden Tag kommt die Wundtherapeutin und versorgt Tobi. Er hat extra einen weichen Stoffring bekommen, den er sich beim Sitzen zusätzlich unter den Po schieben und so den Druck und die Schmerzen lindern kann. Trotzdem gibt es Tage, an denen er es kaum aushält.

Gerade, als ich Tobias tröste, kommt die Stationsärztin dazu, Dr. Döring. Sie hat eine durchsichtige Schatulle voller kleiner Geschenke dabei, die sie vor ihm auf den Nachttisch stellt. Mein Sohn schaut müde zu ihr auf, man sieht ihm an, dass er Schmerzen hat.

»Tobi, ich weiß, dass es dir gerade ziemlich schlecht geht und deine Wunden wehtun. Deshalb habe ich eine Überraschung für dich«, sagt sie einfühlsam.

»Was denn für eine Überraschung?«, fragt er, ein kleines bisschen abgelenkt.

»Wenn es ganz besonders schlimm ist, dann darfst du zu mir kommen und dir ein Geschenk aus der Schachtel nehmen.« Sie klappt den Deckel auf.

»Für mich?!« Tobias schaut sie staunend an. Dann lächelt er schwach. »Darf ich mir jetzt schon eins nehmen?«

»Aber sicher. Ich sehe doch, dass du Schmerzen hast.« Tobi greift bedacht in die Schachtel und sucht sich eines der Päckchen aus. Dann wickelt er es vorsichtig aus. Zum Vorschein kommt ein kleines Auto.

Tobi sieht sofort, wofür es ist. »Ein Auto für meine Eisenbahn! Danke schön! Und ich darf immer kommen und mir ein Geschenk holen, wenn es mir ganz schlecht geht?«

Dr. Döring lächelt ihm ermutigend zu. »Versprochen.«

Das Geschenk gibt meinem Sohn wieder ein bisschen Auftrieb und lenkt ihn von seinen schlimmen Schmerzen ab. »Das muss ich gleich ausprobieren, wenn ich nach Hause darf«, sagt er mit einem Blick auf das kleine Auto in seiner Hand. »Und dann kann ich auch wieder Eisenbahn spielen.« Ich hoffe so sehr, dass wir ihm das irgendwie ermöglichen können.

Seine Eisenbahn liebt er wirklich. Ich habe sie letztes Jahr zu Ostern gebraucht gekauft. Vorher hatte sie einem älteren Mann gehört, der sie sehr pfleglich behandelt hatte. Sie sieht immer noch fast aus wie neu – Tobi hat ja leider noch nicht lange die Gelegenheit gehabt, damit zu spielen. Wenn er Kleinigkeiten für seine Eisenbahn oder die Landschaft drumherum bekommt, ist das für ihn ähnlich schön wie der stetig wachsende Kaufladen oder das Puppenhaus.

Die Geste von Tobis Stationsärztin rührt mich sehr. Gerade die kleinen Gesten haben ja oft eine größere Wirkung, als wir meinen. Und dass sie sich die Mühe macht, extra kleine Geschenke einzupacken, damit ein krankes Kind abgelenkt ist und einen Grund zum Freuen hat, ist ein gewaltiges Geschenk für uns.

Als es draußen immer wärmer wird und der Mai mit Sonne und Blumen Einzug hält, sieht es in Tobi immer düsterer aus. Im letzten Monat war er noch sehr zuversichtlich, was seine Heilung betrifft. Doch je länger er in der Klinik ist, desto mehr resigniert er. Das habe ich bei meinem lebensfrohen Sohn noch nie erlebt und es macht mir Angst. Durch seine Medikamente hat er angefangen zu zittern und aus seiner ehemals gestochen scharfen Schrift ist eine unleserliche geworden. Auch das Basteln, das ihm immer Spaß gemacht und ihn abgelenkt hat, geht zunehmend schwerer.

Ich versuche ihn irgendwie aufzuheitern, doch es gelingt mir nicht wirklich. Er wird stiller, zurückhaltender, trauriger. Ich zwinge mich, in seiner Gegenwart fröhlich und zuversichtlich zu wirken, auch wenn es mir unter den gegebenen Umständen nicht leichtfällt – doch auch das hilft ihm nicht, wieder Zuversicht zu gewinnen. Da bekomme ich ungeahnte Hilfe vom Verein Herzenswünsche, der es sich zur Aufgabe gemacht hat, schwer kranken Kindern Wünsche zu erfüllen und damit Mut zu machen. Er möchte Tobi nun ebenfalls einen Wunsch erfüllen!

Er träumt schon länger von einem ICE für seine elektrische Eisenbahn und dass er sich jetzt einfach so einen ICE wünschen darf, heitert ihn schon etwas auf. Damit er den richtigen bekommt, malt er extra ein Bild davon und schreibt dazu, welcher es ist. Ich bin erleichtert, dass er wieder ein Ziel hat, einen Grund, sich zu freuen. Aber ich möchte ihm noch ein bisschen mehr helfen, er soll einen absolut genialen Tag erleben und etwas zum Erinnern haben.

»Tobi, was hältst du davon, wenn ein Foto von dir und deinem neuen ICE in die Zeitung kommt?«, frage ich ihn deshalb aus heiterem Himmel.

Er ist ein bisschen skeptisch, das merke ich ihm an. »Aber in die Zeitung kommen doch nur Nachrichten und wichtige Sachen. Und ich hab meinen ICE ja noch gar nicht.«

»Vielleicht machen sie ja ein Foto bei der Übergabe und schreiben ein bisschen was dazu. Für mich und deine Mutter und deine Schwestern bist du so unendlich wichtig – da kann es doch sein, dass die Leute von der Zeitung dich auch wichtig genug finden«, versuche ich ihn umzustimmen.

Er überlegt kurz, dann merke ich, dass er sich langsam von der Idee begeistern lässt. »Okay«, sagt er und fängt an zu grinsen. »Dann bin ich in der Zeitung und ganz berühmt.«

Kaum habe ich etwas Zeit, telefoniere ich mit dem Verein Herzenswünsche und dem Schwäbischen Tagblatt. Die Menschen, mit denen ich jeweils spreche, zeigen sofort Verständnis für die Situation und sind einverstanden, dass die Geschenkübergabe von der Presse begleitet wird.

Als es so weit ist, kommen eine freundliche Frau vom Verein Herzenswünsche und eine Redakteurin sowie ein Fotograf vom Schwäbischen Tagblatt. Tobi strahlt, als der ICE feierlich an ihn übergeben wird. Dann werden eine Menge Fotos gemacht, alles ist sehr aufregend für ihn. Die Redakteurin interviewt ihn im Anschluss – ich bin beeindruckt, wie sehr sich alle um unseren Sohn bemühen. Er wirkt fast wie ein kleiner Erwachsener, als er so neben ihr sitzt und ihre Fragen beantwortet.

»Wenn du wieder gesund bist, dann kommst du mich zu Hause besuchen«, sagt sie zum Abschied. »Ich habe nämlich noch einen Pendolino-Zug von meinen Kindern. Mit dem kannst du dann spielen. Was hältst du davon?«

Tobi nickt begeistert. »Das würde mir Spaß machen«, sagt er hoffnungsvoll und auch ein bisschen sehnsüchtig. Wir verabschieden uns von den Besuchern, dann bin ich wieder mit Tobi allein. Er nimmt immer wieder sein Geschenk zur Hand, und ich bin froh, dass alles so gut geklappt hat.

Am nächsten Tag kann ich es kaum abwarten, bis ich die Zeitung endlich in den Händen halte. Eine Krankenschwester bringt sie uns schließlich vorbei. Als ich die Titelseite sehe, bin ich baff: Direkt neben einem Bild von Angela Merkel und Emmanuel Macron lächelt mich Tobis Gesicht an. Ein kurzer Text verweist auf den Artikel im Inneren der Zeitung, der eine halbe Seite einnimmt. Mir kommen fast die Tränen vor Freude. Auch Tobi ist stolz und glücklich, keine Spur mehr von Resignation. Ich fühle mich erleichtert, als ich ihn so fröhlich sehe – hoffentlich hält die gute Stimmung an.

Damit er mit seinem ICE spielen kann, hole ich die Schienen von zu Hause. Sie werden desinfiziert und dann auf Bettlaken aufgebaut, die ich sorgfältig über den Boden gebreitet habe. Tobi darf aus Hygienegründen keinen Bodenkontakt haben, aber mit den Bettlaken geht es. Nachdem alles angeschlossen ist, lässt der stolze kleine Lokführer seinen Zug wieder und wieder über die Schienen rattern und lächelt dabei die ganze Zeit.

In den nächsten Tagen ist der Artikel keineswegs vergessen. Frau Ebinger bringt die Zeitung ebenfalls mit, als sie zum Unterricht kommt, und spricht mit Tobi darüber. Dann kommen einige Exemplare zusammen mit einem Spiel als Geschenk von Familie Frate, den Verlegern des Schwäbischen Tagblatts. Und schließlich kommen nach und nach immer wieder Briefe in die Klinik: Einige der Leser des Tagblatts haben Tobias geschrieben, um ihm eine Freude zu machen und Mut zuzusprechen. Das Ganze gibt ihm so viel Auftrieb, dass es wieder bergauf geht. Seine Laune wird besser, die Traurigkeit schwindet und bald schon ist er wieder der kleine Kämpfer, der er von Geburt an war. Und während Tobi bei seinem Abendgebet dankbar für seinen ICE ist, danke ich Gott im Stillen, dass er genau zur rechten Zeit eingegriffen hat.

14

Festtage und Krankenhausleben

Es ist Zeit für das Mittagessen. Ich gehe in die Elternküche der Station und hole eine Portion von Tobis Essen aus dem Tiefkühler. Wie beim Klinikaufenthalt im letzten Jahr kocht Elisabeth immer kleine Portionen vor und friert sie dort ein. Dann isst Tobias wenigstens ein bisschen was, das Klinikessen schmeckt ihm nämlich immer noch nicht.

Dass unser Sohn seiner Mutter nicht mehr beim Kochen und Schnippeln helfen kann, fehlt ihm schon. Das Essen zu entdecken und selbst zuzubereiten ist für ihn spannend. Vor einiger Zeit hat er deshalb angefangen, seine eigenen Rezepte zu erfinden. Neben süßen *Armen Rittern* aus Weißbrot gibt es in seiner Sammlung auch die deftigen *Reichen Ritter* aus Vollkornbrot mit Schinken und Käse. Rezepte für verschiedene Dips mit Bohnen, Nüssen, Joghurt oder Gemüse hat er genauso aufgeschrieben wie solche für Kräutertees und Salate.

»Papa, ich erfinde heute ein neues Rezept«, sagt er zu mir, als ich mit seinem Mittagessen zu ihm komme.

»Mmh, was gibt's denn?«, frage ich.

»Bunte Kartoffeln«, antwortet Tobi genießerisch. »Das ist ein Kartoffelauflauf mit roten Paprika, grünen Zucchini, orangen Karotten und gelbem Mais. Und da kommt dann Käse drüber und es wird im Ofen überbacken.«

»Das klingt aber toll!«

»Ja, das könnt ihr dann zu Hause ausprobieren«, erklärt er.

Nachdem er das alles aufgezählt hat, muss ich lachen. »Tobi, da kriege ich aber langsam ganz schön Hunger!« Ich bin froh, dass er es wieder schafft, das Beste aus der Zeit im Krankenhaus zu machen.

Als ich das mit dem Hunger sage, merke ich, wie mein Sohn kurz überlegt. »Eigentlich ist es doch doof, dass ihr im Krankenhaus gar kein Essen bekommt«, sagt er dann wie aus heiterem Himmel.

»Na ja«, versuche ich eine Erklärung, »das Essen ist halt nur für die Kinder, nicht für die Eltern. Die müssen ja meistens nicht die ganze Zeit hier sein und können auch zu Hause oder in der Cafeteria essen.«

»Aber für die Kinder ist es doch auch besser, wenn die Eltern da sind. Und wenn ihr hier essen könntet, wäre das doch für euch viel schöner. Dann können wir zusammen essen. Und vor allem müsst ihr dann keinen Hunger haben, während ihr hier seid!«, überlegt Tobi weiter.

»Das wäre schön«, stimme ich ihm zu. »Aber leider bekommen wir hier kein Essen, Tobi.«

Wenn ich denke, damit hat sich die Frage erledigt, so habe ich mich geirrt. Tobi fängt an, die Krankenschwestern und Ärzte mit Fragen nach unserem Essen zu löchern. Seine charmante, liebenswerte Art kommt ihm zu Hilfe. Er schafft es tatsächlich, die Zusage zu bekommen, dass sich das Personal darum kümmern wird. Mein lieber, lieber Sohn. Selbst jetzt denkt er noch an andere und will seiner Mutter und mir etwas Gutes tun.

An den Wochenenden verbringe ich Zeit mit Hetty und Lotte. Elisabeth ist dann in der Klinik und ich bin zu Hause. Ich versuche, den Mädchen möglichst viel Aufmerksamkeit zu geben, um meine Abwesenheit unter der Woche wenigstens ein bisschen auszugleichen. Mir ist wichtig, dass sie schöne Erinnerungen mitnehmen, auch wenn Tobis Zeit im Krankenhaus alles andere als schön ist und die Mädchen sich wahrscheinlich manchmal fast wie Halbwaisen vorkommen.

Wir gehen schwimmen, das mögen sowohl Hetty als auch Lotte. Und einmal tun wir uns mit der Familie meines Bruders Paul-Gerhard zusammen und machen eine Wanderung auf der Schwäbischen Alb. Zur Feier des Tages essen wir in einem Gasthaus – eine absolute Seltenheit. Das ist mein Rezept, nach dem ich versuche, ein bisschen Abwechslung in den grauen, entbehrungsreichen Alltag zu bringen. Vielleicht spüren meine Töchter dadurch ein bisschen, dass sie mir genauso wichtig sind wie Tobias. Er braucht mich gerade nur einfach noch dringender.

Am schwersten fällt meinen beiden Mädchen, dass sie Tobi nicht besuchen dürfen. Sie müssen oft im Vorraum warten und auch das Winken vom Fenster aus ist kein richtiger Ersatz. Das macht ihre Angst um ihn natürlich nicht kleiner und sie fragen ständig, ob es ihm besser geht und was er macht. Ihre Traurigkeit zeigen sie nur selten durch Tränen – wir versuchen auch unser Möglichstes, sie abzulenken und aufzumuntern. Doch sie basteln und malen viel für ihren Bruder und überlegen sich kleine Geschenke für ihn. Ich mache mir Sorgen, dass der Druck, der auf ihnen lastet, ihnen schaden könnte. Und doch kann ich irgendwie nichts tun, um ihnen diesen Druck zu nehmen.

Heute ist der 23. Mai 2017 – Tobias wird acht Jahre alt. Seinen ersten Geburtstag hat er in München im Krankenhaus gefeiert und wir wussten nicht, ob er jemals nach Hause kommen würde. Nun feiert er seinen achten Geburtstag in Tübingen im Krankenhaus und wir wissen ebenfalls nicht, ob er jemals wieder nach Hause kommen wird. Es ist fast schon ein bisschen absurd. Wenn ich darüber nachdenke, könnte ich schreien. Aber alles, was jetzt zählt, ist ein schöner Tag für unseren Sohn. Ich habe mir extra freigenommen, damit ich den ganzen Tag bei ihm sein kann.

In der Nacht haben die Krankenschwestern Tobis Zimmer liebevoll dekoriert. Er hat tief und fest geschlafen und davon überhaupt nichts mitbekommen. Als er nun aufwacht, macht er große Augen. Gegenüber seinem Bett hängt eine Leuchtkette aus den Buchstaben *Happy Birthday*. Am Fußende ist ein mit Helium gefüllter roter Luftballon in Herzform angebunden, der bei jedem Vorbeigehen an seiner Schnur tanzt. Bunte Girlanden ziehen sich kreuz und quer durchs ganze Zimmer. Und schließlich steht ein Korb voller Geschenke mitten auf dem kleinen Tisch.

Tobis erster Blick fällt auf die Lichterkette. »Die ist ja toll«, staunt er begeistert. Dann steht er auf und setzt sich an den Laptop. Alles andere ist erst einmal vergessen. »Papa, ich such die Lichterkette, und dann musst du sie für Hetty und Lotte zum Geburtstag bestellen«, sagt er bestimmt. Es dauert nicht lange, da hat er sie auch schon gefunden. Mein Mobiltelefon piepst gleich darauf. Tobi hat mir den Link zum Online-Shop per E-Mail geschickt, so was macht er gerne. »Lieber Papa, bitte bestellen«, hat er dazugeschrieben – damit ich es auch ja nicht vergesse. Jetzt erst sind die anderen Dinge und die Geschenke spannend.

Nach dem Frühstück kommt zuerst Elisabeth, die unsere Töchter vorher noch für die Schule fertig gemacht hat. Dann beginnt ein kaum abreißender Besucherstrom. Alle Krankenschwestern der Station kommen zum Gratulieren und singen, von Tobis Musiktherapeut Patrick auf der Gitarre begleitet, einige Lieder für das Geburtstagskind. Dieses grinst die ganze Zeit begeistert und freut sich riesig.

Zwar hat Tobi eine Trommel vor sich liegen, aber vor lauter Freude vergisst er, darauf zu schlagen. Ihm gefällt es sichtlich, so viel Aufmerksamkeit und Zuwendung zu bekommen. Es ist nur ein kleiner Ersatz dafür, dass er nicht mit Gleichaltrigen draußen spielen und sich austoben kann, aber er kennt es ja kaum anders. Kurz darauf kommen die Assistenzärztinnen und -ärzte mit den Professoren.

Auch sie singen Tobias ein Ständchen. Dann tritt einer von ihnen vor und überreicht Tobi ein Geschenk, das der sofort auspackt.

»Wie cool – ein Medizinbuch!«, ruft er aufgeregt, als er sich *Der menschliche Körper* genauer anschaut.

»Jetzt kannst du noch besser mitreden«, schmunzelt der Arzt.

»Ja, und wenn ich groß bin, dann werde ich auch Arzt und helfe kranken Kindern!«, ergänzt Tobi. Ich kann gar nicht sagen, wie sehr ich das hoffe!

Nicht lange danach kommt ein Geschenk von Tobis Klasse. Die Kinder haben einen kleinen Film für ihn gedreht, in dem sie *Happy Birthday* singen und ihm alles Gute wünschen. Dazu hat jeder ihm eine Tapferkeitsmedaille aus Pappe gebastelt. Mein Sohn ist total gerührt und hängt sich alle 18 Medaillen auf einmal um.

Das größte Highlight von allen aber gibt es am Nachmittag: Tobi darf für drei Stunden nach Hause und dort mit uns Geburtstag feiern. Das Prozedere ist streng. Durch die Schleuse gehen, die Klinik-Kleidung ausziehen, Kleidung für den Besuch zu Hause anziehen, alles desinfizieren, Mundschutz und Schutzmantel anziehen. Dann erst dürfen wir gehen. Tobi hält auf dem Weg zum Auto aufgeregt meine Hand.

Zu Hause ist die Freude noch größer. Die Mädchen haben für ihn einen Geburtstagstisch gestaltet, auf dem seine Geschenke aufgebaut sind. Ich habe außerdem meinen und Elisabeths Geschwistern Bescheid gegeben, die in der Nähe wohnen, und meine Mutter angerufen, sodass alle zum Gratulieren vorbeikommen können – zumindest bis an die Wohnungstür. Unser Jüngster strahlt vor Glück. Die Bewohner der beiden WGs aus unserem Haus schauen ebenfalls vorbei und bringen Glückwünsche mit.

Als wir drei Stunden später zurück in die Klinik gehen, machen wir den Check-in von Neuem durch. Kleidung ausziehen, desinfizieren, Klinik-Kleidung anziehen, Geschenke desinfizieren und ab ins

Isolierzimmer. Dort wird mein Sohn an alle Infusionen und Überwachungsgeräte angeschlossen. Schnell hängen eine ganze Reihe Schläuche und Leitungen an dem zierlichen Kinderkörper. Der Ausflug in die Außenwelt wirkt fast schon wie ein Traum, wenn ich ihn hier so angeschlossen liegen sehe. Ich klappe Tobis Nachttisch aus und baue alle Geschenke darauf auf. Mein Sohn schaut mir glücklich und ganz erfüllt zu.

»Jetzt will ich beten«, sagt er plötzlich. Er faltet die Hände und schließt die Augen und ich tue es ihm gleich. »Lieber Gott, danke für den wunderschönen Geburtstag und den tollen Tag. Gib, dass es morgen auch wieder ein schöner Tag wird. Danke für das gute Essen. Mach den kleinen Hugo wieder gesund. Sei du auch bei Lotte, Hetty, Mama und Papa. Amen.«

Ich merke, wie sich meine Augen mit Tränen füllen. Tobis Geburtstag hatte wenig von dem, was ich mir für ihn gewünscht hätte. Keine große Feier, keine Freunde, kein Spielen im Freien – nur ein bisschen mit der Familie zusammensitzen und Gratulationen auf Abstand. Und trotzdem ist er so ein dankbares, glückliches Kind! Ich an seiner Stelle wäre vermutlich schon lange verzweifelt. Aber für Tobi ist ganz klar, dass Gott ihm diesen schönen Tag geschenkt hat. Ich spüre sein Vertrauen und seinen kindlichen Glauben, ganz ohne Zweifel daran, dass Gott es anders als gut mit ihm meinen würde. In vielen Punkten glaube ich ähnlich wie mein Sohn, aber diese Leichtigkeit und das bedingungslose Vertrauen werden bei mir oft von meiner sachlicheren Art und meinen Sorgen überlagert.

Tobias bekommt vor dem Schlafen noch seinen Medikamentencocktail, muss inhalieren und die wichtigsten Werte bestimmen lassen. Dann beginne ich wie jedes Mal, wenn ich ihn ins Bett bringe, Lieder für ihn zu pfeifen. Noch während er einschläft, liegt ein Lächeln über seinem ganzen Gesicht, das glückliche Echo eines erfüllenden Tages.

Ich selbst kann noch lange nicht schlafen. Ich schreibe noch eine E-Mail an die Gemeinden und Einzelpersonen, die für uns beten und in ganz Europa verstreut sind, und erzähle von Tobis schönem Tag und seinem vertrauensvollen Gebet. Dann liege ich grübelnd wach. Ich glaube nicht mehr, dass mein Sohn jemals gesund wird, und dieser Gedanke schnürt mir die Luft ab. Vor allem darf ich ihn meine Angst nicht spüren lassen, er soll fröhlich und sorgenfrei leben können, so gut es geht.

Doch wie wird es weitergehen? Wird Tobi zwischen Krankenhaus und kurzen Besuchen daheim erwachsen werden? Wird er überhaupt erwachsen werden? Ich weiß nicht, ob ich es aushalten könnte, ihn zu verlieren. So viel Liebe, so viel Strahlen und Glück – wie könnte ich weitermachen, wenn mein Sonnenschein nicht mehr da wäre? Und gleichzeitig weiß ich, dass ich für die Mädchen stark sein müsste. Ich weiß nicht, was ich tun soll, ich weiß es einfach nicht.

Ich bete noch für meine drei Kinder, dann mache ich die Augen zu. Als ich einschlafe, ist es gegen Mitternacht. Ich träume nicht, zumindest kann ich mich danach nicht mehr daran erinnern. In der momentanen Situation bin ich nicht böse darum.

Elisabeth und ich sind gerührt: Simone, eine ehemalige Arzthelferin unseres Kinderarztes, hat gerade bei uns angerufen und gefragt, ob Tobias bei ihrer Hochzeit nicht die Ringe tragen könnte. Als wir ihm davon erzählen, ist er begeistert und ängstlich zugleich. Begeistert, weil er nichts lieber tun würde, und ängstlich, dass es vielleicht nicht klappen könnte.

Ab und an darf unser Sohn die Klinik verlassen und einige Stunden nach Hause kommen. Er achtet selbst penibel darauf, dass er rechtzeitig wieder zurück ist. Daher hoffen wir natürlich, dass ein kurzer Ausflug zur Hochzeit auch geht. Wir besprechen uns mit den Ärzten und sind froh, als wir die Erlaubnis dafür bekommen. Das Risiko bei einer Veranstaltung dieser Art ist natürlich höher als bei einem Besuch zu Hause, daher werden wir entsprechende Sicherheitsvorkehrungen treffen. Tobi wird beispielsweise einen Mundschutz tragen müssen, um vor herumfliegenden Keimen geschützt zu sein.

Elisabeth bringt seinen Anzug mit in die Klinik, damit er ihn noch einmal anprobieren kann. Leider hat er durch das Kortison so stark zugenommen, dass die Hose nicht mehr zugeht. Wir improvisieren ein bisschen mit einem Gürtel und da er das Hemd darüber trägt, wird es niemandem auffallen, wenn ein Knopf offen bleibt.

Als Simone damals aus Tübingen weggezogen ist, hat sie Tobi einen Plüschaffen geschenkt, der eine Banane in der Hand hält – Charlie. Tobis Geschenk für das Brautpaar ist deshalb eine Geschichte über Charlies Erlebnisse. Er gibt sich viel Mühe und malt noch ein Bild dazu. Wir merken richtig, wie er trotz aller Schwierigkeiten aufblüht.

Dann rückt der große Tag näher. Tobi fiebert ihm entgegen – leider im wahrsten Sinne des Wortes. Am Tag vor der Hochzeit bekommt er hohes Fieber. Er ist verzweifelt. »Papa, ich muss wieder gesund werden«, flüstert er und Tränen rinnen ihm über die geröteten Wangen. »Kannst du beten, dass ich wieder gesund werde und zur Hochzeit kann?« Ich falte meine Hände über seinen und bitte Gott darum, dass er ihm diese kleine Freude ermöglicht. Wenigstens diese kleine.

Es sieht nicht gut aus. Den ganzen Tag über bekommt Tobi fiebersenkende Mittel, doch die Temperatur bleibt dauerhaft hoch. »So schlecht fühle ich mich gar nicht«, sagt er irgendwann ganz verzweifelt. Ich streiche ihm über den Kopf. Er kommt mir gar nicht so warm vor, aber das Thermometer sagt etwas anderes. Abends schließlich erleben wir eine Überraschung.

Die Krankenschwestern von Tobis Station hoffen und bangen die ganze Zeit mit uns. Weil das Fieber nicht runtergehen will, beschließt eine von ihnen, auch noch im anderen Ohr zu messen. Als sie das Ergebnis sieht, stutzt sie. »Drei Grad Unterschied! Das kann ja eigentlich nicht sein!« Sie verschwindet kurz ins Stationszimmer und kommt mit einem anderen Thermometer zurück.

»Jetzt machen wir die Kontrolle!«, sagt sie zu Tobi und misst extra noch mal in beiden Ohren nach. »Du hast gar kein Fieber«, sagt sie dann mit einem erleichterten Lachen. »Das Thermometer war kaputt!«

Tobi fängt laut an zu jubeln und bald schon weiß die ganze Station von seinem Glück. Alle freuen sich mit ihm – der Zusammenhalt macht wirklich Mut. Aber die beste Nachricht für meinen Jungen ist, dass er am nächsten Tag bei der Hochzeit dabei sein darf.

»Wir müssen morgen an die Blutdruckmittel denken!«, sagt Tobi plötzlich. »Die müssen wir mitnehmen, weil ich sie dann einnehmen muss.« Er nimmt sich einen Zettel und schreibt sorgfältig »Nicht fergesen Plutrukmietel aus dem Küli fragen zum Mittmemen«. Ich schaue ihm über die Schulter – die schwierigen und langen Wörter hat er sich für einen Zweitklässler schon recht gut hergeleitet, finde ich, und wo er die Schreibweise nicht kennt, hat er sie kreativ durch eigene Ideen ergänzt.

Die ganze Aufregung wegen eines kaputten Fieberthermometers! Wer hätte das gedacht. »Danke, lieber Gott!«, betet Tobias abends glücklich. Ich bin so froh, dass ihm die Enttäuschung einer geplatzten Hochzeit erspart geblieben und dass das defekte Thermometer entdeckt worden ist. Trotzdem verstehe ich nicht, warum dieser Stress und die zusätzliche Aufregung jetzt auch noch sein mussten, auch wenn die Dankbarkeit für den guten Ausgang überwiegt.

Am nächsten Tag fahren wir mit der ganzen Familie zur Hochzeit. Tobi hat seinen Anzug im Gepäck und vor Ort ziehen wir ihn im Auto um. Da wir nie sicher sein können, ob und wann er sich übergeben muss, wäre so wenigstens der Anzug sauber geblieben. Als die Braut mit ihrem Vater in die Kirche einzieht, geht unser Sohn mit dem Priester vorneweg. Stolz trägt er die Ringe auf einem roten Kissen, das Hetty selbst genäht hat. Hinter der Braut geht Elisabeth, damit sie schnell bei unserem Jungen ist, falls etwas passiert.

Die Kinder sind zum ersten Mal in einem katholischen Gottesdienst und ganz fasziniert von der fremden Liturgie. Nach der Trauung holt der Priester Hetty und Lotte spontan nach vorne. Die beiden sind total überrumpelt und werden rot – vor allem wissen sie nicht, was jetzt kommt. Erst als er ihnen Noten in die Hand drückt, die sie für ihn halten sollen, tauen sie ein bisschen auf. Ich muss über das niedliche Bild lächeln.

Dann beginnt der Priester, den Segen für das Brautpaar zu singen. Die Mädchen sind von all den Eindrücken so fasziniert, dass sie gar nicht mehr auf ihn achten. Irgendwann bleibt er auf einem Ton hängen und beginnt, den Mädchen Handzeichen zu geben. Sie schauen ihn groß an, bis sie nach einer gefühlten Ewigkeit verstehen, dass sie umblättern sollen. Die ganze Hochzeitsgesellschaft beginnt zu schmunzeln, während der Priester mittlerweile ein bisschen rot im Gesicht ist und sichtlich froh, dass er endlich weitersingen kann. Ab jetzt klappt alles wie am Schnürchen, und er kommt trotz der ungewollten Verzögerung doch noch gut ans Ziel.

Die Mädchen streuen beim Auszug aus der Kirche Blumen. Wie gut, dass auch sie eine besondere Rolle bekommen haben. Für sie ist es schwierig, dass Tobi immer der Mittelpunkt ist, während sie oft genug am Rand stehen. Und auch wenn sie für ihren geliebten Bruder freiwillig auf vieles verzichten, haben sie doch genauso das Bedürfnis, gesehen und anerkannt zu werden. Auch deshalb ist es so wichtig, dass sie in Momenten wie diesem nicht außen vor sind.

Nach einem kleinen Stehempfang fahre ich mit Tobias zurück nach Tübingen. Elisabeth und die Mädchen bleiben noch auf der Hochzeit. Als wir im Auto sitzen, dauert es nicht lange und mein Sohn ist eingeschlafen. Erst in der Klinik wacht er wieder auf. Natürlich wird er nun von allen Seiten nach der Hochzeit gefragt und gibt ebenso bereitwillig wie überglücklich Auskunft. Tage wie dieser sind wie kleine Geschenke, die das Krankenhausleben erträglicher machen.

»Papa, heute hab ich mein Blut unter dem Mikroskop angeschaut!«, erzählt Tobi aufgeregt. Er ist mittlerweile wirklich ein kleiner Mediziner geworden. Wenn er über seinen Hickman Blut abgenommen bekommt, darf er das selbst tun: Er verbindet die Spritze mit der entsprechenden Öffnung und zieht sie dann auf, bis sie voll ist.

Auch seine Medikamente kennt er aus dem Effeff. Vor allem merkt er sich jede Änderung und korrigiert die Schwestern, falls sie noch nicht auf dem aktuellen Stand sind. Am Anfang waren sie deshalb oft irritiert, doch beim Nachschauen stellte sich jedes Mal heraus, dass Tobias recht hatte. Mittlerweile kennen sie ihn gut genug, um zu wissen, dass er einfach alles in seinem kleinen Kopf abspeichert. »Na Tobi, welche Medikamente bekommst du denn heute?« ist fast zu einem geflügelten Wort geworden und mein Sohn ist stolz, dass er die Antworten weiß.

Heute durfte er das Blut mit ins Labor bringen und dabei auch einen Blick auf seine eigenen Blutzellen werfen. Ich merke, wie beeindruckt er von diesem neuen Wissen ist. Dankbarkeit macht sich in mir breit – so viele Menschen kümmern sich um Tobi, machen ihm eine kleine Freude, bringen ein wenig Licht in die immer gleichen

Tage. Und er gibt die Freude so strahlend und begeistert zurück, als wäre er gar nicht krank, sondern würde die anderen besuchen.

Alle Krankenschwestern haben ihm ihre privaten Handynummern gegeben und schicken ihm kleine Grüße und aufmunternde Worte. Manchmal ist auch ein Urlaubsbild dabei, das findet Tobi dann besonders spannend. Es fällt ihm leicht, eine Verbindung zu anderen Menschen aufzubauen, und er findet auch unter Erwachsenen schnell Freunde. Das zeigt sich auch an anderen Dingen. Wie die meisten Kinder hat mein Sohn ein Freunde-Buch, das er herumreicht. Doch bei ihm stehen nicht nur die Kinder aus seiner Klasse, Geschwister oder Familie drin, sondern auch Krankenschwestern, Ärztinnen und Ärzte.

Immer wieder finden sich Menschen, die Tobias etwas Gutes tun möchten. Der Pflegevater eines der Kinder auf Tobis Station hat ihm vor Kurzem ein richtig gutes Fernglas geschenkt, weil er mitbekommen hat, wie sehr Tobi Hubschrauber mag. Und da das Krankenzimmer meines Jungen nicht mehr in Richtung Landeplattform geht, sieht er die Rettungshubschrauber nur noch von Weitem. Jetzt ist es für ihn wieder einfacher, die Buchstabenkombination der an- und abfliegenden Hubschrauber zu beobachten und Besonderheiten zu entdecken.

Bei einem seiner kurzen Ausflüge in die Welt draußen dürfen wir auf die Landeplattform und einen Hubschrauber aus der Nähe sehen. Der nette Pilot zeigt Tobi einfach alles und erlaubt ihm sogar, auf dem Pilotensitz Platz zu nehmen.

»Sind Sie schon immer Rettungshubschrauber geflogen?«, fragt mein Sohn interessiert.

»Erst seit ein paar Jahren«, erwidert der Pilot gutmütig. »Vorher war ich bei der Bundeswehr. Eine Zeit lang bin ich sogar als Hubschrauberpilot in Afghanistan eingesetzt worden.«

Tobi ist schwer beeindruckt von den Erzählungen des Mannes und hört wie gebannt zu. Es ist schön, die beiden so ins Gespräch versunken zu sehen. »Ich hab vor Kurzem einen Hubschrauber aus der Schweiz gesehen«, erzählt mein Sohn stolz. »Der konnte sogar nachts fliegen, weil er so was wie Radar hatte!« Eigentlich kommen nachts keine Rettungshubschrauber an, weil sie normalerweise auf Sicht fliegen, wie wir vor Kurzem erfahren haben. Dass nachts ein Schweizer Hubschrauber angeflogen kam, war schon ziemlich exotisch. Aber das sind die kleinen Dinge, die Tobis Tage abwechslungsreich und spannend machen – trotz Krankenhaus und Schmerzen.

»Papa, wir haben einen Brief bekommen!« Heute steht mal ausnahmsweise nicht Tobi mit einer Neuigkeit vor mir, sondern Hetty und Lotte. Ich nehme den Brief und beginne zu lesen. Er ist aus der Klinik und nach einigen Zeilen halte ich überrascht inne. »Das ist ja toll!«, sage ich verblüfft. Es ist aber auch wirklich zu schön für die beiden.

Der Brief ist vom Psychosozialen Dienst der Kinderklinik, der neben den Patienten auch ihre Familien betreut. Die Sozialpädagogin schreibt, dass sie die beiden Mädchen gern treffen und auch ihnen einen Wunsch erfüllen möchte, ähnlich wie der Verein Herzenswünsche das bei Tobi gemacht hat.

»Ich weiß aber, dass die Geschwisterkinder viel zu leisten haben, wenn ihr Bruder oder ihre Schwester so lange im Krankenhaus sind«, lese ich laut vor. »Da hat sie wirklich recht. Wenn ihr nicht so toll mitmachen würdet, wüsste ich gar nicht, wie wir das schaffen sollten.« Die beiden haben vor lauter Stolz und Freude rote Wangen bekommen.

Ich spüre, wie sich ein warmes Glücksgefühl in mir ausbreitet. Dass die Mädchen endlich mal im Mittelpunkt stehen, ist wirklich wunderbar. Im Krankenhaus dreht sich natürlich alles um Tobias. Er bekommt WhatsApp-Nachrichten und Briefe, Geschenke von Bekannten und Fremden – durch den Zeitungsbericht noch viel mehr als vorher. Meine Töchter dagegen stehen bei diesen Gelegenheiten immer am Rand, fast ein bisschen unsichtbar. Ihnen macht es Freude, wenn Tobi sich freut – sie sind nie eifersüchtig auf all die Aufmerksamkeit, vielleicht auch, weil sie wissen, zu welchem Preis unser Jüngster sie bekommt.

»Ich wünsche mir eine Küche für die Puppenstube!«, sagt Charlotte in meine Gedanken. »Papa, hilfst du mir, am PC eine auszusuchen?«

Ich muss lächeln bei so viel Begeisterung. »Na klar machen wir das. Hetty, was wünschst du dir?«, wende ich mich anschließend an meine Älteste.

Henriette zögert. »Ich weiß es noch nicht«, sagt sie dann unentschlossen.

Als die Mädchen Tobias das nächste Mal besuchen dürfen, erzählen sie ihm ganz begeistert von ihrer Überraschung. Er und seine Schwestern sind sich ziemlich ähnlich, denke ich. Jedes der Kinder freut sich, wenn seine Geschwister sich freuen. Vielleicht hat auch Tobis Krankheit sie so zusammengeschweißt.

»Jetzt weiß ich nicht, was ich mir wünschen soll«, erklärt Hetty gerade. Tobi überlegt ein bisschen. »Wünsch dir doch eine Popcorn-Maschine«, schlägt er vor. »Dann kannst du immer selber Popcorn machen!« Die Kinder lieben Popcorn und bei diesem Vorschlag bekommt meine Tochter leuchtende Augen. Tobi malt die Zukunft mit einer Popcorn-Maschine in ebenso leuchtenden Farben aus: »Und wenn du Kindergeburtstag feierst, kannst du Popcorn für alle machen. Auf den Festen in der Kirche auch.« Die Begeisterung, mit der er seine Schwester berät und ihr zu helfen versucht, rührt mich. Außerdem lenkt es ihn vom Krankenhaus ab, das können wir eigentlich alle gut gebrauchen.

Henriette und Charlotte schreiben nun ebenfalls einen Brief an die Klinik. Sie bedanken sich und geben ihre Wünsche ab – wir sind schon gespannt, wann die Überraschungen ankommen.

15

Regenbogen und Traurigkeit

6. Juni 2017 – der Termin steht mit einem Ausrufezeichen in meinem Kalender. Elisabeth und ich haben heute ein Gespräch mit Tobis Ärzten, wie wir weiter vorgehen. Wir beten schon seit Wochen dafür, dass Gott uns hilft, die richtige Entscheidung zu treffen. Und es ist wahrhaftig alles andere als leicht. Tobis schlechter werdender Gesundheitszustand macht uns immer mehr Sorgen.

»Ich will mitkommen!«, sagt Tobias, als wir sein Zimmer verlassen wollen.

»Tobi, bleib lieber hier und ruh dich aus«, versuche ich ihn zu beruhigen.

»Aber ich muss doch wissen, was die Ärzte sagen!«, beharrt er auf seinem Wunsch.

»Du hast gleich Unterricht – und wir sind ja bald wieder da«, sage ich entschieden. Ich möchte ihn bei diesem sensiblen Gespräch auf keinen Fall dabeihaben. Enttäuscht gibt Tobi nach und schaut uns hinterher, als wir in den Flur hinaustreten.

Wir treffen uns in einem kleinen Besprechungszimmer mit zwei Ärzten, einer Frau und einem Mann, die uns gegenüber Platz nehmen. Nun sitzen wir hier wie zwei befreundete Ehepaare bei der gemeinsamen Urlaubsplanung und besprechen das Leben – nein! – das Überleben unseres Sohnes.

Nach dem Austausch von Höflichkeiten kommen wir schnell auf Tobias zu sprechen. »Frau Roller, Herr Roller, wir empfehlen Ihnen dringend eine weitere Stammzellentransplantation. Nachdem die erste nicht wie gewünscht angeschlagen hat, wäre das Tobias' Chance.«

Ich spüre, wie sich in mir alles sträubt. »In seinem jetzigen Zustand?!«, sage ich schärfer als beabsichtigt. »Auf keinen Fall! Haben Sie sich mein Kind mal angeschaut? Es geht ihm überhaupt nicht gut, die Werte werden stetig schlechter, er ist ständig müde und schwach! In diesem schlechten Zustand stimme ich keiner weiteren Stammzellentransplantation zu. Sobald es ihm besser geht, können wir wieder darüber reden – vorher nicht!«

Wir beginnen zu diskutieren. Die Ärzte sind der Meinung, es gehe Tobi gar nicht so schlecht. Ich bin der Meinung, es geht ihm sehr schlecht. Sie erklären, warum es sinnvoll wäre, ich kenne meinen Sohn und habe das Gefühl, dass es nicht so einfach geht.

Am Ende finden wir einen Kompromiss, mit dem beide Seiten leben können. In drei Tagen soll Tobi zunächst einen letzten Boost bekommen, vielleicht wird der helfen. Der Stammzellenspender wird außerdem noch einmal angefragt und um eine Spende gebeten. Wenn er zustimmt und spendet, werden wir anhand von Tobis Zustand entscheiden, ob wir die Transplantation durchführen oder die Stammzellen einfrieren. In diesem Fall würde die Qualität zwar etwas beeinträchtigt, aber für meinen Sohn wäre es die sicherere Alternative. Falls es ihm nicht gut genug geht, können wir auf den richtigen Zeitpunkt warten.

Elisabeth und ich verabschieden uns mit gemischten Gefühlen von den Ärzten und gehen zurück in Tobis Zimmer. Er sitzt wie auf glühenden Kohlen und wartet schon neugierig auf uns.

»Ich muss leider nach Hause«, Elisabeth küsst unseren Sohn, bevor sie sich auf den Heimweg macht. »Bis morgen, Tobi!«

»Tschüss Mama, bis morgen.« Tobi winkt ihr nach. Dann wendet er sich mir zu. »Papa, was haben die Ärzte gesagt?«, beginnt er sein Verhör.

»Also«, beginne ich meine gut überlegte Geschichte, »wir haben darüber gesprochen, dass alle sehr von dir angetan sind. Dass du so ein tapferer Bub bist und super mitdenkst und mitarbeitest, wenn die Krankenschwestern dich versorgen. Die Ärzte haben auch erzählt, dass sie dich sehr gerne haben und sich immer freuen, wenn sie zu dir kommen. Und dann haben wir noch darüber gesprochen, wie die Therapie bisher verlaufen ist. Die Ärzte können leider noch nicht sagen, wann du wieder nach Hause darfst – ich wünschte, ich könnte dir da eine bessere Nachricht geben.«

Mein Sohn schaut mich etwas enttäuscht an. »Das war ja nicht so besonders!«, sagt er etwas kritisch. »Da hätte ich doch dabei sein können, wenn ihr das bei mir im Zimmer besprochen hättet.« Er schaut aus dem Fenster. Dann springt er plötzlich auf. »Schau mal Papa!«, ruft er begeistert. »Schau mal!«

Von seinen Rufen alarmiert kommen die Krankenschwestern der Tagschicht ins Zimmer gelaufen. Wir alle folgen Tobis Blick nach draußen. Der Tag ist bisher regnerisch gewesen, doch nun reißt die Wolkendecke an einigen Stellen auf. Direkt vor dem Fenster leuchtet ein wunderschöner, riesiger doppelter Regenbogen. Der Himmel außerhalb ist dunkelgrau, bleiern. Doch innerhalb des Regenbogens ist es hell, strahlend. Es sieht aus, als würden die beiden Bögen eine Brücke in den Himmel bilden, einen Weg, der von unten beleuchtet wird.

In diesem Moment erfüllt mich ein tiefer Friede. Die ganze Zeit über – seit der Besprechung mit Tobis Ärzten – war ich unsicher und nervös, habe mit meiner Entscheidung gehadert. Doch nun habe ich das Gefühl, dass alles gut ist. Ich bin überzeugt, dass Gott mir mit dieser atemberaubenden Erscheinung sagen will, dass ich die richtige Entscheidung getroffen habe. Gebannt schauen wir noch eine Weile auf das Naturschauspiel, bevor der Regenbogen langsam verblasst.

Abends rufe ich Elisabeth an. Tobi schläft schon und auch die Mädchen liegen im Bett. »Wie hat es Tobi denn aufgenommen?«, fragt sie unruhig.

»Ich habe es ihm nicht gesagt«, erkläre ich. »Das konnte ich einfach nicht.«

»Johannes, meinst du, wir haben das Richtige getan?« Ich höre ihre Besorgnis, als sie das fragt.

»Elisabeth, wir haben die richtige Entscheidung getroffen«, sage ich und versuche, ihr Zuversicht zu geben. »Tobis Werte sind so schlecht, dass er das nicht gut überstanden hätte. Neulich hatte er die höchsten Entzündungswerte, die jemals auf der Station gemessen wurden. Das wäre nicht gut gegangen.«

Ich stocke, dann spreche ich weiter. »Hast du den riesigen, leuchtenden Regenbogen vorhin gesehen? Ich glaube, dass das ein klares Zeichen war, das Gott uns geschickt hat. Dafür, dass wir das Richtige getan haben. Tobi würde es jetzt wirklich nicht schaffen. Das heißt ja nicht, dass wir die Transplantation nicht später machen können. Wenn es ihm besser geht und seine Werte stabil sind, können wir immer noch zustimmen. Sie werden die Zellen für Tobi einfrieren, falls der Spender noch eine Entnahme mitmacht.«

Elisabeth schweigt kurz. Als sie antwortet, klingt sie ein bisschen erleichtert. »Du hast ja recht«, stimmt sie mir zu. »Gerade geht es Tobi so schlecht, da hätte ich auch kein gutes Gefühl gehabt. Ich bete so sehr, dass alles gut wird!«

Wir sprechen noch ein bisschen über unseren Sohn. Ich erzähle von unserem Tag und sie fragt nach den Medikamenten und welche Nachtschwester gerade Dienst hat. Nach einigen Minuten verabschieden wir uns dann voneinander und jeder von uns geht zu den Kindern – ich zu Tobias, Elisabeth zu Henriette und Charlotte.

Tobias geht es nun zunehmend schlechter. Seine Werte sind teilweise viel zu niedrig, teilweise astronomisch hoch. Oft liegt er einfach nur müde in seinem Sessel – lediglich für die Therapien, den Unterricht oder den Gang auf die Campingtoilette, die neben seinem Bett steht, nimmt er alle Kraft zusammen. Durch das immer höher dosierte Kortison ist er außerdem deutlich dicker geworden. Er fühlt sich in seiner Haut nicht wohl, hat Schmerzen. Seine Wunde am Po verheilt nicht und der Gang zur Toilette bereitet ihm Schmerzen, weil auch sein Darmausgang wund ist. Vor jedem Toilettengang bekommt er Schmerzmittel. Und trotz des teuren Spezialmedikaments, das unser Sohn mittlerweile bekommt, ändert sich nichts zum Besseren. Nachts hält er zum Einschlafen meine oder Elisabeths Hand.

Was ihm besonders zu schaffen macht, ist das Zittern seiner Hände. Dadurch fällt ihm das Basteln schwer, das Malen, Schreiben – alles, was ihm Spaß macht und ihn ablenkt. »Papa, ich zittere wie ein alter Opa«, sagt er eines Morgens unglücklich zu mir. Ich streiche ihm wortlos über den Kopf und drücke ihn an mich. Was will ich dazu auch sagen? Aber immerhin kann ich einfach für ihn da sein.

Elisabeth und ich sehen uns nur noch im Krankenzimmer zwischen unseren Schichten. Wir müssen funktionieren, mehr geht gerade nicht. Wenn wir uns sehen, besprechen wir das Nötigste, damit der Alltag läuft. Wer wann einkaufen geht. Was wir mit in die Klinik nehmen müssen, wenn wir das nächste Mal zu Hause sind. Wer die Mädchen zum Musikunterricht oder in die Schule schickt, zu Freundinnen fährt oder abholt. Welche unserer Töchter gerade besonders traurig ist und eine Aufmunterung braucht.

Abends ruft meine Mutter regelmäßig an und spricht mit Tobi. Die beiden sind wirklich goldig zusammen und mein Sohn freut sich immer sehr auf diesen Gute-Nacht-Anruf. Auch auf die Anrufe unserer Mädchen wartet er regelrecht. Sie wollen immer wissen, wie es ihm geht, erzählen von ihrem Tag. Dann sagen sie uns beiden Gute Nacht. Wenn ich bei ihnen bin, rufen wir natürlich jeden Abend ihre Mutter und Tobi an.

Trotzdem: Hetty und Lotte merken, dass etwas nicht stimmt. Kindern kann man einfach nichts vormachen. Als ich die Chance bekomme, mit meinen Töchtern und meiner Mutter für ein Wochenende nach Straßburg zu fahren, ergreife ich sie deshalb, wenn auch mit gemischten Gefühlen. Ich will ihnen eine Freude machen – und ich finde, es muss einfach sein. Sie brauchen in all dem das Gefühl, auch etwas Besonderes zu bekommen. Trotzdem wäre ich am liebsten immer in Tobis Nähe geblieben. Je schlechter es ihm geht, desto größer ist der Drang, ihn keine Minute lang alleine zu lassen.

Es ist rührend, mit welcher Begeisterung die Mädchen ihre kleinen Koffer packen und sich im Auto häuslich einrichten. An den Seiten hängen Malsachen und Süßigkeiten, sie haben Limonade im Fußraum deponiert und ihre Kissen und Kuscheltiere auf der Rückbank ausgebreitet. Dann spielen und malen sie und schauen immer wieder mit großen Augen aus dem Fenster. Sie sind überglücklich.

Wir haben eine schöne Zeit und meine Töchter genießen es sichtlich, mich auch einmal ganz für sich alleine zu haben. Sie sind das erste Mal in Frankreich und alles ist neu und spannend für sie. Einmal sehen wir einen Trupp bewaffneter Polizisten, denen die beiden mit großen Augen hinterherschauen.

»Papa«, fragt mich Lotte ein anderes Mal, als wir auf dem Weg zum Essen sind, »essen Franzosen das Gleiche wie wir?«

»Sprichst du eigentlich Französisch?«, will Hetty wissen. Es ist schon ein kleines Abenteuer für sie.

Trotzdem ist Tobias natürlich immer bei uns, wenn schon nicht wirklich, so doch in Gedanken. Als meine Töchter vor einem Geschäft einen großen Rettungswagen entdecken, ist ihr Bruder sofort wieder präsent. Und immer, wenn wir in einen Laden gehen, möchten sie etwas für Tobi kaufen.

Wir besuchen das Straßburger Münster und steigen gemeinsam auf den Glockenturm. Ich muss ganz schön pusten, als wir oben ankommen, aber die Mädchen sind noch ziemlich fit. Als wir auf die Plattform treten, stockt mir kurz der Atem. Unter uns liegt klein die Stadt, während wir in der Ferne bis nach Deutschland schauen können. Der Ausblick ist atemberaubend – ich wünschte, Tobi könnte das jetzt auch sehen.

Die Zeit mit meinen Töchtern ist wundervoll und ich genieße jede Minute mit ihnen, doch die Sorge um meinen Sohn kann ich nicht wirklich zur Seite schieben. Ich vermisse ihn und hätte ihn gerne bei uns, alle meine Kinder um mich. Während vieler schöner Momente hier bin ich innerlich zerrissen. Es geht meinem Sohn schlechter, das kann niemand leugnen. Die Ärzte geben sich zwar optimistisch, aber ich zweifle immer mehr daran, dass er gesund wird. An seinem Krankenbett spüre ich einfach, dass es nicht so ist. Wenn man rund um die Uhr bei seinem schwer kranken Kind ist, und das nun schon seit fast acht Jahren, dann lernt man, auf alles zu achten. Jede kleine Veränderung ist für mich deutlich wahrzunehmen.

Ich versuche immer wieder, jeden Arzt einzeln auszufragen in der Hoffnung, mehr zu erfahren. Bei allem, was die Ärzte tun, will ich genau wissen, was es ist, warum sie es machen, wofür es gut sein soll und ob es auch Alternativen gibt. Eine Ärztin meinte mal zu mir: »Herr Roller, sie machen es uns nicht ganz leicht, wenn sie alles ganz genau wissen wollen.« Aber was soll ich sonst tun: Ich muss einfach wissen, was vor sich geht. Ich muss meinen Jungen beschützen, so gut ich kann, ich trage die Verantwortung. Und er soll leben!

Ich mache viele Fotos, um sie Tobias im Krankenhaus zu zeigen. Besonders beeindruckend sind die *Bains Municipaux*, eine Badeanstalt aus dem Jugendstil, die immer noch als öffentliches Schwimmbad genutzt wird. Innen sieht alles noch aus wie vor hundert Jahren, mit Buntglas-Fenstern und verzierten Wänden. Das wird Tobi sicher gefallen, denke ich, als ich die Kamera zücke.

Als wir nach drei Tagen zurückfahren, führt mich mein erster Weg in die Klinik. Immer wieder habe ich Tobi WhatsApp-Nachrichten ins Krankenhaus geschickt. Meine Mädchen haben mit ihm telefoniert und ihn beruhigt, wenn er aufgeregt war. Sie haben ihm E-Mails geschrieben und versprochen, dass wir nicht lange weg sind. Und er hat sich immer gefreut und begeistert geantwortet. Nun stehe ich vor ihm und er strahlt mich an. Und ich sehe die Erleichterung in seinen Augen, dass seine Welt wieder komplett ist.

Tobi hat sich im Internet angeschaut, wie Bascetta-Sterne gebastelt werden. Die dreidimensionalen Papiersterne werden aus dreißig einzeln gefalteten Teilen zusammengesetzt und erfordern wirklich Fingerfertigkeit. Mit der Unterstützung von Basteltherapeutin Conni findet mein Sohn schnell heraus, wie das geht. Nun bastelt er an seinem Kliniktisch einen Stern nach dem anderen, manche einfarbig, andere zweifarbig – Weihnachtsgeschenke für unsere Familie, auch wenn es erst Juli ist.

Einige kleine Sterne setzt er mit Pinzette und Zahnstocher zusammen, so winzig sind sie. »Die sind für die Puppenstube zum Aufhängen. Und für den Kaufladen zum Verkaufen«, erklärt er mit wichtiger Miene. Die größeren Sterne, die er bastelt, sind für das Wohnzimmer zu Hause. Auch wenn diese Feinarbeit körperlich nicht anstrengend ist, ringt er manchmal nach Luft, das Atmen fällt ihm zusehends schwerer.

Als unsere Mädchen sein Werk sehen, sind sie hin und weg. »Zeigst du uns, wie das geht?«, fragt Hetty interessiert. Tobi macht ihnen Schritt für Schritt vor, wie alles funktioniert und die Einzelteile zu einem großen Stern zusammengesetzt werden. Die beiden geben sich richtig Mühe, aber das Zusammensetzen will trotzdem nicht so recht klappen. Schließlich baut Tobi die angefangenen Sterne für seine Schwestern zusammen.

Ich beobachte ihn dabei. Er war schon immer geschickt, aber das Zittern seiner Hände setzt ihm zu. Er braucht jetzt deutlich länger als früher, wenn er etwas malen oder basteln möchte. Während der Stern unter seinen Händen Teil um Teil wächst, denke ich, wie passend das Bild doch für das Leben ist. Zwischendurch sieht es so aus, als würde das alles nie zusammenpassen, aber wenn man ein paar Teile zusammengepuzzelt hat, erkennt man langsam das große Ganze.

Nur in unserem Leben ist das gerade nicht so, schießt es mir durch den Kopf. Bei uns ist ein Stück darunter, mit dem es einfach keinen Stern ergibt, egal, wie sehr man es einzupassen versucht.

Ich sitze an Tobis Bett und schaue ihn unverwandt an. Er schläft gerade und ich sehe, wie sich seine Brust sacht hebt und senkt. Er atmet einfach nicht tief genug, dadurch wird seine Lunge nicht richtig belüftet. Jetzt kämpft er nicht nur mit seiner chronischen Lungenentzündung, sondern auch noch mit einem Keim, der sich eingenistet hat und ihm das Atmen weiter erschwert.

An seinem Kopf sind dünne Schläuche befestigt, die in seine Nase führen und ihn seit zwei Tagen dauerhaft mit Sauerstoff versorgen.

Es schränkt ihn noch mehr ein als sonst und er kann sich kaum noch aus dem Bett bewegen. Eigentlich ist er dafür sowieso zu müde, seine Kräfte werden immer weniger.

Ich würde am liebsten weinen. Wenn Elisabeth mich ablöst und ich das Krankenhaus verlasse, sacke ich in mich zusammen, als würde mir eine zentnerschwere Last auf den Rücken fallen. Müde schleppe ich mich durch den Tag, meine Sorgen hängen mir wie Blei an allen Gliedern. Auf der Arbeit versuche ich verzweifelt, mich auf meine Aufgaben zu konzentrieren. Zu Hause versuche ich auf die Fragen meiner Mädchen Antworten zu finden, die nicht wehtun. Aber wenn meine Töchter mich anschauen und fragen, ob Tobi sterben müsse oder ob die Ärzte ihm noch helfen könnten, mühe ich mich, ihnen Hoffnung zu machen. Die beiden wirken ängstlich und verloren. Sie dürfen jede Nacht bei mir oder Elisabeth schlafen, wenn wir mit ihnen zu Hause sind. Die Nähe tut ihnen nicht nur gut, sie brauchen sie wie die Luft zum Atmen.

Jedes Mal, wenn ich das Krankenhaus betrete, straffe ich mich. Bevor ich in den Flur zu Tobis Zimmer biege, setze ich ein Lächeln auf – falls er mich durch sein Fenster sieht, soll er auf keinen Fall merken, wie traurig ich in Wirklichkeit bin. Fröhlich lächle ich ihn an und versuche, ihm ein bisschen Zuversicht zu vermitteln. Dabei habe ich immer wieder Fragen im Kopf, die er nicht wissen darf. Habe ich mich richtig entschieden, als ich mich für ein Abwarten bei der Stammzellentransplantation stark gemacht habe? Habe ich Gott hier richtig verstanden? Wenn ich an seinem Bett sitze und ihm nicht helfen kann, habe ich das Gefühl, als müsste ich auseinanderbrechen. Als würde ich nur durch meine Kleidung zusammengehalten.

Als ich mir vorhin in der Cafeteria einen Snack holen wollte, bin ich einer der Laborassistentinnen begegnet. Tobias hat sie manchmal im Untergeschoss besucht, wenn er seine Blutprobe ins Labor begleitet hat.

»Herr Roller, haben Sie einen kleinen Moment?«, sprach sie mich an.

»Natürlich«, antwortete ich.

Sie ging einige Schritte auf meinem Weg mit. »Sie wissen ja, dass wir Tobi manchmal sein Blut unter dem Mikroskop gezeigt haben.« Ich nickte. »Als er letzte Woche bei uns unten war, hat er wieder einmal einen Blick auf seine Blutzellen werfen dürfen«, fuhr sie fort. »Und da hat er uns angeschaut und gesagt: ›Das wird nichts mehr.‹ Ich dachte mir, dass ich Ihnen besser davon erzähle – wir haben uns schon ein bisschen Sorgen um ihn gemacht.«

Bestürzt schaute ich sie an. »Danke«, brachte ich gerade so heraus. »Danke, dass Sie mir Bescheid gesagt haben.« Ich lächelte sie schwach an und verabschiedete mich dann bald. Auf dem Weg zurück in Tobis Zimmer lief ich wie ein Schlafwandler. Ich hatte mir nicht einmal etwas zu essen geholt.

Nun sitze ich hier, schaue ihn an und überlege, was er damit wohl gemeint hat. »Das wird nichts mehr.« Hat er irgendetwas in seinem Blut entdeckt, was nicht in Ordnung war? Obwohl: Er ist acht Jahre alt, wie hätte er da irgendetwas erkennen sollen?! Ich suche das Gespräch mit Gott, bete verzweifelt.

»Vater, warum hast du uns einen so netten, witzigen und klugen Buben geschenkt und dann haben wir seit bald acht Jahren solche Sorgen mit ihm und seiner Gesundheit? Es sah doch letztes Jahr so aus, als ob er es geschafft hätte! Und nun scheint er uns aus den Händen zu gleiten. Wenn du willst, kannst du ihn noch retten und wieder gesund machen. Bitte! Bitte!«, flehe ich. Ich weiß, dass Gott mich hört, er hört alles. Schon immer. Alles, was ich sage. Er sieht meine Verzweiflung. Und ich habe bei aller Verzweiflung das Gefühl, dass mein Vater im Himmel mich hält. Der doppelte Regenbogen war so ein schönes, leuchtendes Zeichen, dass ich mich trotz allem getröstet und geborgen fühle.

»Papa, kannst du alle Bilder und Filme von mir auf den Desktop vom Laptop legen? Am besten in einen eigenen Ordner?«, fragt Tobi mich, nachdem er endlich den Inhalator absetzen kann.

»Willst du dir Bilder anschauen?«, frage ich zurück.

»Nein, ich will einen Film machen. Über mein Leben«, sagt mein Sohn ernst.

»Das ist ja eine gute Idee«, ermutige ich ihn. Innerlich bin ich froh, dass er eine neue Herausforderung gefunden hat. Es ist ein bisschen wie früher und ich schöpfe Hoffnung. Ein Ziel vor Augen ist immer gut, denke ich. Er ist einfach ein unglaublich kreatives Kind mit jeder Menge Ideen.

Ich bereite alles für ihn vor, ziehe die Fotos und Filme in den Ordner und mache Platz für meinen Sohn. Tobi setzt sich aufrecht davor. Dann schaut er mich fragend an. Ich öffne den *Movie Maker* für ihn und erkläre ihm, wie das Programm funktioniert. Es ist relativ einfach und intuitiv und er hat es schnell verstanden.

Tobias fängt an, die Bilder zu sichten und zusammenzustellen. Ich bin froh, dass wir die gelöschten Fotos Anfang des Jahres retten konnten. Jetzt hat er etwas, das ihn ablenken kann. Und es dauert nicht lange, bis er völlig vertieft ist.

Ich schaue ihm beim Filmerstellen zu. Wenn er etwas schreibt, benutzt er ein selbstentwickeltes Zehnfingersystem – er will immer alles so machen wie die Erwachsenen. Vielleicht auch, weil er in seinem Leben hauptsächlich mit Erwachsenen zu tun hat. Wie schnell er alles umsetzen kann, ist für mich einfach nur schön. Ich betrachte meinen wundervollen Sohn bei seiner Arbeit und fühle so viel Liebe für ihn, dass es fast wehtut.

Trotzdem: Die Sorge bleibt. Während ihn die Arbeit am Laptop ablenkt, denke ich immer wieder daran, dass er vielleicht nie ein Erwachsener sein wird. Nie die ganzen Dinge tun oder lernen wird, die er gerne machen würde. Ich versuche, diese Gedanken wegzuschieben und im Jetzt zu leben. Mich an Tobis Fortschritten zu freuen, ohne daran zu denken, dass er seinen zwanzigsten, fünfzehnten oder zwölften Geburtstag vielleicht nicht erleben wird. Es fällt mir nicht leicht, aber ich darf mir nichts anmerken lassen. Tobias soll sich in meiner Gegenwart einfach nur sicher und geborgen fühlen. Er soll sich nicht auch noch darüber Gedanken machen, ob ich wegen ihm traurig sein könnte.

So eine Szene hatten wir neulich schon einmal. Dabei war der Anlass eigentlich schön: Die Krankenschwestern auf Tobis Station versorgen ihn gerne. Seine Fröhlichkeit trotz der schweren Situation ist einfach anziehend. Manchmal schauen Schwestern, aber auch Ärztinnen und Ärzte einfach nur so bei ihm vorbei. Wenn sie Feierabend haben, wenn sie von einer anstrengenden Behandlung oder einem schwierigen Gespräch kommen – Tobi freut sich über sie und sie freuen sich über Tobi. Irgendwie gibt er ihnen Kraft, das spürt man.

Vor ungefähr zwei Wochen war Christin, eine der Krankenschwestern, bei meinem Sohn im Zimmer. Sie hatte kurz vorher Geburtstag und Tobi hatte ihr ein selbst erfundenes Kuchenrezept geschenkt. Sie war begeistert! Nachdem sie den Kuchen zu Hause gebacken hatte, schickte sie uns ein Foto davon, das meinen Jungen schon sehr freute. Doch als sie dann auch noch einen kleinen Käsekuchen in Herzform für Tobias auf die Station mitbrachte, war er überglücklich – ein schönes Beispiel für die vielen lieben Gesten, mit denen die Krankenschwestern sein Leben schöner machen.

»Christin«, fragte mein Sohn sie, bevor sie aus dem Zimmer ging, »versorgst du mich morgen?«

»Na klar, Tobi, das mach ich doch gerne!«, strahlte sie ihn an.

Als Schwester Christin sich dann zum Gehen umdrehte, kam die Schwester ins Zimmer, die am nächsten Tag Dienst gehabt hätte. »Tobi, morgen bin ich doch eigentlich dran. Willst du mich nicht mehr?«, fragte sie ihn ein bisschen scherzhaft. Tobi blickte sie bestürzt an. Sie lächelte ihm zu. »Dann darf ich dich aber übermorgen wieder versorgen«, sagte sie fröhlich und bestimmt.

Als wir wieder alleine im Zimmer waren, sah Tobi ernst und unglücklich aus. »Papa, das darf ich nicht mehr fragen, sonst sind die traurig«, stellte er mit leiser Stimme fest. Sein betrübtes Gesicht brach mir fast das Herz. Ihm ist so wichtig, andere fröhlich statt traurig zu machen, dass er den Gedanken kaum erträgt, jemand könne wegen ihm unglücklich sein. Ein weiterer Grund, warum er nicht merken darf, dass ich mir Gedanken mache.

Tobias' Maltherapeutin kommt mit Farben und einer kleinen Leinwand ins Zimmer. Mein Sohn hat schon immer gerne gemalt – Hetty hat zu ihrem Geburtstag letzte Woche beispielsweise einen Marienkäfer auf Leinwand von ihm bekommen. Als er nun Leinwand und Farben vor sich hat, überlegt er kurz, dann schaut er seine Therapeutin an. »Ich möchte ab jetzt nur noch in Sonnenfarben malen«, sagt er und schaut nachdenklich auf die Tuben.

»Sonnenfarben finde ich auch toll. Die machen einem das Herz viel fröhlicher«, antwortet sie ihm lächelnd.

Mein Sohn fängt an, leuchtende Rot- und Gelbtöne zu mischen. Dann malt er. Auf der Leinwand entsteht Stück für Stück ein leuchtender Regenbogen. Die Mitte strahlt in Sonnengelb, das nach außen hin zu einem kräftigen Rot ausläuft. Darüber ist es hellviolett. Das ganze Bild strahlt Wärme und Zuversicht aus.

»Schau mal, Papa«, zeigt er mir das fertige Bild.

»Ist das der Regenbogen, den du von deinem Zimmer aus gesehen hast?«, frage ich ihn.

»Ja, der war so toll, dass ich ihn malen wollte«, antwortet er versonnen und sieht sein Bild zufrieden an.

Regenbogen tauchen in letzter Zeit wirklich so oft auf wie noch nie in unserem Leben, zumindest haben wir sie bisher nicht so häufig bemerkt. Erst an dem Tag, an dem wir uns gegen eine erneute Stammzellentransplantation entschieden haben. Dann den nächsten an dem Tag, an dem die zweite Transplantation stattgefunden hätte. Wir haben uns auch hier dagegen entschieden, da es Tobi nicht gut genug ging – seine Werte waren so schlecht, dass er es nicht geschafft hätte. Nun als drittes das Bild.

Wie passend, dass der Regenbogen in unserem Leben gerade so eine große Rolle spielt, denke ich. Gottes Friedenszeichen. Die Erinnerung an sein Versprechen, dass es keine zweite Sintflut geben wird, dass die Menschen Hoffnung und eine Zukunft haben. Das tröstet mich, auch wenn ich nicht weiß, welche Richtung alles nehmen wird.

16

Gebetsbeistand und Nicht-mehr-Wollen

Trotz allem Hoffen und Beten geht es Tobi nicht besser. Er bekommt immer schlechter Luft, der Keim in seiner Lunge spricht auf die Behandlung nicht an. Wir erfahren von den Ärzten, dass die Lungenflügel angefangen haben zu verkleben. Ich habe Angst um ihn, schleppe mich wie ein Schatten durch die Gänge der Klinik auf dem Weg zu meinem Sohn. Es ist Sonntag, ein warmer, schöner Julitag.

Als ich das Zimmer betrete, liegt Tobi im Bett. Ich ziehe einen der Stühle heran und setze mich. Mein Sohn schaut mich an. »Tobi, heute besucht dich dein Patenonkel Wilhelm«, verkünde ich ihm. Er lächelt müde. Auf Besuch freut er sich eigentlich immer, aber man merkt ihm an, dass alles schwerer fällt. Als sein Onkel dann kommt, sitzen wir eine Weile zusammen, scherzen mit Tobias und versuchen ihn abzulenken.

Plötzlich fängt mein Sohn aus heiterem Himmel an, herzzerreißend zu weinen. »Papa, ich will nicht mehr!«, schluchzt er wieder und wieder. Ich bin erschüttert. Es ist, als ob der Boden unter meinen Füßen zu schwanken begonnen hätte. Ich nehme Tobi auf den Arm und drücke ihn an mich. Er weint und weint. Ich streichle seinen Kopf, seinen Rücken, versichere ihm, dass ich da bin. Doch es dauert fast eine halbe Stunde, bis er sich wieder beruhigt hat. So einen Ausbruch hat er bisher bei keinem seiner Krankenhausaufenthalte gehabt. Die Verzweiflung, die ihn so unerwartet überfallen hat, macht mir Sorgen. Ich kann sie nicht einschätzen.

Wir durchleben eine unruhige Nacht und sind am nächsten Morgen beide müde. Gegen Mittag soll Tobias auf die Intensivstation verlegt werden. Eine Bronchoskopie, also eine Lungenspiegelung, soll zeigen, wie es um seine Lunge wirklich bestellt ist. Außerdem wollen die Ärzte dabei versuchen, die verklebten Lungenflügel voneinander zu lösen, damit er wieder Luft bekommt.

Ich erkläre meinem Sohn, dass die Verlegung auf die Intensivstation eine reine Vorsichtsmaßnahme ist. Seit er mitbekommen hat, dass andere Kinder von seiner Station wegen einer Verschlimmerung ihrer Krankheiten auf Intensiv mussten und danach teilweise nicht mehr zurückgekommen sind, macht ihm der Gedanke daran Angst. Auch die Aussicht auf eine Bronchoskopie begeistert ihn verständlicherweise gar nicht und er will alles wissen: Wie sie abläuft, wer sie durchführt, wann er wieder zurück in sein Zimmer darf und, und, und.

Ich erkläre ihm alles geduldig, gehe auf jede seiner Fragen und Befürchtungen ein. Er braucht diese Gewissheit, dass alles gut wird, und ich bin froh, dass ich sie ihm irgendwie geben kann. Er vertraut mir voll und ganz. Umso wichtiger, dass ich ihm Mut mache und ihn nicht enttäusche.

Als ich zur Arbeit muss, kommt meine Frau als Ablösung – wie immer. Elisabeth ist die ganze Zeit bei unserem Sohn, das hilft ihm sehr. Sie hält ihn auf dem Schoß, bis die Anästhesisten kommen, und bleibt danach bei ihm, bis ich sie am Nachmittag wiederum für einige Stunden ablöse.

Als ich das Zimmer betrete, habe ich ein mulmiges Gefühl. Tobias liegt klein in seinem Intensivbett, die Geräte um ihn herum türmen sich auf und scheinen das ganze Zimmer einzunehmen. Er ist immer noch sediert, also unter Beruhigungsmitteln, und starrt aus leicht geöffneten Augen ins Leere. Der Anblick tut weh. Ich gehe zu ihm und streichle ihm über die Wangen. »Hallo Tobi, der Papa ist wieder da«, sage ich, bevor ich mich an sein Bett setze.

Nach einiger Zeit stehe ich auf und gehe zum Fenster, an das leise Regentropfen prasseln. Das Wetter passt zu meiner Stimmung. Plötzlich bricht die Nachmittagssonne durch die Wolken. Ich schaue zum Himmel hinauf. Ein Regenbogen leuchtet direkt vor unserem Fenster. Sogar schon wieder ein doppelter Regenbogen!

»Draußen ist ein wunderschöner Regenbogen, Tobi«, sage ich, auch wenn er mich vielleicht nicht hören kann, und drehe mich wieder zu meinem Sohn um. Dann halte ich erstaunt inne: Der Regenbogen scheint vom Fenster reflektiert zu werden – auf jeden Fall leuchtet er bis auf Tobis kleinen Körper auf dem Intensivbett. Es ist, als würde er aus meinem Sohn entspringen oder in ihm enden. Gebannt schaue ich auf das leuchtende Schauspiel, bis die Farben verblassen und nichts mehr davon zu sehen ist.

Am Abend löst mich Elisabeth wieder ab. Sie sitzt am Bett unseres Jungen, bis die Krankenschwester sie zum Schlafen in Tobis Isolierzimmer schickt. Unser Sohn ist weiterhin ruhiggestellt und Elisabeth kann ein bisschen Schlaf mehr als gut gebrauchen. Wir telefonieren noch kurz, damit ich mir keine Sorgen mache und weiß, wie alles verlaufen ist. Als die Ärzte Tobi dann am nächsten Tag aufwachen lassen, sitzt meine Frau wieder an seiner Seite und hält stundenlang seine Hand. Er selbst kann sich kaum bewegen. Müde und kraftlos liegt er in seinem Bett.

Ich komme um 16 Uhr von der Arbeit und fahre sofort in die Klinik, um Elisabeth abzulösen. Tobi ist inzwischen in sein altes Zimmer auf der Isolierstation zurückverlegt worden. Nun sitze ich an Tobis Bett, streichle seinen Kopf, spreche ihm leise Mut zu. Ab und zu biete ich ihm etwas zu essen und zu trinken an. Man merkt, wie müde er wirklich ist. Aber man merkt ebenso, wie tapfer er sich hält. Ich mache ihn schließlich für die Nacht fertig, gebe ihm seine Medikamente, putze seine Zähne. Alleine schafft er das nicht mehr. Dann liegt er im Bett und dämmert vor sich hin. Ich sitze wartend daneben, halte immer wieder seine Hand.

Der Regenbogen von gestern will mir nicht aus dem Kopf. Ich habe Johannes Schwörer, einem Freund, der immer für Tobi betet, davon geschrieben. Er hat schnell geantwortet und mir ein Video geschickt, das er vor fünf Tagen aufgenommen hat. Zu dieser Zeit war er mit dem Auto unterwegs und sah auch einen Regenbogen. Just als er anhielt und ihn sich anschauen wollte, fingen die Kirchenglocken an zu läuten. Als ich das Video anschaue, bin ich gerührt, dass er dabei an Tobias gedacht hat. Der Regenbogen ist nicht nur für uns, sondern auch für Freunde und Bekannte zu einem Hoffnungszeichen geworden.

Nach gut zwei Stunden wird Tobi wieder wacher. »Papa, ich muss aufs Klo«, murmelt er schwach und schläfrig. Ich helfe ihm dabei, auch das schafft er nicht mehr alleine. Die Schläuche behindern ihn und er ist so schwach, dass er nicht mehr alleine stehen kann. Auf die Bettpfanne zu gehen, kommt für ihn trotzdem nicht infrage. Alles muss seine Ordnung haben, auch jetzt noch. Ich helfe ihm, halte ihn fest, damit er nicht von seiner Campingtoilette rutscht. Sein Kopf sackt müde gegen meine Schulter, er ist kraftlos wie eine Marionette ohne Fäden. Könnte ich doch nur irgendetwas tun! Könnte ich ihm all das Schöne zurückgeben, das er schon erlebt hat. Verzweifelt halte ich den Körper meines Sohnes, während er gefühlt kaum noch hier ist.

Als Tobi fünf Jahre alt war, besuchte er zusammen mit Elisabeth und seinen beiden Schwestern Henriettes Patentante. Was wir alle nicht wussten: Sie hatte sich eine Toilette mit jeder Menge Extras wie einem beheizbaren Sitz und Duschfunktion einbauen lassen. Als Tobi aufs Klo musste, ging Hetty mit ihm zur Toilette, um ihm zu helfen.

Der warme Toilettensitz begeisterte meinen Sohn total! Und als er fertig war, dachte er natürlich, dass das Wasser-Symbol an der Seite die Toilettenspülung wäre. Als er stolz auf den Knopf drückte, wurde er von unten ganz plötzlich nass gespritzt. Erschrocken versuchte er, möglichst weit nach hinten zu rutschen und sich vom Sitz wegzudrücken, was allerdings nicht funktionierte. Dann rief er um Hilfe und Hetty und er versuchten gemeinsam, die Dusche zu beenden. Ohne Erfolg.

Erst als Hettys Patentante alarmiert angelaufen kam und das Wasser abschaltete, war Tobias aus seiner misslichen Lage befreit. Hetty kringelte sich vor Lachen. Mein Sohn fand es anfangs überhaupt nicht lustig, doch je mehr seine Schwester lachte, desto mehr musste er am Ende mitlachen.

Die Geschichte von der »Popo-Waschanlage« ist seitdem immer mal wieder ein Grund zum Schmunzeln gewesen. Und jetzt fühlt sie sich an, als sei sie ein Leben weit weg. Zum Lachen ist mir sowieso nicht zumute.

Ich merke, wie ich Tobias fast nicht mehr halten kann. Bevor er von seiner Toilette rutscht, gelingt es mir immerhin, mit einer Hand den Notrufknopf zu erwischen. Die Nachtschwester kommt uns schnell zu Hilfe. Gemeinsam machen wir Tobi sauber und legen ihn wieder ins Bett. Ich richte die Schläuche um seinen kleinen Körper und decke ihn zu. Dann lege ich mich auf die Elternliege.

Seine Hand umklammert meine, als hätte er Angst, dass ich verschwinde. So geht das eigentlich schon seit Wochen. Ich liege nicht bequem. Die Elternliege ist deutlich niedriger als das Bett, so kann ich den Arm weder zurückziehen noch mich drehen. Trotzdem dämmere ich irgendwann weg. Meine Gebete heute Nacht drehen sich nur um Tobi; ich fühle mich müde und erschöpft. Wie tröstlich und gut, dass Gott mich trotzdem hört und weiß, was ich sagen will.

Mitten in der Nacht werde ich aus dem Schlaf gerissen. Das Licht geht an, Ärzte und Krankenschwestern stürmen ins Zimmer. Im Gepäck haben sie einen Notfallrucksack und eine Sauerstoffflasche. Die reicht wohl nicht, denn der Anruf an die Intensivstation geht raus, damit das Personal dort mit einer weiteren Sauerstoffflasche auf Tobis Station kommt. Beratungen, hektische Gespräche. Dann sagt mir einer der Ärzte, dass Tobi auf die Intensivstation verlegt werde. Schlaftrunken springe ich auf, versuche, ihm noch alles Nötige mitzugeben.

»Tobi, vergiss deinen Kranki nicht!«, sage ich, als ich seinen geliebten Bären im Bett liegen sehe.

»Will ihn nicht mitnehmen«, keucht Tobi schwach. Ich kann es kaum glauben, ohne den Bären schläft er sonst nie.

»Tobi, willst du nicht den Kranki mitnehmen? Oder soll ich ihn für dich mitnehmen?«, versuche ich es noch mal. Er schüttelt den Kopf, müde aber bestimmt. Schnell tausche ich meinen Schlafanzug gegen die normale Kleidung ein, klappe das Elternbett zusammen, damit mehr Platz im Zimmer ist. Es herrscht eine angespannte Atmosphäre.

Tobi wird auf ein schmaleres Bett gelegt, schlaff und kraftlos. Die Sauerstoffsättigung ist stark abgefallen, daher braucht er die Flaschen. Nach und nach werden die Schläuche von seinem Körper entfernt oder an mobile Überwachungsgeräte angeschlossen. Dann wird er aus dem Zimmer geschoben, der Arzt und mehrere Krankenschwestern folgen. Ich gehe mit ihnen, ängstlich und nervös.

Der Weg zur Intensivstation ist lang und kommt mir in unserer Situation schier endlos vor. Nach Gängen, die auf Gänge folgen, ein Aufzug. Dann wieder Gänge. Das Bett vorneweg, wir hinterher. Als wir endlich ankommen, ist es höchste Zeit. Die Sauerstoffflasche ist fast leer, sie hat gerade so gereicht.

Ich bin dankbar, dass alles geklappt hat – alles ist vorbereitet. Tobias wird an die zentrale Sauerstoffversorgung angeschlossen und dann in das Intensivbett gelegt. Um uns herum ist es totenstill, ab und zu dringt ein Piepsen oder Surren durch das lautlose Zimmer. Neben dem Bett türmen sich wie beim letzten Mal Geräte, Monitore, Infusionsständer. Tobis Isolierzimmer schreit schon sehr laut »Krankenhaus!«, aber das Intensivzimmer ist noch einmal eine andere Hausnummer. Bedrohlicher. Noch steriler.

Die ganze Nacht sitze ich auf dem Stuhl neben Tobis Bett. Er ist sehr schwach, aber er schläft nicht tief. Die Stunden vergehen. Draußen wird es langsam heller, der Himmel färbt sich in einem satten Tintenblau, bevor die ersten Strahlen der Morgendämmerung über die Berge leuchten und gelbe, orange und rote Akzente setzen. Ein neuer Tag – was auch immer er bringen mag.

Ich muss an Charlotte denken. Heute ist um zehn Uhr der Abschlussgottesdienst ihrer Grundschule. Ich habe ihr versprochen, dass ich komme – sie hat mich so gebeten und gebettelt, dass ich unbedingt kommen muss, sodass ich es mir nicht verzeihen könnte, sie im Stich zu lassen.

Als die Sonne schließlich über den Horizont kriecht, höre ich das lauter werdende Knattern von Rotorblättern. Als ich aus dem Fenster blicke, sehe ich, dass unser Fenster genau auf den Hubschrauberlandeplatz hinausgeht.

Freude durchzuckt mich: Endlich etwas, um Tobi aufzuheitern! Er schaut unter halbgeschlossenen Lidern an die Zimmerdecke und scheint nichts zu hören.

»Tobi, da kommt ein Hubschrauber!«, sage ich betont begeistert zu ihm. »Du musst nur den Kopf nach rechts zum Fenster drehen, dann kannst du alles sehen.«

»Will nicht mehr«, murmelt er schwach und undeutlich, den Blick weiter nach oben gerichtet.

»Tobi, ich kann dein Bett drehen. Dann kannst du gerade zum Fenster hinausschauen und musst nicht einmal den Kopf drehen«, versuche ich es noch einmal.

Tobi schüttelt kaum merklich den Kopf. »Nein«, haucht er kraftlos, aber entschieden.

Eine Woge von Traurigkeit überflutet mich. Tobi scheint mit der Welt abgeschlossen zu haben. Erst wollte er seinen Kranki nicht mitnehmen und jetzt die Sache mit den Hubschraubern. Die waren immer ein Highlight für ihn, auch wenn sonst fast gar nichts ging. Vor einer Woche noch hat ihm eine Krankenschwester Karten für einen Hubschrauberrundflug geschenkt und er hat sich gefreut wie verrückt. Jetzt will er nicht mal mehr nach draußen schauen.

Ich nehme wieder seine Hand, die ich kurz losgelassen habe, um aus dem Fenster zu deuten. Dann versuche ich ihn zu beruhigen und ein bisschen abzulenken. Die Stimmung ist fast ein wenig gespenstisch. Tobias ist bei Bewusstsein, aber er reagiert nur langsam auf seine Umwelt. Alles, was er sonst immer getan hat – Dinge hinterfragen, alles wissen wollen, neugierig sein –, das spielt jetzt keine Rolle mehr. Seine Stimme ist matt, die Augen schauen abwesend in die Ferne. Er lässt alles schweigend über sich ergehen und ich habe das Gefühl, dass er mir langsam und stetig aus den Händen gleitet.

Wie lange bleibt er uns noch? Wird er die Sommerferien noch erleben oder Heiligabend? Erlebt er noch, wie seine Schwestern die Bascetta-Sterne auspacken, die er für sie gebastelt hat? Die Gedanken tun weh, aber ich kann sie nicht wegschieben. Ich glaube nicht mehr daran, dass Tobi gesund wird. Aber ich würde ihn so gerne noch ein wenig bei uns behalten. Gleichzeitig will ich nicht, dass er Schmerzen hat oder leiden muss. Ich liebe meinen Sohn wie verrückt. Ich kann mir ein Leben ohne ihn einfach nicht vorstellen.

Elisabeth kommt gegen halb neun, um mich abzulösen. Wir sitzen noch eine Stunde zusammen, doch wir sprechen nur wenig, um unseren Sohn nicht anzustrengen. Um halb zehn muss ich gehen, damit ich nicht zu spät zu Charlotte komme.

»Sag mir Bescheid, wenn sich Tobis Zustand deutlich verschlechtert«, bitte ich Elisabeth. Sie nickt und ich sehe ihr an, wie besorgt sie ist. Dann drehe ich mich zu meinem Sohn um. Ich küsse Tobias zum Abschied auf die Stirn.

»Tobi, ich gehe jetzt zu Lottes Verabschiedung von der Grundschule. Aber ich komme so schnell wie möglich wieder zurück zu dir«, sage ich, damit er weiß, dass ich nicht lange weg bin. Er schenkt mir ein schwaches Lächeln, müde und klein. Im Türrahmen drehe ich mich noch einmal zu ihm um. »Tschüss, Tobi«, rufe ich und winke ihm zu. Dann verlasse ich das Zimmer und gehe in Richtung Parkplatz aus dem Krankenhaus.

Lottes Schulabschlussgottesdienst findet in der Martinskirche statt, in der auch Tobi eingeschult worden ist. Ich sitze neben meiner jüngsten Tochter und meiner Mutter auf der Kirchenbank und kann mich nur schlecht auf das Geschehen konzentrieren. Immer wieder driften meine Gedanken zu Tobi, ich frage mich, ob er wieder ein bisschen mehr Mut geschöpft hat. Innerlich weine ich die ganze Zeit, doch zeigen kann ich nichts davon. Heute ist Charlottes großer Tag, ich will und muss funktionieren. Sie soll nicht noch mehr unter der Situation leiden. Für sie soll es ein guter Tag werden, eine schöne Erinnerung, an die sie später einmal gerne zurückdenkt. Nach den Sommerferien wird sie schon auf dem Gymnasium sein, ein großes Mädchen.

Tobis Lehrerin Frau Haß und seine Klassenkameraden sind ebenfalls da. Wenn mich einer von ihnen sieht, fragen sie mich nach Tobi. Immer wieder muss ich sagen, dass es ihm nicht gut geht, immer wieder schaue ich in kleine traurige Gesichter. Was für gute Freunde

Tobi in der kurzen Zeit an seiner Schule gefunden hat, denke ich. Das ist nicht selbstverständlich.

Als die Pfarrerin ein Gebet für die Schüler spricht, betet sie auch für meinen Sohn. Ich bin dankbar, dass er nicht vergessen ist, dankbar, dass so viele Leute im Gebet für ihn eintreten. Auch das ist nicht selbstverständlich.

Nach dem Gottesdienst geht es in die Schule, wo die Feier beginnt. Lottes Klasse wird mit schönen Spielen symbolisch aus der Schule geworfen, um Platz für die neuen Erstklässler zu machen. Meine Tochter ist voll eingebunden und strahlt glücklich. Ich versuche, ein fröhliches Gesicht zu machen, auch wenn mir nicht danach zumute ist.

Während einer kurzen Pause spricht Frau Haß mich an. »Herr Roller, heute Nachmittag haben wir uns mit Tobis Klasse und den Eltern in der Schule verabredet. Da bemalen wir ein großes Tuch mit *HALLO TOBI*, und morgen stellen wir uns alle zusammen auf den Österberg und winken. Dann kann Tobi uns aus seinem Fenster sehen. Wenn er das Fernglas nimmt, sieht er ja vielleicht sogar, wer alles da ist. Das habe ich ihm schon länger versprochen, dass wir das am ersten Ferientag machen. Dann hat er etwas zum Freuen.«

Dankbar lächle ich sie an. »Das ist eine tolle Idee, da freut er sich bestimmt!« Ich hoffe, er hat sich bis dahin wieder ein bisschen erholt.

Nach der Verabschiedung will ich Lotte und ihre Cousine zu meinem Bruder bringen. Doch vor der Schule erwartet uns noch eine schöne Überraschung. Bisher durfte sich jedes Kind wünschen, wie es an seinem letzten Kindergarten- und dem letzten Schultag in der Grundschule abgeholt werden möchte. Hetty hatte sich damals den Dumper gewünscht, aber bei Lotte ist alles schwieriger durch Tobis Krankenhausaufenthalt. Ich selbst habe gar nichts vorbereitet, doch als wir auf die Straße treten, steht da Hetty mit unserem alten Kinderwagen. Sie hat ihn bunt geschmückt und wartet auf uns. Meine Mädchen!

Charlotte freut sich riesig, als sie die Überraschung sieht. Dann setzt sie sich kichernd in den Kinderwagen und lässt sich von ihrer großen Schwester nach Hause schieben. Fast wie früher, als Hetty sie manchmal vom Kindergarten auf der anderen Straßenseite abgeholt hat. Ich begleite die Kinder noch, dann mache ich mich sofort wieder auf den Weg ins Krankenhaus.

17

Angekommen im Himmel und Abschied auf der Erde

Als ich ankomme, sitzt Elisabeth mit Tränen in den Augen in Tobis Zimmer. Weil Tobi so schlecht Luft bekommen hat, haben die Ärzte entschieden, ihn noch mal zu intubieren. Dabei haben sie Blut in seiner Lunge festgestellt und entschieden, dass eine weitere Bronchoskopie nötig ist. Elisabeth musste fast zwei Stunden im Elternzimmer der Station warten – eine schlimme Zeit für sie. Als ich dazukomme, ist sie noch nicht lange bei unserem Sohn.

Wir verbringen den Rest des Nachmittags an seinem Bett. Außer uns ist noch eine Krankenschwester im Zimmer, die alles im Blick behält, die Infusionen zur richtigen Zeit anhängt und im Notfall eingreifen kann. Sie ist hoch konzentriert und weiß offensichtlich sehr genau, was sie tut – aber ich möchte nicht mit ihr tauschen. Sie hat es nicht leicht. Bestimmte Medikamente dürfen nicht mit anderen injiziert werden und wenn an einem Zugang schon zu viel angehängt ist, muss sie zu einem anderen wechseln. Alle Zugänge sind mit Aufklebern gekennzeichnet, damit man sieht, was über welchen Weg in Tobis Körper läuft.

Tobias selbst ist immer noch sediert, sein Körper wirkt wie eine leblose Hülle. Damit seine halb geöffneten Augen nicht austrocknen, werden sie mit einer Salbe versorgt. Unsere Augen wandern zwischen unserem reglosen Sohn und den Monitoren hin und her. Die Zeit fliegt und vergeht gleichzeitig gar nicht. Wir sprechen nur wenig, weil wir nicht wissen, ob Tobi irgendetwas mitbekommt. Aber wir streicheln immer wieder seinen Kopf und seine Arme, auch wenn er nicht darauf reagiert.

Am Abend holen uns die Stationsärztin und der Professor zur Besprechung ins Wartezimmer. Tobi geht es nicht gut, das bestätigen uns die Ärzte, aber sie denken, dass er es schaffen wird. Wir sind ein wenig erleichtert, ganz so schlecht sind die Aussichten also doch nicht. Elisabeth drückt meinen Arm.

Als wir das Zimmer betreten, halte ich kurz inne. Gegenüber dem Bett klebt eine große hellblaue Pappwolke auf den Fliesen. *Lieber Oskar-Fridolin Knöly-Clown Tobi, wir denken an dich! Deine Mädels* steht dort, darunter das gemalte Bild eines Elefanten, ein Herzchen, eine Kuh. Das O in Tobi ist eine Sonne. Die Krankenschwestern von Tobis Isolierstation sind da gewesen und haben ihm eine Aufmunterung dagelassen. Ich bin tief bewegt von so viel Liebe für meinen Sohn, die ich aus allen Richtungen spüre.

»Vielleicht sollten die Mädchen Tobi heute noch mal sehen«, überlegt Elisabeth laut.

»Auf jeden Fall. Ich hole sie ab«, stimme ich ihr zu.

Ich fahre los und bin kurz darauf mit unseren Töchtern zurück. Im Auto habe ich sie auf Tobias' Zustand vorbereitet, damit sie nicht zu sehr erschrecken. Sie sind zwar viel gewöhnt, doch die Intensivstation ist noch einmal eine deutliche Steigerung zu den anderen Zimmern.

Als wir schließlich gemeinsam an seinem Bett stehen, bemerke ich die Anspannung meiner Mädchen. Sie beginnen zu flüstern, dann schauen sie mich fragend an.

»Wacht Tobi bald wieder auf?«, will Lotte wissen.

Ich muss schlucken. »Das weiß ich leider nicht«, gebe ich zu.

Henriettes Augen werden größer. »Muss Tobi sterben?«, fragt sie mit belegter Stimme.

Hilflos stehe ich neben ihnen und weiß nicht, was ich sagen soll. Dann zwinge ich mich zu einer Antwort. »Es geht Tobi nicht gut«, sage ich und meine Kehle ist wie zugeschnürt. »Wir wissen nicht, ob er es überleben wird und wie lange er noch durchhalten kann. Gott entscheidet, wann er unseren lieben Tobi zu sich holt. Das kann auch schon sehr bald sein. Deshalb wollte ich, dass ihr Tobi gute Nacht sagt.«

Henriette und Charlotte sprechen leise mit Tobi und streicheln ihn. Doch da er gar nicht reagiert, ist es für die Mädchen nicht einfach. Hilfesuchend schauen sie immer wieder zu uns. Hetty würde am liebsten irgendetwas tun, um ihrem kleinen Bruder zu helfen. Das ist ihre Art, ihre Liebe zu zeigen. Die Krankenschwester scheint das zu merken, denn sie zeigt meiner Großen, wie sie Salbe in Tobis Augen und auf seine Lippen auftragen kann. Vorsichtig widmet sich Hetty dieser Aufgabe. Sie ist dabei ganz ruhig. Endlich etwas tun zu können gibt ihr Sicherheit in der seltsamen Situation.

Nach einer Stunde verabschieden sich die Mädchen. »Tobi, wir kommen dich wieder besuchen«, sagen sie ihm leise zum Abschied. Dann fährt Elisabeth mit den beiden nach Hause. Ich werde bleiben, beschließen wir. Meine Mutter will später noch ins Krankenhaus kommen, dann muss ich nicht die ganze Zeit alleine bei Tobi wachen.

Ich setze mich wieder an das Bett meines Sohnes. Durch den Schlauch in seiner Lunge wird immer wieder Blut abgesaugt. Es tut mir weh, ihn so zu sehen. Die Krankenschwester tut ihr Bestes, um ihm zu helfen. Doch kaum dreht sie an einer Schraube, um ein Problem zu lösen, taucht an einer anderen Stelle ein neues auf. Und trotz ihrer verzweifelten Bemühungen geht es Tobi immer schlechter.

Ich rufe den Arzt, bitte ihn, meinem Sohn mehr Morphium zu geben, damit er keine Schmerzen hat. Ich will nicht, dass er noch mehr als bisher leiden muss, davon hatten wir in seinem kurzen

Leben wirklich genug. Der Arzt stimmt mir zu, erhöht die Dosis. Ich warte angespannt.

Tobi bekommt Bluttransfusionen, um den Blutverlust über die Lunge auszugleichen. Auch eine Drainage wird gelegt. Ich erfahre, dass er nicht mehr genügend Gerinnungsfaktoren in seinem Blut hat und so die Lunge nach dem Eingriff nicht richtig abheilen kann.

Tobis Stationsärztin Dr. Döring kommt zu uns und setzt sich neben mich. Sie hat Feierabend, wie sie mir erzählt, trotzdem bleibt sie nach ihrem langen Arbeitstag noch bei Tobi. Wir warten weiter, doch meine Hoffnung auf ein Lebenszeichen oder die Besserung seines Zustands bröckelt immer weiter.

»Wäre es nicht sinnvoll, dass ich meine Frau anrufe, damit sie dazukommt?«, frage ich den behandelnden Arzt. Er verneint das, doch Dr. Döring fällt ihm ins Wort. »Rufen Sie sie an«, sagt sie mit belegter Stimme. Es ist halb zwölf in der Nacht.

Ich rufe zuerst meinen Bruder an und bitte ihn, auf die schlafenden Mädchen aufzupassen, damit Elisabeth kommen kann. Dann klingle ich zu Hause durch und warte. Während ich an Tobis Bett stehe, gehen mir so viele Gedanken durch den Kopf.

Ich beuge mich zu seinem rechten Ohr und flüstere ihm zu: »Lieber Tobias, vielen Dank für alles, was du mir an Liebe geschenkt hast. Du hast mir so viel Freude im Leben gemacht. Ich liebe dich so. Bitte sag meinem Vater Grüße, wenn du im Himmel bei ihm bist. Ich werde dich so vermissen, mein Schatz!« Ich beginne zu weinen, ich ertrage das alles kaum noch.

Als Elisabeth nach einer Viertelstunde eintrifft, nehme ich sie in den Arm und wir stehen gemeinsam an Tobis Bett. Die Tränen laufen nun uns beiden über die Wangen und den Hals, tropfen auf unsere Kleider und das Bett. Wir können sie nicht mehr zurückhalten, das mussten wir schon viel zu lange. Wir weinen und weinen. Und wir ahnen, dass das unsere letzte Nacht mit Tobi sein wird. Er wird es nicht schaffen. Meine Welt stürzt ein.

Um halb eins tritt Dr. Döring an uns heran. »Am besten holen Sie Ihre Töchter dazu«, rät sie uns leise.

Ich schaue auf. »Wäre es nicht besser, wenn wir sie fernhalten? Um sie zu schützen?«, frage ich verwundert.

»Nein, es ist ganz wichtig, dass sie sich von ihrem Bruder verabschieden können«, erklärt die Ärztin bestimmt.

Ich zücke das Mobiltelefon und rufe meinen Bruder an. Da ich ihn schon vorgewarnt habe, dass ein weiterer Anruf kommen kann, ist er nicht überrascht. Er wird die Mädchen zur Station bringen, bespreche ich mit ihm. Dann lege ich auf, meine Hände schweißnass und zittrig. Ich atme tief ein und aus.

Die Ärzte stellen sich zu uns. »Herr und Frau Roller«, sagt der behandelnde Arzt, »es tut mir so leid. Ihr Sohn wird es nicht schaffen.«

Ich spüre, wie Elisabeth neben mir zusammenzuckt, aufschluchzt. Ich fühle mich taub.

»Er hat ein kräftiges Herz«, fährt der Arzt fort. »Es kann sein, dass es nach Abschalten der Geräte noch bis zu vier Stunden schlägt. Darauf sollten Sie vorbereitet sein.« In mir schreit alles – bloß das nicht! Tobi soll nicht leiden, das dürfen wir nicht zulassen.

Die Klingel der Intensivstation ertönt und Dr. Döring verlässt das Zimmer. Draußen höre ich sie kurz sprechen, dann erscheinen unsere Mädchen in der Tür. Mit großen Augen schauen sie in das Krankenzimmer. Eine gespenstische Stille liegt über der gesamten Station, lediglich durchbrochen von den leisen Geräuschen der Geräte und Pumpen. Durch die offenen Vorhänge sieht man den dunklen Nachthimmel und die Lichter des Hubschrauberlandeplatzes. Der Windsack bewegt sich träge in der lauen Sommerluft, sonst regt sich nichts.

Die Mädchen laufen zu uns und drücken sich an uns. Kurze Zeit später hören wir ein Klappern vom Gang her und eine Krankenschwester schiebt ein weiteres Bett ins Zimmer, das sie neben Tobi schiebt. Elisabeth, Hetty und Lotte legen sich neben ihn, ich stelle mich an seinen Kopf. Seine Augen sind leicht geöffnet, das schlaffe Gesicht aschfahl.

Dann beginne ich, sein Haar und sein Gesicht zu streicheln und leise die Lieder zu pfeifen, die ich ihm immer zum Einschlafen vorgepfiffen habe: Zuerst *Nun danket alle Gott* und dann *Der Mond ist aufgegangen*. Zwischendurch kann ich nicht weitermachen, weil ich die ganze Zeit weine. Während wir auf Tobi schauen, schaltet der Arzt einen Monitor nach dem anderen ab und dann die Geräte.

Alles geht sehr schnell. Tobi zuckt noch einige Male, dann liegt er still und regungslos im Bett. Es ist vorbei. Mein Sohn ist tot. In mir ist alles kalt und tut weh, ich weiß nicht, wie es jetzt weitergeht. Wir können uns nicht von Tobi trennen, bleiben noch eine Weile bei ihm und streicheln ihn.

»Mama, darf ich Tobi noch waschen?«, fragt Hetty, und Lotte fügt hinzu: »Ich will auch helfen und Tobi waschen.«

Elisabeth nickt stumm. Die Mädchen laufen in Tobis Isolierzimmer und holen sein Lieblingsshampoo, dann waschen sie ihn. Es ist ihre zarte, hilfsbereite Art, sich von ihrem Bruder zu verabschieden.

Dann gehen wir kurz aus dem Zimmer, damit die Krankenschwestern ihn herrichten können. »Kommt, wir holen noch Tobis Lieblingssachen von zu Hause«, sagt Elisabeth mit leiser Stimme und macht sich mit unseren Töchtern auf den Weg.

Ich sitze derweil alleine im Elternzimmer und fühle mich selbst leblos, kraftlos, tot. Auf einmal schießt mir der Taufvers meines Sohnes durch den Kopf. *Befiehl dem Herrn deine Wege und hoffe auf ihn, er wird's wohlmachen.* Ein neuer Gedanke keimt in mir: Tobi muss nicht mehr leiden. Er ist nicht gesund geworden und ich weiß nicht, wie ich ohne ihn leben soll, aber er muss nicht mehr leiden. Jetzt ist er im Himmel und hat es gut. Gott hat ihn erlöst von allem, was meinem armen kleinen Jungen das Leben so schwer gemacht hat. Gott hat es wohlgemacht, auch wenn mir alles so weh tut, dass ich selbst sterben könnte.

Ich hole mein Mobiltelefon hervor. Unsere Familie muss ja auch wissen, was passiert ist. Ich schreibe deshalb unseren Verwandten, Freunden und meinem Arbeitgeber von Tobis Tod. *Tobias hat keine Schmerzen mehr, er ist im Himmel*, tippe ich.

Die Zeit vergeht wie im Schneckentempo oder wie im Flug, ich kann es nicht sagen. Als ich aufblicke, sind Elisabeth und die Mädchen mit der Kleidung zurück und wir dürfen wieder ins Zimmer. Tobi liegt still und ganz entspannt in seinem schmalen Bett, ganz ohne Leitungen und Schläuche. Auf den Ports und Zugängen kleben Pflaster. Wir bleiben bei ihm und weinen. Ich habe das Gefühl, als würden meine Tränen nie mehr versiegen.

Mit der Hilfe ihrer Mutter ziehen die Mädchen Tobi an, bevor er in eine der Aufbewahrungskammern im Klinikkeller geschoben wird. Wir verabschieden uns noch einmal von ihm, dann fahren wir nach Hause. Auf der Hälfte der Strecke laufen uns zwei Dachse über den Weg. Wie in England, denke ich, und meine Augen füllen sich erneut mit Tränen.

Zu Hause legen wir uns alle vier zum Schlafen ins Ehebett. Hetty und Lotte wollen heute Nacht nicht alleine schlafen und auch ich bin froh, wenn ich sie in meiner Nähe habe. Wir beten noch gemeinsam, befehlen unsere Sprachlosigkeit Gott an. Dann verfällt jeder in stummes Brüten.

Ich liege noch lange wach, kann den Tag nicht zur Seite schieben. Alles ging so furchtbar schnell. Erst wollte Tobi keine Rettungshubschrauber mehr sehen und jetzt kann er nie wieder welche sehen.

Mein armes Kind. Ich halte den Gedanken fest, dass er bei Gott ist und ihm nichts mehr wehtut. Mir tut dafür alles weh, mein Herz, meine Seele, einfach alles. Ich fühle mich schwach und kraftlos, die Anspannung der letzten Jahre ist mit Tobias' letztem Atemzug aus meinem Inneren gewichen. Alles Bangen, alles Hoffen, alles, was ich für meinen Sohn getan habe, ist nun vorbei.

Im Kopf gehe ich durch, was jetzt auf uns zukommt. Heute beginnt der erste Ferientag. Wir müssen uns um die Beerdigung kümmern. Die Traueranzeige schalten. Das Krankenzimmer ausräumen. Irgendwann fallen mir die Augen zu und ich sinke in einen tiefen, traumlosen Schlaf.

18

Getragensein und Abschiedsschmerz

Am nächsten Morgen fahren wir zurück in die Klinik. Die Krankenschwestern und die Klinikpfarrerin haben den Raum wunderschön hergerichtet. An der Tür hängt das Schild *Oskar-Fridolin – Tobias*. Auf seinem Nachttisch stehen die selbst gebastelte Osterkerze und ein Foto. Sogar die Spritze mit der Leitung, mit der er dem Professor einen Streich spielen konnte, haben sie in seine Hand gelegt, die Leitung am Türrahmen befestigt. Es ist sein letzter Streich, die letzte kleine Freude, die so wehtut, als würde mein Innerstes zerreißen.

Alle Schwestern, die Therapeuten, Stationsärztinnen, Professoren und die Klinikpfarrerin singen ein Abschiedslied, manche weinen dabei. Tobis Lehrerin Frau Ebinger liest einen Psalm vor. Dann verabschieden sich alle von Tobias und von uns, bevor sie zurück an ihre Arbeit gehen.

Tod und Leben liegen hier nahe beieinander, und auch wenn viele Tränen in den Augen haben oder mit uns weinen, so warten doch auf ihren Stationen Kinder auf sie, die sie genauso brauchen wie Tobi.

Wir bleiben noch. Unser Leben hat ein Loch, eine Wunde, die schmerzt, und wir können unseren kleinen Jungen noch nicht loslassen.

Die nächsten Tage ziehen schemenhaft an mir vorbei. Wir müssen das Zimmer im Krankenhaus räumen, weil es für ein anderes Kind benötigt wird. Dann bereiten wir die Beerdigung vor. Zwei Tage danach wird mein Bruder in den Urlaub fahren und die Mädchen mitnehmen, dann bekommen sie wenigstens nicht mit, wie wir Tobis Sachen sortieren.

Die Bestatter sind freundlich und einfühlsam, wir fühlen uns verstanden. Trotzdem haben wir so viel zu tun, dass wir tagsüber kaum zum Luftholen kommen. Das Grab organisieren. Den Sarg aussuchen. Das Gemeindehaus organisieren. Den Posaunenchor anfragen. Die Traueranzeigen entwerfen und verschicken. Die Todesanzeige in die Zeitung setzen.

Trotz all der Arbeit denke ich die ganze Zeit an Tobias. Ich will ihn nicht vergessen, ich darf es nicht. Ich hole mir sein Gesicht immer wieder vor Augen, ängstlich darauf bedacht, dass mir kein Detail verloren geht.

Wenn es abends still wird, wenn ich dann Zeit zum Nachdenken habe, kreisen meine Gedanken noch mehr. Warum musste Gott meinen Sohn so früh zu sich holen? Warum konnte er nicht noch bleiben? Was wäre gewesen, wenn ich der Stammzellentransplantation nicht zugestimmt hätte? Wären wir dann jetzt zusammen im Urlaub, Mutter, Vater und drei glückliche Kinder?

Und doch – ich kann nicht wissen, was passiert wäre. Tobi wäre wahrscheinlich nie ganz gesund geworden. Wäre er älter geworden, hätte er als Jugendlicher oder junger Erwachsener unter seiner Krankheit vielleicht noch viel mehr gelitten. Wer weiß, was er vielleicht noch alles hätte aushalten müssen.

Eine Antwort auf meine Fragen werde ich hier auf der Erde nicht bekommen, das weiß ich. Trotzdem kann ich nicht verhindern, dass sie mir immer wieder durch den Kopf gehen.

Ich vermisse Tobias so sehr, dass es schmerzt. Sein ansteckendes Lachen, seine lustigen Kommentare, seine Erklärungen, warum die

Dinge so sind, wie sie sind – all das fehlt. Nachts ist es ruhig. Ich höre zwar Elisabeths leisen Atem, aber das Brummen und Piepen, das mich schon so oft aus dem Schlaf gerissen hat, ist nicht mehr da. Ich schlafe dadurch nicht besser. Die Stille ist laut, sie schreit und dröhnt in meinen Ohren.

Ich spreche viel mit Gott. Auf eine seltsame Art fühle ich mich getragen und sicher. Ich fühle bodenlosen Schmerz und eine Trauer, die mich fast auffrisst, aber ich bin nicht alleine. Mein Leben ist in tausend Scherben zerbrochen und trotzdem habe ich nicht das Gefühl, dass Gott mich verlassen hätte. Ich bin wie ein Kind, das im Arm des Vaters liegt, während es den schlimmsten Verlust der Welt betrauert. Der Vater hält es fest. Und er hält jetzt Tobi, denke ich immer wieder. Tobi ist bei Jesus, den er lieb hatte. Seinem großen, starken Freund. Keine Schmerzen mehr, keine Entzündungen, keine Brüche oder Übelkeit. Tobi ist im Himmel und es geht ihm einfach nur gut. Und da werde ich ihn eines Tages wiedersehen.

Der Verlust meines kleinen Jungen tut mir dadurch nicht weniger weh. Ein Teil von mir fehlt, als hätte man ihn abgeschnitten. Ich habe ein Loch in der Brust, ein Loch im Herzen. Mein kleiner Sonnenschein ist nicht mehr hier bei mir.

Bis zur Beerdigung ziehen wir uns zurück. Wir wollen als Familie alleine sein, meiden alle Kontakte, die nicht zwingend notwendig sind. Zur Arbeit gehe ich immer erst spät am Abend, wenn alle schon gegangen sind. Dann muss ich niemanden sehen, mich mit niemandem unterhalten. Mein Arbeitgeber weiß Bescheid, er legt mir tagsüber alles auf den Schreibtisch, was es zu bearbeiten gibt. Ich nutze die Zeit, um die wichtigsten Dinge zu erledigen.

Wenn ich dann an meinem Schreibtisch sitze, hole ich Tobis Teddy aus dem Rollcontainer und setze ihn auf den Schreibtisch. Mein Sohn hatte ihn dort versteckt, damit der Teddy ihn begrüßt, wenn er mich auf der Arbeit besuchen kommt. Nun holt nicht Tobi ihn aus der Schublade, sondern ich. Draußen wird die Nacht schwärzer und schwärzer und ich sitze in meinem erleuchteten Büro und arbeite, während der Bär mir dabei zuzuschauen scheint. Es fühlt sich fast so an, als wäre Tobi da. Wenn ich dann gehe, packe ich den Teddy zurück in die Schublade. Es ist mein Geheimnis, dass er dort auf mich wartet.

Dann kommt der Tag der Beerdigung. Die Minuten und Stunden fliegen an uns vorbei. Vormittags gehen wir auf den Friedhof, Elisabeth macht den Blumenschmuck für unseren Sohn noch fertig. Ich fahre zur Bäckerei und hole die Brezeln und den Kuchen für die Trauerfeier. Zwischendurch bringen die Bestatter den Sarg mit Tobias und bahren ihn in einer der Aussegnungshallen auf. Immer wieder gehen wir in die Halle und setzen uns auf die Stühle vor dem Sarg, können uns kaum losreißen von unserem Tobi.

Hetty und Lotte haben mit Elisabeth zusammen Stoff ausgesucht und Bezüge für das Kissen und die Decke genäht, in denen er liegt. Nun drapieren die Mädchen Blumen zu seinen Füßen, sodass der untere Rand der Bettdecke komplett mit einem Blumenrand gesäumt ist. Es ist ihre Art, sich zu verabschieden: noch ein letztes Mal etwas für ihren Bruder tun zu können.

Gegen Mittag essen wir zu Hause schnell etwas, bevor wir wieder zurück auf den Friedhof gehen. Die Beerdigung beginnt um 13 Uhr, doch die ersten Trauergäste treffen deutlich früher ein. Langsam füllt sich die Friedhofskapelle. Mein Arbeitgeber hat sogar extra die Privatklinik für die Zeit der Beerdigung geschlossen, damit möglichst viele meiner Kolleginnen und Kollegen teilnehmen können.

Der Posaunenchor spielt zum Anfang, dann tritt mein Bruder vor das Rednerpult und begrüßt die Anwesenden. Er hält als Pfarrer die

Beerdigung – wer wäre besser geeignet als er, der seinen Neffen von Geburt an kannte.

Das nächste Stück, das angestimmt wird, treibt mir die Tränen in die Augen. Die versammelte Gemeinde singt *Befiehl du deine Wege* – das alte Kirchenlied, das auf Tobis Taufvers basiert und zu dem mein Bruder Paul-Gerhard auch seine Ansprache halten wird.

Immer wieder zieht es meinen Blick zu Tobis Sarg. Ich sehe in Gedanken seine verschmitzt strahlenden Augen mit den langen Wimpern vor mir und weiß doch, dass ich ihn auf dieser Erde nicht mehr sehen werde. Trotz der schweren Krankheit war er so ein fröhliches Kind.

Es war doch genau der richtige Taufvers, den wir für Tobias ausgesucht hatten, obwohl wir damals nicht wussten, was ihn im Leben erwarten würde. Deshalb habe ich auch dieses Lied für seine Beerdigung ausgewählt. Und ich singe mit, in Gedanken die ganze Zeit bei meinem Sohn. Während des Singens merke ich, wie Charlotte meine Hand fasst und sie fest drückt, als hätte sie meine Gedanken gespürt.

Die Feier ist wunderschön, obwohl alles wehtut. Es ist ein würdiger Abschied für unseren Tobi, denke ich bei mir. Seine Cousinen Priscilla und Christina lesen einen Brief für ihn vor. Das hätte ihm gefallen, das weiß ich. Dann beginnt Paul-Gerhard zu sprechen. Es ist ruhig in der Friedhofskapelle, nur ab und an zerreißt ein Schluchzen die Stille der Zuhörer.

Mein Bruder spricht über Tobias' Leben, sein Strahlen, die Freude, die er uns allen gegeben hat. Ich bin ihm so dankbar für seine Worte, in denen ich meinen Sohn sehen kann. Und dafür, dass auch er nicht bei Tobis Tod stehen bleibt.

»Dem Herrn die Wege anzubefehlen, mit der Realität Gottes zu rechnen, im Glauben ein Leben an der Seite Gottes zu führen, das ist die größte Freude, die Sie Tobias und die Sie sich selbst machen können«, sagt er, gerade als mein Blick auf dem kleinen Sarg verharrt.

Darauf sitzt zwischen weißen Rosen der neue Kranki, den mein Sohn zu Ostern bekommen hatte. Vor dem Teddy mit seinen leuchtend weißen Verbänden stehen Tobis winzig kleine erste Schuhe. Seinen alten, viel geliebten Kranki hat Tobi im Sarg im Arm.

Ja, wir haben Gott Tobis Wege anbefohlen, genau wie unsere eigenen. Wir haben auf ihn gehofft und ich will daran festhalten, dass er alles wohlmacht. Selbst wenn das bedeutet, dass ich eine Narbe im Leben und auf dem Herzen habe, die nie weggeht.

»Durch das Sterben und Auferstehen schenkt Gottes Sohn Jesus Christus jedem, der an ihn glaubt, ewiges Leben. Das heißt, dass der Tod nicht mehr das letzte Wort hat. Gott sei Dank!«, schließt mein Bruder seine Ansprache. Wir werden Tobias einmal im Himmel wiedersehen. Da ist er dann kerngesund. Keine Schmerzen. Kein Leid. Nur Freude. Der Gedanke gibt mir Trost, auch wenn der Schmerz überwältigend ist.

Auch Tobis Schulklasse ist da, die Kinder singen ein Lied – ein weiterer kleiner Liebesbeweis für mein Kind. Schließlich ist die Trauerfeier vorbei und wir verlassen die Friedhofskapelle. Die Friedhofswärter haben extra einen schönen, alten Wagen aus dem Keller geholt, mit dem sie Tobis Sarg den Hügel hinauf bis zum Grab schieben.

Als wir nach draußen treten, blendet uns die Mittagssonne, die von einem strahlend blauen Himmel scheint. Ob Tobi mich jetzt sieht? Und wenn ja, was er wohl denkt? Langsam gehen wir die steile Anhöhe hinauf. Dann wird der Sarg über dem offenen Grab abgestellt. Hinunterlassen wollen wir ihn wegen Tobis Klassenkameraden noch nicht, für die es zu viel wäre, ihren Freund in der Erde versinken zu sehen.

Die Menschenmenge kommt mir schier endlos vor. Bei Weitem nicht alle haben einen Platz in der Kapelle bekommen, viele haben draußen auf uns gewartet. Ich fühle Dankbarkeit für so viele Trauergäste. Mein kleiner Junge ist gerade mal acht Jahre alt geworden, aber trotzdem hat er einen Unterschied im Leben vieler Menschen gemacht. Er hat anderen Freude bereitet, an sie gedacht, ihnen Mut gemacht. Und alle, die er irgendwie berührt hat, werden sich an ihn erinnern.

Der Strom der Trauergäste zieht langsam an uns vorüber. Jeder versucht, Worte zu finden: tröstliche Worte, Worte, die zeigen, wie sehr sie mit uns fühlen, mit uns trauern, unseren Verlust kaum fassen können. Ich spüre den Trost, der von ihren mitfühlenden Gesten und Worten ausgeht – eine unterschätzte Kraft, die ich gerade jetzt besonders zu würdigen lerne. Die meisten weinen, manche erzählen kurze Geschichten, die sie mit Tobias erlebt haben.

Viele der Trauergäste habe ich gar nicht erwartet, weil sie eine lange Anreise oder uns seit einer gefühlten Ewigkeit nicht mehr gesehen haben. Selbst ehemalige Kinderkirchen-Kinder, die vor fast dreißig Jahren bei mir im Kindergottesdienst saßen, sind da. Wie sehr es doch hilft, dass unser Schmerz ein Stück weit geteilt wird. Natürlich tragen wir ihn weiter, aber die vielen Menschen hier scheinen uns ein klein wenig davon abzunehmen – er verschwindet dadurch nicht, lässt sich aber besser ertragen.

Es dauert lange, bis alle sich am Sarg verabschiedet haben. Zwischen unzähligen Blumen in Weiß, Gelb und Rot liegen auch einige der Kaubonbon-Stangen, die wir den Kindern als Dank für ihr Lied gegeben haben. Sie haben die Süßigkeiten geopfert, um Tobi auf ihre Weise Tschüss zu sagen. In meine Trauer mischt sich Rührung über diesen Liebesbeweis.

Wir bleiben am Grab stehen, bis alle gegangen sind, und nehmen in Ruhe Abschied von unserem Tobias. Zwei der Onkel unseres Jungen und zwei seiner Cousins lassen den Sarg in das ausgehobene Grab hinunter. Ich werfe einen letzten Blick auf den Teddy und die Kinderschuhe, die nun unten im Grab stehen, auf die Blumen und die Kaubonbon-Stangen. Dann reiße ich mich los und gemeinsam gehen wir zum Beerdigungskaffee im Gemeindehaus.

Es ist ein schöner Abschied. Der Posaunenchor spielt, ich zeige Filme und Bilder aus Tobis Leben, wir singen gemeinsam. Ihm hätte es gefallen, das weiß ich. Im Anschluss helfen viele beim Aufräumen und lassen uns selbst mit diesen profanen Dingen nicht alleine.

Zu Hause sitzen wir mit unseren Mädchen im Wohnzimmer und lassen die vergangenen Stunden Revue passieren. Wir sind dankbar für diesen berührenden Tag – keiner hätte damit gerechnet, dass die Beerdigung so bewegend wird und dass so viele Menschen uns mit ihrer Anteilnahme unterstützen.

»Lasst uns noch einmal zum Grab gehen, ehe es dunkel wird«, sage ich schließlich mit einem Blick nach draußen. »Mittlerweile ist bestimmt alles hergerichtet.«

Die Friedhofswärter haben alles wunderschön gestaltet. Die Kränze und Gestecke türmen sich auf dem Erdhügel und verwandeln ihn in ein buntes Blumenmeer. Das Kreuz aus weißen Rosen liegt strahlend darauf, der Traktor aus Blumen steht daneben. Unsere Töchter schmiegen sich an Elisabeth und mich und halten unsere Hände.

»Gell Papa, jetzt ist Tobi im Himmel und kann uns von oben aus sehen. Nur wir können ihn nicht mehr sehen«, sagt Henriette nach einer Weile. Ich nicke.

»Ist Tobi jetzt ganz weit oben im Himmel?«, fragt Charlotte und schaut mich an.

»Ja, mein Schatz, genauso ist es!«, antworte ich mit Tränen in den Augen.

Wir stehen noch eine Weile zusammen. Die Mädchen bewundern die schönen Blumen, die dort für ihren Tobi liegen. Dann fahren wir nach Hause. Heute Nacht schlafen wir alle zusammen im großen Elternbett. Wir erzählen noch ein bisschen über Tobi, jeder hat andere schöne Erinnerungen an ihn.

Dann beten wir gemeinsam. »Vater im Himmel«, sage ich. »Danke, dass wir Tobias so lange bei uns haben durften. Es war eine sehr schöne Zeit mit ihm. Trotzdem sind wir unheimlich traurig, dass er nicht mehr bei uns ist. Sei du jetzt ganz besonders bei uns in der kommenden schweren Zeit. Amen.«

Dann legen wir uns hin. Ich gehe den Tag in Gedanken noch einmal durch und es dauert lange, bis ich mit Tränen in den Augen einschlafe. Tobi ist jetzt im Himmel und kann uns sehen und es geht ihm gut.

Epilog – Dankbarkeit

Ich schaue gedankenverloren aus dem Fenster. Die kraftlose Dezembersonne scheint auf die kahlen Bäume, die wie tot ihre blattlosen Äste in den Winterhimmel strecken. Heute ist Weihnachten. Das erste Weihnachtsfest nach Tobis Tod. In den letzten Monaten haben wir gelernt, mit der neuen Situation umzugehen. Gelernt, endlich wieder eine Familie zu sein, auch wenn sie kleiner geworden ist.

Das hat wehgetan, war aber auch gut. Elisabeth und ich haben die Zeit genutzt, es den Mädchen besonders schön zu machen. Sie haben durch Tobis Krankheit immer viel zurückstecken müssen. Gerade auch in ihrer Trauer wollen wir ihnen jetzt umso mehr Zuwendung geben.

Tobi begleitet uns die ganze Zeit. Seine Eisenbahn steht immer noch im Wohnzimmer, ich kann sie nicht wegräumen. Ich will die Erinnerung an meinen Sohn wachhalten, die Eisenbahn war einer seiner letzten Wünsche. Wir sprechen oft über ihn. Er ist bei uns, wenn wir zusammen essen. Wenn wir auf der Obstwiese sind. Wenn wir im Gottesdienst gemeinsam singen.

Das Elternschlafzimmer ist wieder das Elternschlafzimmer. Es ist ungewohnt und schön, dass Elisabeth und ich die Nächte teilen – aber Tobi fehlt mir trotzdem so unendlich! Das Schlafzimmer ist so still, dass ich unruhig schlafe, und gleichzeitig ist es, als holte ich mein jahrelanges Schlafdefizit nach. Ich fühle mich kraftlos, müde, wie erschlagen. Ich weiß nicht, wie lange das anhalten wird – nur kurz oder für den Rest meines Lebens –, aber es ist nun genauso ein Teil meines Alltags wie vorher die durchwachten Nächte.

Die Energie, die mich in den letzten acht Jahren jeden Tag durchs Leben getragen hat, ist nicht aus mir gekommen, das wird mir nun klar. Ich glaube, dass Gott Kraft geben kann, die über unsere Möglichkeiten hinausgeht, und dass die Kraft von ihm ausging, die mich über all die Jahre am Laufen gehalten hat.

Die Mädchen sollen jede ein eigenes Zimmer bekommen. Die Wohnung über uns richten wir gerade dafür her. Wir renovieren, ziehen Tapetenschicht über Tapetenschicht von der Wand, entfernen die alten Linoleumböden unter den Teppichen. Die Stromleitungen werden neu gemacht, andere Fußböden verlegt.

Im neuen Jahr werden wir wahrscheinlich fertig werden, dann haben unsere Mädchen einen eigenen Wohntrakt. Wer welches Zimmer bekommt, haben unsere Kinder schon vor Jahren ausgesucht. Tobi wird seines nun nicht mehr beziehen können.

Bis dahin macht es den Mädchen nichts aus, sich ein Zimmer zu teilen. Sie schlafen in ihrem alten Etagenbett, dadurch sind sie sich nah. Und sie halten mehr zusammen und sind enger verbunden als wahrscheinlich viele andere Geschwister.

Hetty und Lotte vermissen ihren kleinen Bruder sehr, das merkt man, und sie hätten ihn um nichts in der Welt hergegeben. Aber seit die ständige Sorge um Tobi nicht mehr da ist, die häufige Trennung von einem Elternteil, das Funktionieren-Müssen, beginnen sie sich auch ein wenig zu entspannen.

Elisabeth hat neulich mit Hettys Lehrerin gesprochen. »Henriette wirkt im Unterricht, als hätte man sie angeknipst«, sagte sie zu meiner Frau – das Gegenteil des abwesenden Mädchens, das im Unterricht nichts mitbekam, weil sie nur an ihren Bruder denken konnte.

Ich treffe noch die letzten Vorbereitungen im Weihnachtszimmer. Die Bascetta-Sterne und -Würfel, die Tobias für seine Schwestern gebastelt hat, liegen in ihren Kaufläden – letzte liebevolle Geschenke von ihrem Bruder. An seinem Platz am Esstisch und in seinem Kaufladen steht je ein Bild von ihm. Er ist auch heute dabei.

Die Tage nach der Beerdigung waren schwer. Mein Bruder hatte die Mädchen mit in den Urlaub genommen, damit sie ein bisschen abgelenkt waren. Elisabeth und ich haben in dieser Zeit Tobias' Sachen sortiert. Bei jedem Stück, das wir in die Hand genommen haben, haben wir ihn vermisst. Und doch war es auch gut. Jedes Stück war auch eine Erinnerung, ein schöner Moment mit unserem Sohn, ein Grund für Freude und Dankbarkeit.

Während der Tage und Wochen nach Tobis Beerdigung erreichte uns eine wahre Flut an Post. Briefe, E-Mails, WhatsApp-Nachrichten. So viele Menschen haben uns geschrieben, dass sie mit uns fühlen. Haben uns Kraft gewünscht und mit uns geweint. Ich kann es immer noch nicht fassen, wie viele Menschen Tobi mit seiner Art und seiner Geschichte berührt hat. Der Bürgermeister von Tübingen hatte Tobis Nachruf auf Facebook geteilt – etliche Reaktionen kamen daraufhin bei uns an. In der Zeitungsredaktion gingen Briefe für uns ein, die sie an uns weiterleiteten. Ich hebe sie alle in einer großen Schachtel auf und manchmal nehmen wir sie heraus und lesen sie durch.

Ein älterer Friedhofswärter sagte mir kurz nach der Trauerfeier, dass er zwar schon viele Beerdigungen erlebt hätte, doch über keiner davon hätte so ein wunderbarer Zauber gelegen. »Diese Beerdigung zu erleben war für mich ein Stück Himmel«, schrieb auch ein guter Bekannter, der daran teilgenommen hatte. »Die Gegenwart Gottes war intensiv spürbar.« Und das war sie wirklich. Gott war auch in diesen dunklen Stunden bei uns. Er hat uns nicht alleine gelassen. Und er hat auch die anderen Menschen berührt, die unserem Sohn das letzte Geleit gegeben haben. Selbst auf Tobis Abschied hat Gott seinen Segen gelegt.

Viele haben uns geschrieben, wie Tobi sie mit seiner ungewöhnlichen Art, seinem kindlichen Glauben und seiner Fröhlichkeit beeinflusst hat. Einige heben Dinge auf, die mein Sohn ihnen geschenkt hat. Frau Ebinger, Tobias' Kliniklehrerin, hat beispielsweise immer noch eine Schiefertafel, die er beschrieben hatte. Seine saubere Schrift hat ihr gefallen und da sie meinen Sohn sehr gern hatte, erinnert die Tafel sie an ihn. Meine Mutter hat neben vielen Dingen, die Tobi ihr geschenkt hat, auch noch das kleine Schaf mit dem Pflaster am Ohr in ihrer Orchidee sitzen. Das Pflaster ist immer noch dran – da Tobi nicht mehr gesund geworden ist, konnte sie es einfach nicht abmachen. Ich weiß, sie wird das Schaf bis an ihr Lebensende aufheben, eine berührende kleine Erinnerung an ihren Enkel.

Im November war eine Journalistin der Zeitung *Die Welt* bei uns und interviewte mich zu Tobias. Als dann ihr Artikel erschien, war ich tief bewegt. Sie hat so schön über meinen Sohn geschrieben, so lebendig und berührend. Der Artikel war länger online als üblich und die Rückmeldungen waren zahlreich. Bei dem Gedanken daran muss ich gerührt schlucken. Selbst jetzt erreichen uns noch Briefe und Nachrichten von Menschen, die meinen Sohn kannten und die an ihn denken. Tobis Leben war weder zu klein noch zu kurz, um Bedeutung zu haben, und das nicht nur für uns.

Der Verlust tut immer noch unendlich weh. Ich weiß nicht, ob diese Wunde jemals heilen wird. Es ist genau so, wie Dietrich Bonhoeffer schreibt: *Es gibt nichts, was uns die Abwesenheit eines lieben Menschen ersetzen kann.* Doch er schreibt weiter: *Aber Dankbarkeit verwandelt die Qual der Erinnerung in eine stille Freude. Man trägt das vergangene Schöne nicht wie einen Stachel, sondern wie ein kostbares Geschenk in sich.*[1]

---

[1] Dietrich Bonhoeffer: Widerstand und Ergebung. In: Dietrich Bonhoeffer Werke (DBW), Band 8, Seite 255f.

Die Erinnerungen an Tobias sind so ein Geschenk. Noch ist der Schmerz da, mal stechend und scharf, mal groß und dumpf. Aber mit der Zeit tut es vielleicht weniger weh, ich weiß es nicht. Und dann kann das Schöne – das Geschenk, das er war – noch größer und strahlender in unserer Erinnerung leuchten.

Ich höre, wie Elisabeth nach den Mädchen ruft, die kichernd aus ihrem Zimmer kommen. Gleich werden sie ihrer Mutter in der Küche bei den Vorbereitungen fürs Abendessen helfen. Ich reiße mich von meinen Gedanken los und werfe noch einen Blick auf die Bäume draußen vor dem Fenster.

Sie mögen zwar aussehen, als wären sie tot – doch sie sind es nicht. Im Frühjahr erwachen sie wieder zu neuem Leben. Und eigentlich ist es mit Tobias nicht anders. Sein Körper ist zwar tot. Doch das, was ihn ausmacht, seine Seele, lebt bei Gott weiter.

Und dort sehen wir uns wieder.

Hedwig Rossow, Anna Lutz

Mama Shekinah
Afrikas Kindersoldaten nahmen mir den Mann –
ich antwortete ihnen mit Liebe

Das Missionarsehepaar Hedi und Colin wird im Sudan von Kindersoldaten angegriffen! Colin stirbt in den Armen seiner schwangeren Frau. Ihre Welt bricht zusammen. Doch durch Gott überwindet sie diese Zeiten. Eine Geschichte über Tod, die Kraft der Liebe, Vergebung und neues Leben.

Gebunden, 13,5 x 21,5 cm, 288 S.,
inkl. 16-seitigem Bildteil
Nr. 395.863, ISBN 978-3-7751-5863-3
Auch als E-Book